ZHONGGUO
XIANDAI
ZHUMING
YUWEN
JIAOYU
RENWU

ZHANG ZHIGONG

中国现代著名语文教育人物

张志公

乐中保 编著

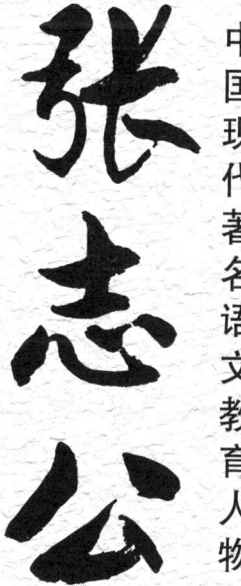

语文出版社
·北京·

图书在版编目（CIP）数据

张志公 / 乐中保编著. -- 北京：语文出版社，2021.7
（中国现代著名语文教育人物）
ISBN 978-7-5187-0669-3

Ⅰ．①张… Ⅱ．①乐… Ⅲ．①张志公（1918-1997）－生平事迹②张志公（1918-1997）－语文教学－教育思想 Ⅳ．①K825.46②H19

中国版本图书馆CIP数据核字(2020)第188801号

责任编辑	唐　飞
特约编辑	李迎新
装帧设计	徐晓森
出　　版	语文出版社
地　　址	北京市东城区朝阳门内南小街51号　100010
电子信箱	ywcbsywp@163.com
排　　版	圣才电子书（北京）股份有限公司
印刷装订	北京市科星印刷有限责任公司
发　　行	语文出版社　新华书店经销
规　　格	787mm×1092mm
开　　本	1 / 16
印　　张	13.75
字　　数	189千字
版　　次	2021年7月第1版
印　　次	2021年7月第1次印刷
印　　数	1～2,000册
定　　价	48.00元

☏ 010-65253954（咨询）　010-65251033（购书）　010-65250075（印装质量）

张志公(1918—1997)

编者的话

众所周知,自五四运动前后起,白话文兴起,现代汉语使用标准逐渐确立。这套书使用的文献,有相当一部分来自1949年以前出版发行的图书、期刊、报纸。很多文章因此具有明显的过渡时期的语用特征,如文白混杂、文字使用不统一、语法运用规范不一致等。经过反复交流、商量,为尽可能地向读者呈现原貌,我们确定了一个总的编辑思路:依据"存真"的原则,尽可能保留文章原貌,对原稿的文字、体例进行最低程度的修订。现将具体做法说明如下:

一、繁体字改为简体。

二、原稿中不少字、词的用法虽然与现行的用法标准不尽相同,但为了尽量保持原有的样貌,不做调整。这样的情形很难穷举,现将部分字、词列举如下(括号里是现在通行的用法):

辞(词)、于(与)、联(连)、决(绝)、订(定)、藉(借)、见(现)、罢(吧)、缴(交)、较(比)、与(予)、迭(叠)、只(止)、须(需)、目(视)、二(两)

三、有些字、词,现代通用的字形、词形已经变化,但为了尽量保持原有的样貌,不做调整。相信读者自能理解。这样的情形很难穷举,现将部分字、词列举如下(括号里是现在通行的用法):

底(根据语境可以,相当于"的""地"或"得")、那(哪)、沈(沉)、化(花)、其它(其他)、那末(那么)、惟一(唯一)、印像(印象)、好象(好像)、胡涂(糊涂)、未偿(未尝)、部份(部分)、正谊(正义)、巢袭(抄袭)、麻胡(马虎)、合式(合适)

四、原稿中外文人名、地名等专有名词的翻译均保留原译。

五、原稿中的标题体例,除了其自身不统一之外,基本保留。

六、原稿中数字、标点符号用法,基本保留。

七、对原稿中的错误（如错字、漏字）等进行了修订。

这些做法，是我们在编辑过程中的一些探索，不当之处，敬请批评指正。

编　者

2020年春

序

"现在有很多问题表面上是新问题,骨子里还是老问题。"这是多年前吕叔湘先生为《叶圣陶语文教育论集》出版所写序言中开篇的一句话,今天借用过来,帮助我们认识"中国现代著名语文教育人物"丛书出版的现实意义和价值。

正当全民阅读活动在全国蓬勃开展之时,教育部直属的语文出版社积极呼应,遴选了五位现代著名语文教育家,启动编纂"中国现代著名语文教育人物"丛书,倡导一线语文教师垂范校园阅读,研读著名语文教育家经典篇目,赋能语文教师和语文教学。我以为,作为一家专业出版社,语文出版社非常及时、尽责地做了一件大好事。归结到本丛书而言,我粗略地谈几点意见。

一是所遴选的语文教育论述极具代表性。1904年以降的中国现代语文教育史中,为大家所公认的五位著名语文教育家是夏丏尊、朱自清、叶圣陶、吕叔湘、张志公。

其中,叶圣陶、吕叔湘、张志公三位素享语文教育"三老"之誉,亲历了二十世纪语文教育的重要发展阶段,著述针对性强、影响深远,为语文教育工作者所敬仰,无须赘言。夏丏尊和朱自清两位语文教育家由于逝世较早,主要活动仅限于二十世纪上半叶,在语文教育方面的成就并非广为人知。但是夏丏尊、朱自清与叶圣陶有良好而长期的学术合作,朱自清和吕叔湘也有良好而密切的过从,他们之间相互砥砺的语文教育学术交往成为学术佳话。五位前辈既有各自不同的学术研究侧重,又都钟情于语文教育,成为二十世纪中国现代语文教育一道亮丽的独特风景线。

五位现代著名语文教育家的论述宏富,丛书精选了其中代表性强的经典篇目,既注重聚焦语文教学的宏观问题,也注意面向一线教师(包括教育硕士、课程与教学论硕士等)听说读写中的教学实际;既注意拉"长板",又不忘补"短板"。

二是编排体例利于读者走近和解读经典。丛书既积极关注一线语文教师的切身利益，又从专业的维度进行积极引导。体现在编排体例上，就是考虑到一线语文教师既有多读书的愿望，又有教学工作量大、较为繁忙、用来读书的整块时间不多的实际，同时兼顾"未来"教师缺乏教学实践、抵挡浮躁环境诱惑不易等因素，因此，丛书的主要内容安排为"教育思想剖析""名著品读""名家传述"三大板块，每本书的容量控制在20万字左右，所选篇目比较经典且适当分类，便于利用碎片化时间，有针对性地选读、品鉴。

坐下来静心研读经典不易，一方面与时间和精力有关，另一方面与作品难度相关。经典作品都高度凝练，要正确解读，依赖于较为丰富的学养准备，而这正是一线和"未来"教师的短板，在编排上，除了作品前有"品读提示"外，"教育思想剖析""名家传述"等内容，是帮助读者走近和理解作品的一种重要辅助，利于增强研读信心，助益研读效果。

三是编著者都是有相当经验的中青年专家。决定一套丛书质量的重要因素之一，是著述者的学养。我注意到，丛书的著述者都是长期从事语文教学和研究的学者，有较为丰硕的相关学术成果。

上海师范大学程稀老师是语文课程与教学论专业硕士生导师，是研究夏丏尊语文教育思想的专家，曾出版专著《夏丏尊与现代语文教育》；蔡忠平长期活跃于语文教学、教师培训一线，是上海市督学、上海市语文名师基地主持人，也是教育部国培专家，在研读朱自清语文教育经典方面颇有心得；扬州大学文学院教授、博士生导师徐林祥，是中国叶圣陶研究会理事、江苏省叶圣陶研究会顾问、扬州大学中国语文教育研究所所长；马磊是徐林祥老师的博士生，现在大学任教，对叶圣陶语文教育思想有系统研究；方有林教授长期致力于吕叔湘语文教育思想研究，曾出版专著《语言学视角 科学化追求——吕叔湘语文教育思想研究》；青年学者乐中保曾系统梳理过中国传统语文教育发展脉络，对张志公语文教育思想进行过深入研习。

这套丛书的其他长处不再一一枚举，更希望留下时间和空间给读者自己去研读和体悟。任何优秀的读本，对于读者而言，只是获得研读收益的必要条件。读者是否真正从中受益，以及从中获益多寡，主要决定于"内因"——读者的阅读投入、开动脑筋及其程度如何，以及在研读和品鉴中，如何与自己的教学和研究实践有机结合。毕竟，一方面，阅读本来就是一种比较个性化的活动，靠外在的植入，效果不会理想；另一方面，语文教育是一个实践性特别强的学科，缺乏理论和实践的有机结合，效果也是难尽如人意的。因此，翻开书页来，开始阅读和思考，带着问题去品读，积极分享和表达，才能收研读的实效。

还要注意，品读经典的意义和价值，不宜过分冀望获得立竿见影的收效，而应该放眼长远，侧重于启迪思考，在实践中反复咀嚼，潜移默化地融入实践，使之融会成为自己语文教育智慧的有机组成部分。

毋庸讳言，丛书也存在不足，我相信语文出版社的编校人员和编著者会积极、认真地收集读者和专家的意见，在修订或再版时不断完善。

乐为之序。

陶本一

二〇一九年十月

（陶本一：教授，出版家和语文教育家，上海师范大学课程与教学论博士生导师，山西师范大学原校长、上海师范大学原副校长，《语文报》创始人）

目 录

序

绪 论　　/1

第一章　语文课程的宗旨和任务　　/13

第一节　语文课程的性质与目标　　/13
　　一、语文课程性质　　/13
　　二、语文课程目标　　/16
第二节　张志公语文课程观的当代价值　　/19
　　一、语文课程的特殊工具论明确了语文学科的课程任务　　/19
　　二、文道统一的语文课程观凸显了语文学科的教学目标　　/22

第二章　语文课程教学内容　　/25

第一节　张志公语文课程教学内容观　　/25
　　一、关于汉字教学　　/26
　　二、关于口语交际　　/28
　　三、关于文学教育　　/31
　　四、关于语文知识　　/35
第二节　张志公语文教学内容观的当代价值　　/39
　　一、在教学内容的构建上，注重语文教学内容与现代社会的联系　　/39
　　二、在教学内容的学习上，注重方法化、模式化　　/42
　　三、在教学内容的选择上，注重语文教学内容的实用性　　/44

第三章　语文阅读教学　　/47

第一节　张志公阅读教学观　　/47
　　一、关于阅读的本质　　/47
　　二、关于阅读教学的地位　　/49
　　三、关于阅读教学的目标　　/51

第二节　张志公阅读教学观的现代价值　　/53
　　一、阅读教学中注重阅读方法的指导，善于授人以渔　　/53
　　二、阅读教学中强调"文道统一"，注重字、词、句的理解　　/55
　　三、阅读教学中按照阅读的规律进行教学，注重思维能力训练　　/55

第四章　作文教学　　/57

第一节　张志公作文教学观　　/57
　　一、作文教学目的　　/57
　　二、作文教学内容　　/59
　　三、作文教学方法与策略　　/61

第二节　张志公作文教学观的当代价值　　/63
　　一、在写作目的上，注重"文以致用"，强调写作的实用性　　/63
　　二、善于运用作文评改，以评促写，激发学生的写作热情　　/65
　　三、善于将写作教学纳入语文教学体系之中，注重写作语言训练　　/66

第五章　名著品读　　/69

第一节　语文课程的宗旨和任务　　/71
　　品读提示　　/71
　　说工具　　/72
　　说"语文"　　/78
　　漫谈语文教学　　/79
　　关于语言教育的几个问题　　/86
　　再谈语文课的几个问题　　/93

第二节　语文课程教学内容　　/102

　　品读提示　　/102

　　关于改革语文课、语文教材、语文教学的一些初步设想　　/103

　　有关语文教学研究的几个问题　　/126

　　语文训练问题需要加紧研究　　/135

　　要重视接受与表达的训练　　/142

　　怎样对待语文知识　　/146

第三节　阅读教学　　/149

　　品读提示　　/149

　　要重视阅读教育和阅读教育研究　　/150

　　谈语文教学中的阅读问题　　/152

　　读是写的基础　　/156

　　谈谈单元教学　　/159

　　关于精讲及其他　　/164

第四节　写作教学　　/168

　　品读提示　　/168

　　重视提高学生写作能力的问题　　/169

　　谈作文教学的几个问题　　/174

　　谈练习写作　　/185

　　写作教学要重视实用性　　/193

　　对象和目的　　/195

第六章　张志公传述　　/199

第一节　文理兼修、全面发展　　/199

第二节　教师、编辑、学者　　/201

后　记　　/205

绪　论

走在语文的路上
——中国现当代语文教育研究的拓荒者与探索者

在 20 世纪中国现当代语文教育思想的发展历程中，语文教育"三老"做出了显著贡献，为人们所敬仰，他们就是叶圣陶、吕叔湘、张志公。张志公先生将其毕生的心血致力于中国现当代语文教育的拓荒与探索，给后人留下了宏富的教育教学思想，成为中国语文教育界取之不尽、用之不竭的理论宝藏。著名语文特级教师于漪老师就认为张志公先生在语言学和语文教育研究中，崇尚科学，实事求是；贯古今，融中外，学术成就卓著；奖掖后学，诲尔谆谆；导夫先路，以启山林。先生学风可师，师风可学，开语文教育界一代风气，是我们后辈学习的楷模。现今我国新课改已步入深水区，张志公先生许多关于教育的真知灼见对语文新课改依然具有现实的指导和借鉴意义。

张志公（1918—1997），河北省南皮县人，当代著名语言学家、语文教育家，曾用笔名环一、张耕、纪纯、贺重等。1937 年，年仅 19 岁的张志公便就读于中央大学外语系，攻读英语、法语和外国文学。1940 年转入金陵大学外语系。1945 年大学毕业后，因成绩优异，留校担任助教，教师生涯自此开启。1948 年 7 月，在金陵大学工作三年后，张志公应聘到海南大学担任副教授，讲授二年级英语、欧美名著选读和语言学概论等课程。1949 年 12 月，又赴香港，在华侨大学任教，主讲翻译学课程。直到 1950 年冬离开华侨大学到北京开明书店任编辑。五年的教学生涯为张志公从事语文教育研究奠定了坚实的实践基础。

1950 年 10 月，中华人民共和国刚成立不久，百业待兴，在老师吕叔湘的推荐下，张志公毅然从香港回归大陆，进入开明书店任编辑，分管主持外语、汉语和翻译书稿的编辑工作。1951 年 6 月，为了普及语文知识，开明书店决定创办《语文学习》杂志，并由 33 岁的张志公任主编。1953 年，在张志公的主持下，

编辑部确定了《语文学习》应以中学语文教师为主要读者对象，以协助中学语文教师做好教学工作为主要任务，同时兼顾社会上一般读者的需要。在这一方针的指导下，《语文学习》的发行量由创刊时的10万册增加到20万册，最多时曾达30余万册，成为当时发行量最大的刊物。

1954年，教育部经中央批准，确定中学语文科实行汉语和文学分科教学，委托吕叔湘和张志公主持编写汉语教材。为此，人民教育出版社设立了汉语编辑室，把张志公从中国青年出版社调来担任主任，《语文学习》杂志也改由人民教育出版社编辑出版，张志公任主编。1955年，张志公正式调任人民教育出版社工作，先后担任汉语编辑室主任、外语编辑室主任、副总编辑、学术委员会主任等职，直至离世。在担任编辑工作期间，张志公并没有离开讲台，他先后在北京教师进修学院按汉语教材的语法体系（即"汉语教学语法系统"）向选调的400余位中学教师试教语法课，在中国作家协会所属的文学讲习所向100多位青年作家讲授语法修辞课，给出版行业的编辑人员学习班讲授词汇、语法课。

1966年，张志公也和其他知识分子一样，中止研究、教学、编辑工作整整10年。

1977年，张志公恢复正常工作，参加了全国中小学教材工作会议，又开始重新编写教材，为基础教育教材建设做出了很大贡献。自此以后，张志公的事业基本上就定位在语文教材的编写和语文教育及相关研究上。

福建师范大学潘新和教授认为，一位学者除了先天的概念、逻辑思维的优势外，还需要具备三个方面的素养：一是对该领域基本学术资源的掌握；二是相关学术领域的学养和视野；三是基本学术思维的能力和长期学术写作的经验积累。张志公这三个方面的素养无疑都在一般水准之上。张志公是学外语出身，他的外语和语言学、汉语研究的背景，尤其是对中国传统语文教育的研究，使他具备了一般语文教育学者不具备的素养和眼光，对传统语文教育有较为深刻的理解，而这种理解为他对现代语文教育进行的思考提供了参照系。他的很多语文教育著述，都有他对传统语文教育认识的影子，甚至直接渗透到了他对现代语文教育发展思路的设计和勾画中。在这些因素的综合助力下，逐渐成就了一代语文教育研究大家——张志公先生。

中国近代学校教育制度建立已逾百年的时间，语文教学一直因为效率不高而备受社会各界人士的攻击和非议。如何有效提高语文教学的效率，使语文教学跟上现代社会发展的步伐,是教育工作者普遍关心的问题。《普通高中语文课程标准(实验)》规定:社会的发展对我国高中教育提出了新的要求。适应时代的需要,调整课程的内容和目标,变革学习方式和评价方式,构建具有时代性、基础性和选择性的高中语文课程,是基础教育改革的一项重要任务。语文教育不能囿于传统的圈子而裹足不前,需要紧跟时代步伐,不断继往开来,以培养学生获取现代社会所需要的语文能力为目标,探寻中国现代语文教育实施的最佳途径。

优秀的思想不会因时间的流逝而失去光彩,反而会历久弥新。张志公语文教育科学化的思想距今已有很长一段时间,却依旧对学生的语文学习有着重要的指导作用。针对语文教学差、慢、费的问题,张志公提出了许多富有价值的建议。研究张志公语文教育现代化思想,也为现代语文教育的完善提供了宝贵的经验。

一、语文教育研究的精神和灵魂——语文教育的科学化追求

语文作为一门独立学科,至今已经有百余年的时间了。但是,语文学科由于自身的复杂性和特殊性,又受"运用之妙,存乎一心""读书百遍,其义自见"等传统观念的影响,以致在很长时期内人们不能正确认识语文学科的科学化问题,这严重影响了语文学科自身的发展和语文教学效率的提高。对于语文教学科学化问题,张志公早在20世纪60年代就有所认识。1962年,他在《〈传统语文教育初探〉序》中认为进行语文教育有两个重要之点:一是要符合本国语言文字的特点;二是要符合儿童和青少年学习本国语言文字的规律。

1977年8月,张志公在《语文训练问题需要加紧研究》一文中提出"很需要把语文训练作为一个科学问题加以研究"[①]。在谈到识字教学时,他认为需要"使识字训练带有较多的科学性、计划性,减少一些盲目性,从而大大提高其效率"[②]。全文论述到的几个问题都带有科学探讨的性质。在1978年第1期的《中国语文》上,张志公与田小琳、黄成稳联名发表了《语文教学需要大大提高效率——泛论语文教学科学化和进行语文教学科学研究的问题》,进一步指出,长期以来,语文教学效率不高的根本原因是缺乏科学性,明确提出了语文教学要科学化的主张。此后,他

---

① 张志公著,庄文中编:《张志公语文教育论集》,北京:人民教育出版社,1994年版,第170页。

② 张志公著,庄文中编:《张志公语文教育论集》,北京:人民教育出版社,1994年版,第171页。

在许多文章和讲话中，从各个角度进一步阐述了这一思想。

张志公认为，语文教育现代化不仅要吸收传统经验，还要追求科学化。科学化是现代化的核心内容，可以提高语文教学的效率。语文教育虽然不同于数理化的教育，但是同样有其缜密和严谨的一面。语文需要有科学的方法做指导，制订符合学生身心发展规律的训练计划。中国自古就主张循序渐进，今天的语文学习也是如此。科学化是语文教学不可回避的问题，现代社会需要有科学头脑的人才，也需要有能够科学教学的人才。教育工作者应该充分重视语文教学科学化的积极意义，力保语文教学活动有序地开展。

语文教育科学化首先需要语文教学内容的科学化。张志公先生认为，语文教学内容应当而且可以科学化。由于语文学科的人文性等特点和传统的语文学习观念的影响，语文界许多人对语文教学科学化持怀疑甚至否定的态度。对此，张志公旗帜鲜明地认为语文教学科学化是必要的，而且更要注意效率、速度的问题，语文教学也不例外，何况由于历史和其他种种原因，语文教学中确实存在着很不科学或者不够科学的做法，存在着因此而造成的不应有的浪费。此后，张志公进一步认为，语文教学科学化的可能性也是毋庸置疑的。任何事物都有它自身的规律，难道唯独语文教学是例外吗？不会的。语文教学也有它自己的规律，而且这种规律是可以被我们认识、掌握的。关于语文教学内容，张志公认为要力求做到每上一节课都让学生有所得，每一周都有明确的目标；教些什么知识，训练学生掌握什么技能，达到什么程度，要心中有数。有语文老师认为，要对语文教学的内容、方法等都做出一套具体、明晰的规定不是件容易的事，因为语文教学有太多的偶然性。语文教育的确存在着不确定的因素，但是这并不代表语文教学不可以科学化。有合理训练计划、科学教学方法的语文学习会更有效率。

语文教育科学化还需要语文教学方法的科学化，关于语文教学方法，张志公认为要有科学方法，要模式，但不要模式化。怎样才能使教学方法具有科学性呢？他认为语文教学的规律源于语言的规律、教学的规律、学生心理发展的规律。因此，应当把对教学方法的研究放在一个科学的基础上，使方法合乎客观规律。凡合乎规律的方法就有效，按照这种方法去教学，就能提高教学效率；否则，就会降低教学效率。如果说以上是他对语文教学方法科学化的总体认识的话，那么，他对具体的方法也有许多论述。比如，针对20世纪70年代末80年代初语文教学讲风太盛的弊端，他提出"精讲多练"的原则和方法。他在许多文章中对这一原则和方法的论述，既充满了辩证法思想，又体现了科学化精神。

如何实现语文教育的科学化，张志公认为，要使语文教学科学化，必须进行科学研究。他还认为，研究的方法要从大量的艰苦的调查工作开始，要弄清各地区不同年龄段的儿童及青少年的语言、思维能力的发展情况，找出他们学习语言的规律，要弄清听、说、读、写各种能力的心理基础，弄清汉语常用字、词、句式的数量及成段成篇的规律等。根据调查研究的结果，制定语文训练的规格、标准和要求，会使语文训练有一个科学的序列。这一点是张志公语文教学科学化思想的核心内容。他认为，语文训练应当有规格、有标准，小学低年级、小学高年级、初中、高中几个不同阶段，语音、文字、词汇、说话、读书、作文等几个方面，都应当分别有明确的规定，每项规定都有比较科学的根据。不仅如此，语文训练还需要有一个明确的、合乎科学的序，教和学才能有所遵循。循着这个序，一步一步地、踏踏实实地教下去和学下去，才可能有好的效果。在实践中，他认为，可以先从一个学校或地区开始实验，研制符合教学大纲的教学计划，在实行的过程中不断改进，与各地的计划进行切磋，彼此借鉴，形成较为完善的细目，最后推广开来。其次，知识和技能不能混为一谈。语文教育要有具体的规定，以便知识的学习能够切实培养学生的技能。再次，要区分现代语和文言孰重孰轻。在张志公看来，现代社会是运用现代语进行交流、沟通的社会，所以还是应该先培养学生现代语的能力。另外，对学生应掌握的技能要做量化的规定，比如在语音、文字、词汇、造句、谋篇等方面都要有标准可依，这样才能让学生知道自己的技能达到哪一种程度，下一个阶段需要进行什么样的训练。最后，语言训练不能只在基础教育的某一个年级进行，应该从幼儿园到高中毕业一以贯之，有计划、分阶段进行。张志公的现代化教育实施构想是非常合理的，他对语文基础知识、基本技能的训练都进行了科学的规划，学生学习语文自然也就"有据可依"了。有了这些依据，教育工作者在进行现代化实践时才不会盲目、无序，语文教学也才能更加科学化。

二、传统语文教育研究——实现语文教育科学化的坚实基础

一个学科，不对它进行历史的考察，不对它发展的过程、规律、方法、经验，它的思想范式和思维特征进行梳理，就很难成为一个成熟的学科。语文教育已经有了三千多年的历史。张志公曾谈到此前这方面所做的工作，只有中华书局收集并展览过五六十种童蒙读物；胡怀琛曾经写过一本《蒙书考》，开列了大约一百种所见所

知的蒙书，辑录了几十条有关的资料。这些，筚路蓝缕之功不可没，不过收集考察的范围都还不大，分析研究暂付阙如。

张志公认为，提高语文教育工作有三件事需要做，其中之一就是对传统语文教育的研究。他还认为首要的是研究我们的教育方针，研究社会主义建设所要求于语文教育的任务，研究我国语言文字的特点，研究我国当前青少年和儿童的语文状况，研究他们语言文字能力成长发展的规律，总结中华人民共和国成立以来和以前革命根据地的语文教育经验，总之是研究当前与语文教育有关的种种实际；与此同时，也还需要补做废科举兴新学以后，尤其是辛亥革命和五四运动以后就应该做而没有做，或者做得不够、不好的一些工作。一方面是研究我国语文教育的传统，看看其中哪些做法是坏的、错误的，哪些是虽然不坏但已过时的，哪些是仍有现实意义的。对于传统的经验，过去几十年没有研究过，只是全盘地加以否定。另一方面，张志公认为还需要研究外国的经验，包括苏联等社会主义国家的经验，乃至资本主义国家的经验，看看其中哪些是不对的，哪些是虽然好而不适合我们的情况和需要的，哪些是于我们有用的。——对于外国的做法，过去几十年中多数时候是生搬硬套，认真的分析研究和做的也很少。这几方面的研究工作，都是相当艰巨的，然而都是必要的。

在传统语文教育研究方面，张志公选择了从教材入手。他认为研究历史上的语文教育，求之于教材往往比求之于史传记载的章程、条例更可靠可信一些，教材是实际使用的，而其余则往往是作出来的文章，说得头头是道，但与实际不见得相符……古今中外，语文教材对社会的发展变化最为敏感。它反映产生它的社会背景，包括文化传统、风土习俗等，反映当时社会主导的思想意识，以及教育观点、教育政策，可以说语文教材是语文教育、思想教育、知识教育的综合性教育读物。所以研究教材的意义很大，收获会是多方面的。

张志公研究传统语文教育，就是通过对历代大量有代表性的教材及其教法的梳理分析进行的。20世纪50年代末到60年代初，主要是从传统语文教育的做法中探求经验。他清晰地勾勒出了传统语文教育的三个阶段。第一阶段（第一、二年）是启蒙教育阶段，分为两步：第一步是集中识字，也可以说是初期的识字教育和写字训练，很突出的做法就是在儿童入学前后用比较短的一段时间（一年上下）集中地教儿童认识一批字——两千个左右；第二步是进一步识字教育，兼顾初步的知识教育。这一步强调识字教育与思想教育、知识教育相结合，在集中识字和开展认真的读写训练之间加上一个过渡性的阶段——继续进行识字教育，巩固前阶段所识的字，进一步再多识些字，比如说识到三千多个；与此同时，结合着多进行一些思想教育和知识教育。第二阶段（第三年），为读写的基础训练阶段。这个阶段一般的做法是：开始教学生读《四书》《五经》；配合读经，教学生阅读简短的散文故事和浅易的诗歌，教学生学对对子（属对），有的还教给学生一点儿极为浅近的文字、音韵等语言文字的基础知识。第三阶段是进一步地阅读训练和作文训练阶段。阅读训练和作文训练是这个阶段中语文教育密不可分的两个方面。

张志公这一阶段对传统语文教育研究的成果，集中体现在他的《传统语文教育初探（附蒙学书目稿）》一书中，这部书于1962年由上海教育出版社出版。作为较系统、深入研究的专著，这部书开辟了中国语文教育史的研究方向，开拓了语文学科的研究领域，为现代语文教育提供了历史参照。因此，这部书是任何一个语文学科研究者都绕不过去的学术界碑。

1978年以后，语文教学质量不高，成了一个非常突出的、全社会都十分关心的问题。为了寻求解决问题的办法，张志公第二次研究传统语文教育，从整体上进行综合反思，从实质上对传统语文进行再认识。

张志公这次对传统语文教育的整体反思和再认识，可以归纳为三大体系、三大经验、三大问题和四大积弊。

三大体系：一、建立了成套的、行之有效的汉字教学体系。二、建立了成套的、文章之学的教学体系。三、建立了以大量的读、写实践为主的语文教学法体系。

三大经验：一、语文教育从语文的实际出发，并且充分运用语文的特点来提高教学效率。二、着眼于语文的工具性，采取让学生多读多写，在训练中掌握语文能力的原则和方法。三、重视启发学生独立思考，使他们自己能够不断地提升读书与作文能力。

三大问题：一、语文教学的性质和目的——语文教学是科举考试的附庸，目的在于使受教育者获得参加科举考试的能力。二、这样的性质和目的决定了教学内容——识字，加读古文，加作古文（一般古文和八股文）。三、这样的性质和目的，这样的内容，决定了学语文的主要手段——记诵和模仿。

四大积弊：一、脱离语言实际。语文教学只管书面上的训练——识字、写字、读书、作文章，完全抛弃了口头上的训练——听话的能力和说话的能力。二、脱离实际运用。语文教学只管读、写,而读的、写的都与日常生活和工作中实际运用的东西无关。忽视致用的传统,影响很坏,贻害极大。三、忽视文学教育。学塾、蒙馆多少教小孩子念点儿短诗,为的是易于上口、背诵,开讲《四书》《五经》之后,就不再把诗列为教学内容。词、曲、小说更不要说,不仅不教,甚至禁读。四、不重视知识教育。我国本来有起源很早很发达的文字、训诂之学,稍后有声韵之学。然而在基础教育中并不教文字、训诂、声韵的知识。教字、教文章,也不运用这些知识。

张志公两次研究传统语文教育,开我国语文教育史研究之先河,提取精华,去除糟粕,对传统语文教育做出了第一手的梳理,以教材研究为本,精辟地归结出了一系列的规律、方法和问题,给当代语文教育以借鉴,使自己的语文教育理论植根于民族的优良文化传统。这是张志公思考语文教育问题的基本依据,我们几乎可以在他所有的语文教育著述中,找到其中的某些思想履痕。传统语文教育因张志公先生的"披沙拣金"而焕发光彩,而张志公也因为对传统语文教育的研究,使自己有了独立的学术领地,奠定了自己崇高的学术地位。可以说,传统语文教育研究,是张志公先生留给我们的一笔宝贵的精神财富。

三、语文教育现代化研究——语文教育科学化的实现途径

如何实现语文教育的科学化?张志公在研究传统语文教育的同时,也在思考语文教育要符合本国语言文字的特点,符合儿童和青少年学习本国语言文字的规律等问题。如何实现语文教育的科学化?张志公举起了语文教育现代化的大旗,他认为,时代对语文教学提出了新的要求,学生既要有丰富的知识涵养,又要有实际处理问题的能力,如果照搬以往的教学内容和方法,只会造成语文教学的落后。张志公现代化教育思想形成较为完整的体系后,受到了很多学者的关注。董菊初所著的《张志公语文教育思想概况》一书,从语文教育现代化的意义、内容、途径和"一条龙"构想这几个部分出发,全面概括了张志公语文教育的现代化思想,使张志公的现代化教育构想更为清晰,更具有可操作性。张定远写了《张志公先生与中学语文教学科学化、现代化》一文,主要阐释了张志公主张用现代科学理论和手段武装语文教育,令语文教育能切实为现代社会服务的思想。

张志公语文教育现代化思想内涵丰富,主要包括语文教育思想现代化,语文教学要求、内容现代化,语文教学方法、手段现代化等几个方面。

在语文教育思想现代化方面，张志公认为，我国在相当长的历史时期内，教育基本上是继承了封建主义教育的糟粕部分。今天的片面追求升学率或者是为高考而教，当然和历史上人们追求考举人、考进士不同，然而一切为了考，这一点是一样的。德智体发展不均衡，教学中以灌为主。今与古有这么多相似之处，是值得我们深思的。封建主义性质的东西在我们的社会上没有肃清，这是尽人皆知的事实。那么，它在教育思想中能够完全没有反映吗？当谈到教育思想的时候，这个问题值得我们再思、三思。张志公还进一步认为，我们要给学生系统的、必要的知识，还要引导学生去发挥自己的潜在能力，去积累更多的知识。教学是一个整体，各个学科都要尽最大的努力，各个部门都要互相配合。教育教学工作要多一点儿辩证法，不要搞绝对化、片面性。我们要多一点儿求实精神，少一点儿形式主义。1996年，张志公在答《语文学习》记者问时，针对"应试教育"的问题，进一步提出应该提倡两个"全面发展"。一是德智体全面发展；二是在智育中，要自然科学、应用科学、社会科学、人文科学全面发展。他的这些思想进一步说明实施素质教育的重要意义。在语文教育方面，张志公认为，长期以来，语文教学效率低，原因是多方面的，不同历史阶段，又有不同的特殊原因；但有一个问题是多年来一直存在的，那就是语文教学缺乏科学性。其根源在于从旧传统承袭下来的一个很不科学的做法，这就是语文教学限于书面、忽视口头语言的训练，而我们的语文教学就是要使学生具备现代化需要的听、说、读、写能力。为此，他提出了现代化的"文""道""统一"的内容。文，是指社会主义现代化建设所需要的语文能力。现代社会需要有很高明的说话能力；需要有科学化的读书能力，读得快、抓得准、记得牢；需要有现代生活、现代工作、现代科学所需要的写的能力。说、读、写都要讲求效率。

在语文教学要求和教学内容方面，张志公认为，在新的时代背景下，语文学科具有了新的特点，它不仅要求学生掌握基本的知识，还要求学生具有较高的智力水平，能够处理学习、生活中所遇到的各种问题。现代社会的阅读量是以往的几倍、几十倍甚至几百倍，能够具有在短时间内筛选信息，把握文章大意的能力显得至关重要，所以语文学科还要求学生具备快速阅读的能力。现代社会不再欢迎木讷寡言的人才，更多地需要善于、敢于言说的人才。能够熟练运用普通话清晰流畅地表达自己的思想是现代人所必须具备的本领。为此需要训练学生熟练地掌握普通话。张志公指出传统语文教育"重文轻语"的倾向，认为口语反映人的素质，倡导口语教学，书面语、口语协调发展。但人们陷入"推普"误区，口语教学和研究尚未得到重视。现代社会还对人的写作能力方面提出了新要求，即完成基础教育的人必须能够写好应用文，以供工作、生活之需。因此还需要训练学生具备高度的写作能力，训练学生具有高度的阅读能力。张志公还非常重视文学教育发展智力的功能，批评将文学教育等同于"读写训练"等观点，不讳言现实的矛盾与困惑，主张编写两种读本，要读诗。除此之外，现代社会还要求语文教学包含知识教育、文学教育、文言文教育等方面的内容，这些方面协调发展才能使教育现代化全面开展。

　　语文教育现代化离不开教学方法的现代化。方法制约着效果，没有合理的、先进的方法，便不会有高效率的教学。张志公关于教学方法有很多精辟的见解，他尤其强调切合规律的教学方法的重要性。关于"多读多练"，张志公主张在吸收"多读多练"这条传统经验的时候，要做两件事：其一是要配合着读和练适当提供一点必要的科学知识，并且考究一下读和练的科学方法，从而提高读和练的效率；其二是要对读和练进行一些研究，使之多带一些条理性，尽量减少其盲目性。关于背诵，张志公认为这是传统的、行之有效的经验。但是在以白话文为主体的语文课里，究竟应当怎样运用背诵这条传统经验？彻底抛弃是不对的，像学文言文时那么大量运用恐怕也是不必要的。背多少，背哪些，怎样要求，学前期、小学低年级和高年级、初中和高中，分别怎样处理，都是有待探讨的问题。关于"点"和"涵泳体味"，张志公认为，这是一种值得提倡的教学方法。语文教学中的"点"，就是在关键的地方，也就是确实比较难懂的地方，或者在全文中特别重要的地方，或者写得特别精妙的地方，"点"一下。这种地方，老师不点一点，学生可能不懂，或者忽略过去了；只要一"点"，学生立即就会领悟过来。跟"点"字联系着的叫作"涵泳体味"。老师一"点"，学生感到这里的确有点儿味道，于是也跟着老师摇头晃脑地品尝起来，琢磨起来。引导学生涵泳体味，就是引导学生自己去品尝、琢磨，说得更简单一些，就是让学生的脑子去活动。传统教学中积累了许多阅读与写作的方法，只要这些方法符合教育的客观规律，有利于学生学习，都应该拿来为今天的语文教学所用。教育工作者应该批判地继承传统的经验，将传统和现代结合起来，采取适合语文教育实际的方法，这样才能避免语文教学走弯路、错路，真正实现现代化。

　　张志公的语文教育科学化现代化教育思想，主要是针对语文教学效果差、成效慢、费时费力的问题提出的。为了提高学习效率，建立科学的学习机制，张志公在语文的教学原则、学科要求、教学内容、教学方法等方面都做了一定的要求，以便语文教育能够更好地顺应时代发展的趋势，避免僵化、停滞不前现象的发生。

在语文教育研究上，张志公做到了从实际出发、实事求是、讲求实效的科学态度，反对从概念出发，不尊重客观规律，搞华而不实的形式主义。他研究语文教育科学化和现代化，认真研究现代社会实际，当前社会对语文教学的要求，师生的实际，语文本身的实际以及语文教育现状，从实践中总结、探求理论。他研究传统语文教育实际情况及当时社会实际，从中找出规律性的东西，并且力求消除糟粕形成的积弊，发扬其精华，指导实践，使传统语文教育的精华成为他语文教育科学化的有机组成部分。张志公先生研究语文教育，善于把对象置于广阔的背景之下，进行历史和现实的纵横联系与比较，进行多视角全方位的考察与探究。他坚持历史的、发展的观点，总是把问题放在社会历史发展的过程中加以研究。他脚踏在历史与现实的土地上，眼望着未来需要攀缘而上的巅峰，引导人们去考察现代社会的发展将向语文学科的教学提出什么新的要求，实现了语文教育传统与现代的理想的对接。语文教育科学化和现代化思想是张志公教育思想非常重要的组成部分。语文教育科学化的实现并不是一蹴而就的事情，在实施的过程中可能会遇到各种阻力，但不能因此而否定科学化和现代化，终止科学化和现代化的进程。语文教育科学化的全面实现，需要依靠全体教育工作者和社会各界人士几年、几十年甚至上百年的奋斗。张志公的语文教育科学化教育思想宛如璀璨的星光，闪烁在语文教育的天空中，其深刻的内涵值得我们每一个教育工作者不断研习。

第一章　语文课程的宗旨和任务

在现代知识化社会迅猛发展的大背景下，基础教育事业正面临着前所未有的压力和挑战。各门课程的改革一轮接着一轮，教师同样面临着前所未有的压力和挑战。语文课程在我国基础教育课程体系中处在最基础、最核心的位置，语文课程的宗旨是什么，语文课程要完
成什么学科任务，使学生掌握什么样的语文核心素养以面对这个变化迅捷的社会，这些问题对所有从事语文教育的工作者和研究者而言，是需要正面回答和了然于心的重要问题。张志公先生的身影离开我们还并不是很远，在我国教育艰难转型的当下，语文教育理论研究与教学实践，迫切盼望张志公先生所秉持的理性态度和科学精神的回归。

第一节　语文课程的性质与目标

"语文课程的性质和宗旨是什么"这一问题自语文独立设科以来，许多语文教育研究者，都对此进行了深入的研究。"工具性""人文性""工具性与人文性并存"等，百花齐放、百家争鸣、纷繁多样。各位专家都从自己的学科视角提出了自己的见解，观点太多，但都不够明确，不够统一，从而导致语文课程的性质一直众说纷纭，处于模糊的状态。张志公先生在这个问题上有着自己明确的观点，这些观点很好地表明了他的语文课程观，也拨开了语文界的迷雾，有利于我们对语文课程与教学内容的多元理解。

一、语文课程性质

1904 年，晚清政府颁发了《奏定学堂章程》，标志着我国现代语文学科的最终确立，到如今，语文课程已经走过了一百余年的历程。在这个发展历程当中，关于语文课程的各个要素产生了纷繁多样的争论，如关于语文课程性质、课程目标、课程实践策略、课程实践过程与结果等。其中关于语文课程性质和语文课程目标是什么的问题，是语文界争论最久、也最为激烈的问题，并且一直处于一种众说纷纭、莫衷一是的状态。针对这种状况，叶圣陶先生曾极为忧虑地认为多数语文教师不知道语文做什么，尽往不切实际的道路上盲目钻研。关于语文的学科性质和宗旨，研究语文教育的大家张志公进行过深入的研究和探讨，并形成了自己的课程观体系。张志公的语文课程观兼具独特性和前瞻性，有助于当前的语文教育界更好地把握语文课程改革的方向和节奏。

1963 年 10 月，张志公发表了《说工具》一文，这篇文章收录在《张志公文集·语文教学论集》中。在这篇文章中，张志公从理论和实践的角度分别阐述了语文课程的性质，他认为："语文是个工具，进行思维和交流思想的工具，因而是学习文化知识和科学技术的工具，是进行各项工作的工具。"[1] 笔者认为，张志公的这一语文课工具论思想是从语文课程功用角度提出来的。学习语文是为了什么呢？通过语文理解自己、了解社会、认识世界，获取一个社会人在生活中所需要掌握的语文核心素养是学习语文的根本旨归。为了让大家更好地理解语文的学科性质，张志公把语文这一工具和其他工具进行了对比。他指出，语文这一工具和其他生产工具如锄草用的锄头、平整木料用的刨子有相同点也有不同点。在相同点方面，语文工具和生产工具有三点：第一，二者都是工具，本身都没有阶级性，谁掌握它们，它们就为谁服务；其次，要想二者好好地为社会服务，我们必须准确地操纵，熟练地运用二者，只有这样，它才能好好地为我们服务；第三，准确操纵和熟练运用二者的方法是到使用它们的现场中学。在不同点方面，张志公认为，语文工具和生产工具的作用不同，语文这个工具不生产物质资料，它不是生产工具，而是人们用来思维和交流思想的工具，学习科学文化知识和进行工作的工具；生产上用的各种工具，都是用来生产物质资料的。从张志公的分析对比中可以看出，语文工具和生产工具二者关涉对象不同，语文关涉人、语言、思想，而生产工具关涉生产资料。张志公先生的语文课程特殊工具说告诉我们，在语文课程教学中，需要让学生在切实的语文训练中操纵和运用语文这一工具，以提高学生字、词、句、段、篇章的运用能力

---

[1] 张志公著，庄文中编：《张志公语文教育论集》，北京：人民教育出版社，1994年版，第21页。

为着力点，不能越过训练而空谈思想内容。

列宁说语言是人类最重要的交际工具，斯大林说语言是工具、武器，人们利用它来互相交际、交流思想，以达到互相了解。语言不仅是交际工具，还是人类最重要的思维工具。1948年，张志公在海南大学开设普通语言学课程，在讲授语言学的过程中，张志公日益认识到语言是人类的工具之一，只要人的脑子能够发现这个工具，它必然会立刻使用起来，并且非用不可。语言的诞生和发展过程，是人类将语言作为交流和思维工具加以运用的过程，语言的本质特征也是其与生俱来的工具性，而语文课程和语文教育教学又是以语言的习得和使用为最主要的内容，所以张志公指出，语文的工具性正是由语言的工具性决定的，语文教育教学的工具性也是由语言的工具性所决定的。思维力是智力的核心，智力的高低在很大程度上取决于思维力的强弱，思维的发展势必会促进智力的开发，而思维的发展又必须借助语言的训练。爱因斯坦就认为一个人的智力发展和他所形成概念的方法在很大程度上是取决于语言的。在语文课程中，对学生进行有效的语言训练，也就是进行思维训练。因此，教学语文，就是帮助学生通过语言学习而掌握进行思维和开发智力的工具。

张志公的语文课程特殊工具论，并没有否认语文课程的人文和文化属性。20世纪90年代，在我国语文教育大讨论中，一些学者掀起了一股语文教育"去工具性"的思潮，认为语文课程的性质是人文性，并非工具性，过去的主张都是严重错误的；甚至有人直接站出来，指责语言学家对语文教育干预太多，过分强调语文教育的工具性、科学性。针对这种状况，张志公认为加强语文教学中的人文因素，不反对，但把其和科学性对立起来，就走向了极端。过去我们是人文性和科学性都谈不上，称之为"四不像"。把多年来语文教育没搞好的原因归结为强调了工具性，搞多了科学性就离谱了。科学性和人文性都得加强。由此可见，张志公的语文课程特殊工具论并没有否定语文课程的人文属性。学习语言的过程也是人的生命、心灵、精神律动的过程，是人实现自我成长的过程，是激发人创造力与生命力的过程。首先，语文课程中的语言学习材料中蕴含着丰富的人文内容，它囊括了中华五千年光辉灿烂的精神文明和世界各国的先进文化，包含着人格意识、人文思想、社会意识和审美精神等诸多方面的内容。人文内涵对学生精神领域的影响是深广的，同时又是潜移默化的。语文教育绝不仅是概念的分析、概括，也不仅是工具的掌握，更重要的是一种精神的熏陶和人格的养成，所以说其人文价值是不言而喻的。张志公曾经举了一个自己听过的三个不同的语文教师讲"破釜沉舟"的案例：第一位老师着重讲了破釜沉舟的寓意等思想内容，第二位老师大讲特讲破釜沉舟的语言字词知识，第三位老师讲的不多，但兼而有之。张志公借助这个案例告诉我们，语文课程不能脱离语言材料所包含的思想内容，也不能仅仅着眼于字、词、句、段、篇的训练，去空讲思想内容，这都是不可取的。语文老师既要讲述语言工具的物质外壳，也要讲述其所负载的思想内容，二者兼有，才符合语文的工具性，才能真正训练好学生的语文能力，同时也让学生在思想上得到成长。因此，在张志公的语文课程特殊工具论中，语文的工具性和人文性不是相互对立的，也不是"工具"与"人文"的简单相加，而是相互渗透、融为一体的。工具是就其形式而言，人文是就其内容而言；工具性是躯壳，人文性是灵魂。没有语言这个工具，人文内涵无以依托；舍弃人文，语言也失去了存在的价值。可见语文课程是一门发展语言、培养思维、传承文化、培养人格、提高人的审美能力和文化品位的基础核心课程。

二、语文课程目标

课程目标是按照国家的教育方针，根据学生的身心发展规律，通过完成规定的教育任务和学科内容，使学生达到的培养目标。课程目标是课程编制、课程实施和课程评价的准则和指南，在课程标准中属于主体部分。语文课程目标则是从语文学科的角度，规定人才培养的具体规格和质量要求，是由语文课程性质而决定的。在语文教育界，由于对语文学科的性质一直莫衷一是，众说纷纭。因此，语文教学的目的也曾一度没有一个明确的定论。张志公在对语文学科的性质进行探讨后，对语文的课程目标也进行了一定的阐述，其中有诸多独到的见解。

课程目标有广义和狭义两种理解。广义的课程目标，即为教育意图，包含了教育方针、教育目的、培养目标、课程教学目的和教学目标；狭义的课程目标主要是指教育目标，它包括教学目的、教学目标、培养目的、培养目标。张志公主要从狭义层面论述了语文课程目标。课程目标对整个语文课程教学具有重要的指引作用，因此，张志公非常重视语文课程目标，他多次强调语文教师一定要明确语文课程教学的目标，这关系到语文教育教学质量的高低。如在回答来自一线语文教师的关于中学毕业生应该具备怎样的语文程度的问题时，张志公提出了具体的参考建议，他认为能读一般应用的书籍报刊，在语文方面没有障碍，只要书籍报刊中所涉及的思想内容或知识内容是他们所能理解的，就应该理解得完整确切；能写一般应用性的文章，在语文方面没有显著的毛病，只要对所写内容的认识是明确的、正确的，就应该能够清楚确切地表达出来，至少要做到精通；指导有哪些基本的工具书，并且能够运用这些工具书，自己解决在读书写作中发生的问题。在这里，张志公以中学毕业生应该达到的语文水平为例，提出了一个中学生应该具有的语文能力水平。由此可以看出，张志公提出的中学生应该具备的语文能力水平是紧密联系社会实践的，是指向社会需求的，如"能读一般应用的书籍""能写一般应用性的文章""自己解决在读书写作中发生的问题"等。

语文教材由一篇篇文章构成，张志公认为，所有的文学作品和议论文章都是学习语文的材料，在进行语文课程教学的时候，必须目的明确，要知道语文教学的真正目的所在。他认为教师在语文课上教学生一篇一篇文章，目的不仅仅在于教授一些字词和布局谋篇的方法，语文和语文教学是文道统一的，语文教学的目的也固然不应该仅仅只有这一个方面。在教学生把文章读懂、字、词、句、段、篇理解确切之后，要学习吸收文章中积极有益的思想，从而使得语文教学也能如语文教材一样达到真正的文道统一。即在语文知识掌握训练和提高学生理解和运用祖国语言文字能力任务的同时，也要进行思维的训练，提升语文理解能力，做到文道统一，这才是语文教学的真正目的。在这里，张志公指出的"文道统一"的语文课程目标观正式形成。文道统一的语文课程目标观具有以下几个特点：

第一，文道统一的语文课程目标观重视学生语文能力的培养。1963年10月10日，张志公在《光明日报》上发表了"漫谈语文教学"一文。在文章中，张志公具体谈到了语文课程的目标和任务。他认为语文教学对学生所起的作用是多方面的，因此，大家对语文教学的目的任务，有种种不同的看法，对各种因素的相互关系有种种不同的理解。但是无论对语文教学的目的任务和各种元素的相互关系持什么样的看法，有一点是大家都不能否认的，那就是语文教学必须教学生把语文学好，达到应有的程度，这是语文教学不可推卸的责任。张志公提出的语文课程目标非常重视培养学生运用语文的能力，他认为这既是语文教学的主要目的，也是衡量语文教学质量的重要标志。所以张志公非常反对语文教育界的种种"行话""名堂"，如讲解时代背景，介绍作者生平，分析主题思想，分析段落大意，分析人物形象，发掘语言因素，等等。他认为这些术语提出过多会产生问题，以至于语文教学的真正目的被冲淡，而且术语提出的不当还会造成认识的混乱，使得人们不能真正认清语文教学的目的所在。语文教学的真正目的还在于教学生掌握语文工具，也就是掌握足够的字和词,掌握句子的构造和用法,掌握布局谋篇的道理和技能。语文课堂不应该搞那些花里胡哨的东西,不需要过多的环节,讲述过多的理论和知识,而是应该做好语言文字的运用。当然也要讲述一些语文知识,但要有一定的度,只有这样才能提高学生的语文能力。

第二,文道统一的语文课程目标观凸显了语文课程的特点,区分了"语文课"和"伪语文课"。在语文课程目标上,经常因为估计的面过于宽泛,而把语文课上成了物理课、思想政治课、文学课等其他课程。针对这种情况,张志公提出了自己的疑惑,他认为如果把介绍各种科学知识、训练文学修养、解决政治思想问题等,统统作为语文教学的主要目的,这个语文教学就很难进行了。因此张志公认为语文教学的目的主要不在于教给学生有关自然的或者有关社会的知识,因为那是物理、化学、生物、地理、历史学科的工作;语文教学目的并不在于教给学生太多的文学理论知识或者文学创作技能,因为中学毕业生需要的是一般的读书、作文能力,就是阅读各种各类书籍、写各种各类文章的能力,而不是只要阅读文学书籍、就必须具备创作文学作品的能力;语文教学的主要目的也不在于教给学生很多政治思想的知识和理论修养,因为那是政治课的工作。张志公通过与其他课程的比较,使语文课程目标的特点更加凸显出来;同时,也为我们区别语文课与非语文课建立了一个判断标准。

第三,文道统一的语文课程目标观注重"文""道"的融合与统一。张志公在《说工具》一文中指出,语文是个工具,是进行思维和交流思想的工具。语文的工具性决定了语文教学的根本原则是"文道统一"。语文学科既要培养学生正确使用祖国语言文字的能力,又要对学生进行思想和情感的教育。思想、情感和语言、文字之间相互依存,只有将二者关系协调好了,才能科学地达成语文的课程目标。张志公认为"文"和"道"是相互统一、相互融合的,"文"和"道"并不是简单的"文"等同于"道",或者"文"加"道",而是"文"和"道"之间的完美融合,你中有我,我中有你。在语文课程目标中,需要既重视"道",也不应忽略"文","道"必须有高明的"文"来阐发,学生也必须通过"文"来理解"道"。因此,二者是不可分割、不可偏废的。张志公指出,要提高语文学习的效率,需要进行文学教育、思维训练、语文训练,而文学教育、思维训练应该寓于语文训练之中。语文训练做好了,才能使其他方面发挥最大的功能。因此,思想教育也就是"道"的教育,应该寓于语文训练之中。教师不要过多地讲解刻板的道理,而应该将道理放到形象的语言当中让学生去品味。张志公"文道统一"课程目标观表明,语文作为一门独立的学科,它的主要任务是提高学生的语文素养,在语言、文字、文学的教学中渗透人文教育。

第二节　张志公语文课程观的当代价值

语文课程的性质是什么?长期以来一直争论不休,莫衷一是。有一性说,即语文课程具有工具性;有两性说,即语文课程既有工具性,又有思想性;有三性说,即除了工具性、思想性,语文课程还有文学性;还有多性说;等等。语文课程的"性质"问题,实质上是语文课程内容、课程目标取向等问题的集中反映。在这个问题上,张志公的语文课程观对于我们现在的语文课程改革与教学,依然具有十分重要的借鉴意义。

一、语文课程的特殊工具论明确了语文学科的课程任务

语文课程的性质决定了语文教师的教育态度,影响了教师对教学目标的确定和教学方法的选择。因此,对语文课程性质的认识,不仅关系到语文学科理论建设,而且关乎语文教学实践的每一个环节。

语文学科从独立设科到现在,已经走过了一个世纪。一个世纪以来,语文学科的性质问题与语文学科的发展几乎如影随形。在语文学科设立初期,语文学科就面临一个定位问题。1916年临时政府颁布的《中学校令施行细则》第三条认为国文要旨在通解普通语言文字,能自由发表思想;并略解高深文字,涵养文学之兴趣,兼以启发智德。在1932年颁布的《初级中学国文课程标准》提出了语文课程的四项任务:(1)使学生从本国语言文字上,了解固有文化,以培养其民族精神;(2)养成用语体文及语言叙事说理表情达意之技能;(3)养成了解平易的文言文之能力;(4)养成阅读书籍之习惯与欣赏文艺之兴趣。无论是临时政府的《中学校令施行细则》,还是国民政府的《初级中学国文课程标准》,它们对语文课程性质的论述依然有模糊的地方,这导致在教学实践中,语文课时常被扭曲。1934年,叶圣陶对这种现象提出了批判,他认为国文这一科,比较动物、植物、物理、化学那些科目性质含混得多。有些人认为国文这一科并没有什么内容,只是阅读和写作的训练而已。但是有些人却以为国文科简直无所不包,大到养成民族精神,小至写一个借东西的便条,都得由国文科负责。在这两个极端之间,还有种种的看法和各不相同的认识。如

果一百位国文老师聚在一起,请他们各就自己的见解谈国文科究竟是什么性质,纵使没有一百个说法,五十种不同的见解大概是有的。

为什么人们对语文课程性质的认识众说纷纭、莫衷一是?究其原因:一是语文学科本身具有复杂性和综合性,语文课程中和语文学科有关的教学内容对语文学科都有明显的影响;二是语文课程研究者的理论、经验导致的认识水平不同,观察问题的角度、方法不同,等等。对语文学科性质认识不清,直接导致了语文教学上的盲目。叶圣陶不无忧虑地认为多数语文老师不知道语文教什么,尽往不切实际的道路上瞎钻研。为了明确语文学科的课程性质,张志公先生以科学的态度从多方面进行了探索,提出了"语文是特殊工具"的论断,极大地弥补了语文"工具说"的不足和缺陷,为我们理解语文的课程性质提供了一个新的视角。语文课程性质的"工具说"伴随着现代语文教育已百余年,其发展大致经历了三个阶段:1904—1956年,语文是表情达意的工具;1957—1962年、1966—1976年,语文是阶级斗争的工具;1963—1965年、1977—2000年,语文是学习和工作的基础工具。语文学科的工具性与语言的工具性密切相关,1898年《马氏文通》建立语法系统,开创形式主义的"语文"研究之后,杜威的弟子胡适师承其工具主义语言观,首先提出"工具"一词,并认为一个中学生至少要有一个自由发表思想的工具。在这个基础上,1954年叶圣陶发表《关于语言文学分科的问题》,认为语言是形成思想的工具,是认识世界的工具。1963年国家教育部颁布的语文教学大纲正式提出"语文是学好各门知识和从事各种工作的基本工具"的学科性质。1980年,12所师范院校中文系编写的《中学语文教学法》,在理论层面上正式提出了语文科是兼有工具性和思想性的基础学科。到了20世纪80年代,"工具性"开始走向弱势,"人文性"走向强势。1987年,陈钟梁老师发表《是人文主义,还是科学主义》一文,很快引发"人文派"与"工具派"之间的争论。1996年,高中语文教学大纲进行了第一次折中处理,认为语文是最重要的交际工具,也是最重要的文化载体。2001年7月,《语文课程标准》进行了第二次折中处理,认为工具性与人文性的统一,是语文课程的基本特点。但是在语文课程实践中,特别是在1997年《北京文学》对语文课程的"工具性"开展了大讨论、大批判,自此"工具性"彻底走向衰弱,"人文性"进一步确立了自己强势的地位。"人文性"的确立,热闹了一阵,但人们很快发现,只见人文不见工具,不讲知识不提训练,学生语文水平的下滑再次成了社会关注的焦点。

语言具有工具性,语文学科也具有工具性,但语文这一工具与其他工具相比较又有什么样的独特性呢？这才是问题的关键所在。"工具性"是叶圣陶首先提出的，吕叔湘相继其后，张志公在两位前辈理论研究的基础上，对语文工具说进行提炼，提出了自己的"语文是特殊工具"的论断，这极大地弥补了语文"工具说"初创时期的不足和缺陷，也是张志公对语文课程理论的重要贡献，具有重要的当代价值。语言的工具性决定了语文的工具性，1948年，张志公在学术著作《语言的发生和初期语言的发展》中认为语言不过是人类的工具之一，只要他的脑子能够发现这个工具，它必然会立刻使用起来，并且非用不可。1963年，张志公在《说工具》一文中，认为语文是个工具，是进行思维和交流思想的工具，因而是学习文化知识和科学技术的工具，是进行各项工作的工具。从语言的社会功能角度来看，语言是思维的工具，在思维活动中，语言首先是认知的工具，其次是记忆的工具和分析综合的工具。语言同时也是最重要的交际工具，人们凭借它来交流思想、促进了解。语文课程具有工具性，语文和其他工具既有相同的一面，也有不同的一面，找到语文课程的和其他工具不同的一面，才可以更好地了解语文课程的特征。为此，张志公提出了语文课程是特殊的工具这一观点。张志公认为，由于语文是交流思想的工具，而思想是抽象的，它要依靠语文这个物质外壳而存在，所以语文和思想总是长在一起的，分不开的。因此，张志公认为在学习语文这个工具的时候，学习怎样用语言来交流思想的技能，跟学习语文所表达的思想的本身是不可分割的，这也是语文课程具有"独特的工具性"中独特的体现。

在张志公的语文课程观中，语文是工具，这告诉我们，语文教学应该把训练学生运用字、词、句、段、篇的能力和理解语言思想情感的能力统一起来，不能使二者割裂和对立。"特殊工具说"决定了语文教学要坚持多读多练和"文道统一"的教学目的。首先语文是工具，要求我们语文教师在教学实践中能切实培养学生的听、说、读、写能力，这是语文课程的独特功能所在。听、说、读、写能力具体包括识字与写字能力、阅读一般文章与鉴赏文学作品的能力、写作一般文章及文学作品的能力，以及口语交际的能力等。听、说、读、写能力培养功能主要通过学习听、说、读、写知识并开展识字与写字、阅读、写作、口语交际和语文综合性学习活动得以实现。其次，语文课程是特殊的工具，这就要求我们在培养学生听、说、读、写能力的过程中，注重语文课程对于学生的思想感情熏陶感染的文化功能。在听、说、读、写中能陶冶学生的情意人格，传承中外经典文化。古今中外的经典文学作品是经典文化的重要载体，学习这些作品可以增强文化底蕴，培养学生健全的个性和人格。在语文教学实践中，如果只看见了工具性而忽略了特殊性，语文教学就难免只停留在语文训练这个档次上，不仅改变不了现时语文教育"为考而教"，只强调语文形式而弱化语文思想内容的人文底蕴流失现状，而且难以实现素质教育所要求的真正的关于人的语文教育。许多文质兼美的文章，其思想意义在相当程度上也会形同虚设，最终沦落为训练听、说、读、写的例子，学生在知、情、意等方面难有发展。

作为语文学家的张志公，对语文学科工具性的表述和阐释是相当明晰和具体的，工具性着眼于语文课程培养学生语文运用能力的实用功能和课程的实践性特点，特殊性着眼于语文课程所具有的思想性和人文学等特点。语文课程的性质是语文教学活动的出发点，语文课程的特殊工具论明确了语文学科的课程任务，对我们现在语文课程改革和语文教学，具有十分重要的借鉴意义，对语文课程今后的健康发展也会起到良好的导向作用。

二、文道统一的语文课程观凸显了语文学科的教学目标

语文学科的教学目标是什么，一直众说纷纭，有人主张"以道为主"，有人主张"以文为主"，有人主张"道文并重"。1963年10月，张志公在《说工具》一文中提出："语文这个工具跟其他工具有相同的一面，这就决定了语文教学必须教学生切切实实地在训练中学会操作和使用语文工具，也就是着眼于掌握字、词、句和篇章的运用能力，不容许离开这种训练去空讲大道理，空讲理论知识；它跟其他工具又有相异的一面，这又决定了语文教学必须把训练学生运用字、词、句、篇章的能力和训练学生理解语言所表达的思想的能力结合起来，不容许把二者割裂开来，对立起来。"① 在这个论述中，阐明了语文的工具性决定了语文教育的文道统一。以语文教学来说，就必须要求学生把这些文章透彻地读懂，一字一句地、整段整篇地都理解得确切，这样才能在学习语文的知识和技能的同时，领悟而吸取文章里那些积极有益的思想。在此基础上，张志公提出了中学语文教学要过"三关"，即要过字关、句关、篇章关，要培养语言文字的理解和运用能力。1983年10月，张志公在全国中小学语文教学研究会第三次年会上发言，他认为："我们需要向下一代进行有针对性的，为他们愿意接受，确有实效的思想教育工作，而语文课则应当研究在很好地担起前面说的培养现代化语文能力的过程中应当和可能分担上述思想教育工作中的哪些部

---

① 张志公著，庄文中编：《张志公语文教育论集》，北京：人民教育出版社，1994年版，第25页。

分,达到什么样的预期目的。"① 在此次会议上,张志公提出了有名的"带学生从文章里走个来回"的主张,他认为首先把语言文字弄清楚,从而进入文章的思想内容,再从思想内容走出来,进一步理解语言文字是怎样组织运用的。在这里可以看出,张志公提出的文道统一,不是"文+道",也不是"道+文",而是文中有道,道中有文,二者是相辅相成、互相促进、相互统一的。

文道统一的课程观就要求在语文教学目标中,需要既重视"道",也不应忽略"文","道"必须有高明的"文"来阐发,学生也必须通过"文"来理解"道",二者不可偏废。在"文"的方面,语文学科的主要任务是要培养学生的基本的语文素养,即教学生热爱祖国的语言文字,能正确理解和运用祖国的语言文字,提高他们的语文素质,以适应社会运用语言交际的需要。具体说来主要包括识字与写字能力,阅读一般文章与鉴赏文学作品的能力,写作一般文章及文学作品的能力,口语交际的能力,等等。听、说、读、写能力培养主要通过学习听、说、读、写知识并开展识字与写字、阅读、写作、口语交际和语文综合性学习活动得以实现;在道的方面,主要是指语文教学目标中还需要达到"人文性"的目标。人文在《周易》中解释为"文明以止,人文也。观乎天文,以察时变;观乎人文,以化成天下"。人文是一种普遍的人类的自我关怀,以人性、人道为本位的价值取向,表现为对人的尊严、价值、命运的维系、追求和关切,对人类遗留下来的各种精神文化现象的高度珍视。在《语文课程标准》中,对人文性的内涵,基本范围以及它在语文教学中的体现都有明确的说法。语文课程的人文性,主要体现在价值观上,即"培养学生热爱祖国语文的思想感情","培养爱国主义情感、社会主义道德品质";从有关个人的价值标准来说,"提倡自主、合作、探究","培养学生主动探究,团结合作、勇于创新的能力";从认识过程的价值观来说,强调"逐步养成实事求是、崇尚真知的科学态度,初步掌握科学的思想方法"。其次,语文课程的人文性,还体现在文化观上,既关注民族优秀文化,又主动吸纳全人类优秀文化。规定教材"要注重继承与弘扬中华民族优秀文化","理解和尊重多样文化"。在课程目标上,则规定"认识中华文化的博大精深,吸收民族文化智慧,关心当代文化生活,尊重多样文化,吸取人类优秀文化的营养"。在具体的语文课程教学实践中,要培养学生对祖国语文和民族优秀文化的感情,提高文化品

---

① 张志公著,庄文中编:《张志公论语文教学改革》,南京:江苏教育出版社,1987年版,第68页。

位、审美情趣,发展健康个性,形成健全人格,等等,如在阅读教学中,就要"珍惜学生独特的感受、体验和理解",在写作教学中,就要贴近学生实际,让学生易于动笔,乐于表达,要为学生的自主写作提供有利条件和广阔空间,减少对学生写作的束缚,鼓励自由表达和有创意的表达。

在语文教学中,只有做到文道统一,才能更好地达成语文教学目标。课程教学目标是根据知识和能力,过程和方法,情感、态度和价值观三个维度设计。其中,前两个综合维度体现工具性,后一个维度体现人文性;三个维度的互相渗透,融为一体,就是工具性、人文性高度统一的体现。在语文教学中,做到二者统一,意义深远。著名特级教师于漪在《弘扬人文,改革弊端》一文中认为:语文学科作为一门人文应用学科,应该是语言的工具训练与人文教育的综合。工具作为"表"的成分,是基础和凭借,人文作为"里"的成分,是精髓和生命力所在,是目的和结果。如果说,语文课程的"工具性"着重指明学生"应学什么、怎么学",那么,语文课程的"人文性"则重在揭示学生"为什么而学"以及"将会怎样去学"。正是这种统一,赋予了语文这种"工具"以特殊的性质,其特殊性就表现在它是一种含有丰富的人文内涵的工具,它不仅是交际的工具、思维的工具,而且是丰富人的精神世界、提升人的文化品位的工具;正是这种统一,使语文课程的人文教育不同于其他课程(例如道德与法制、历史、地理等)的人文教育,它是在学生掌握语文这种特殊工具的过程中,通过对文本语言的感知和感悟,通过听、说、读、写等具体的语文实践,不着痕迹地进行的,其最大特点是熏陶感染,潜移默化。在语文教学中,我们语文教师应该对工具性与人文性"一视同仁"。不能重"工"轻"人",或者重"人"轻"工"。如果重视工具性,轻视人文性,阅读课堂就会失去生动性与生命力;如果重视人文性,轻视工具性,教学就会"忘本变质"。课改以来,语文教学出现了对过去重"工"轻"人"的矫枉过正,对人文性的过度强化,对工具性的过度弱化导致语文教学的价值失衡,引起人们深深的担忧。教学实践证明,在语文教学中,能否处理好"文"和"道"的关系,是能否搞好语文教学的关键。张志公曾旗帜鲜明地说:"我一向主张'文道统一'。不论社会上刮哪股风,我从来没改变过这项主张。今天还是这样主张,不改变。"①

---

① 张志公著,庄文中编:《张志公语文教育论集》,北京:人民教育出版社,1994年版,第247页。

第二章　语文课程教学内容

长期以来，语文课程教学具体包含哪些内容，教学内容中"语文"和"非语文"的边界如何确定，一直困扰着我们。上海师大王荣生教授认为教学内容是任何一门教育类学科都必须解决的基本问题，语文当然也不例外。当中国近现代语文教育走过百年的历程，蓦然回首，竟发现我们对语文学科的"教学内容"迄今为止还没有一个科学而清晰的界定，这一本源性问题并没有得到很好解决。张志公是我国的语文教育大家，他在汉字教学、口语交际教学、文学教学、语文知识等语文课程教学内容上都有着自成体系的观点和见解，随着岁月的流逝，这些思想日益成为整个语文教育界取之不尽、用之不竭的宝贵财富，对我们现代的语文教学依然具有重要的借鉴意义。

第一节　张志公语文课程教学内容观

语文课程教学应该包含哪些内容呢？张志公在《语文学科的现代化问题》一文中指出："要考虑现代文化科学教育的发展、现代社会的各项工作，对于每个受过一定教育的人在语文能力方面有哪些要求。这些要求有的可能是古今中外共同的；有的可能是过去就有而现在格外突出了；有的可能是现代社会提出的新的要求。……古今中外共同一致的那些要求大家都会注意到，而后两种要求却往往被忽视。"[①] 由此可见，张志公构建的语文课程教学内容是立足于"现代社会"文化科学教育发展和现代社会各项工作的基础之上的。从社会发展对人提出的要求出发，从实际需要出发，从提高全民的素质出发，立足于"现代社会"发展的大背景是张志公先生语文课程教学内容思想建立的基础。在这个基础上，张志公在汉字教学、口语教学、文学教育、语文知识教育、文言文教学等方面都有自己的观点，这些观点对我们当

---

① 张志公著，庄文中编：《张志公论语文教学改革》，南京：江苏教育出版社，1987年版，第12页。

今的语文教育依然是一笔宝贵的财富。

一、关于汉字教学

汉字是世界上最古老的文字之一，是我国五千年华夏文明的重要载体，是中华文化得以一代代传承的重要工具。汉字本身也成为中华文化的重要组成部分，学习汉字必然是语文教学的一个重要内容。张志公作为语言学家，也一直关注着汉字的识字和写字教学，并形成了独到的汉字教学思想。

汉字的教学必须基于对汉字特点的认识，在新中国成立初期，因为对汉字特点的认识存在误区，有专家甚至建议废除汉字，改用拼音文字。改革开放以后，学术界对汉字的特点有了新的认知。1985年，张志公在我国文字改革会议上做了有关汉字学习和使用问题的学术报告，他发表了对汉字改革的看法。他认为一个字，既是一个音节符号，又是一个意义符号，从语言单位角度上看，单个儿汉字还是语素符号。这表明我国汉字具有集声音、形象和词义三者于一体的特性，这一特性在世界文字中是独一无二的。因此，它具有独特的魅力。"音""形""义"相结合，使得汉字的发音不需要诸如其他语言中的诸多音素符号。汉字以单音节语素为主，只有极为少数的联绵词、音译外来词是由非单音节语素构成的。同时汉字是象形文字，其显著的特点是字形和字义的联系非常密切，具有明显的直观性和表意性。汉字的表意性使汉字成为世界上单位字符信息量最大的文字，因此容易辨识，利于联想，这也为加快阅读速度带来极大的便利。此外，在汉字组合上，无论是词组合成句子，还是单句组合成复句，首先考虑的因素往往是语意的配合，而不是语法形式的使用，只要几个负载着重要信息的关键词语在意义上大致搭配得当，就能言简意赅地达到交际目的，这几个词就可以组合在一起，这就是所谓的"意合"。汉语语法的这一特点，使它结构独特，灵活多变，颇多隐含，着重意念，其意合性、灵活性和简约性是其他语言所不能比拟的。凡事都有两面性，在认识汉字优势的基础上，张志公从语文教学的角度也提出了汉字教学的"两个半不容易解决的难题"：一个难题是初学难，汉字笔画多，笔画之间的变化多，这导致在初学阶段，识记汉字较为困难；二个难题是汉字是表意文字，其他国家多是表音文字，汉字国际交流比较困难；还有半个难题是汉字偏旁部首较多，变化多样，书写较为困难。汉字的特点和弊端都对汉字教学产生了重要的影响。鉴于此，在汉字的教学上，张志公指出，首先需要教给学生实事求是对待汉字的态度，要把实事求是对待汉字作为一项重要的汉字教学任务。在汉字教学时，张志公用辩证的眼光分析了汉字的利弊，告诉学生弊端应当想办法加以解决，而优点则要努力发扬光大。汉字绝不能废除，而且随着社会的发展和教育的普及，汉字会越来越重要，针对当时一些语言学者提出废除汉字，张志公的观点具有非常强的时代意义。

在汉字的教学上，张志公在系统而全面地总结我国古代语文教育经验和规律的基础上，融合了教育学、心理学研究成果，创造性地提出了汉字教学的"双文教学"和"三条道路"模式。双文教学即拼音和汉字共同教学，三条道路即汉字教学三条道路，共同前进。在《关于改革语文课程、语文教材、语文教学的一些初步设想》一文中，他认为小学语文课（课仍是一门）分三条线先后开始，分头前进，最后合拢：第一条线是借助汉语拼音，帮孩子打开阅读的世界，从孩子入学开始就利用汉语拼音，提供一系列的可以训练学生能力的阅读材料；第二条线是完全按照汉字识字规律进行识字教学，提供思想短浅、内容简单的课文进行训练；第三条线就是教学，先练基本的笔画，然后再练习单个儿简单的字，最后练习比较难的字。这一条线的主要目的是，根据写字规律的具体要求进行系统写字训练，初期可稍稍放宽要求，在学生逐渐适应和接受写字训练之后，相应提升写字的要求。第一、二两条线不做主动的结合，在一段时间学习之后，两条线会自然地日渐靠拢。在第二条线开始之后，第三条线也紧随其后展开，这样到了四年级，学生的水平达到了一定的程度，三条线就会主动汇成一条线，此时学生已经对汉字学习有了较为坚固的基础，不仅掌握了数量可观的汉字，更习得了科学高效的学习方法和习惯。三条线路的基本意图是让低学段学生接受适合其心理水平的汉字训练，同时不忽视学生实际的接受能力，以免极大地损害学生学习的积极性。只有这样，才能让学生从汉字初学阶段的畏难情绪中突围出来，在汉字学习的"量"与"质"上保持协调进步的态势。在汉字的教学上，张志公总结出了汉字教学的三种方法：一是从有依傍逐步到没有依傍；二是先写大约一寸见方的所谓大楷或中楷，宜到相当熟练，才开始写小楷；三是在入门阶段写字和认字各走各的，不求一致。在汉字教学上，张志公还对汉字教学提出了三条建议：第一条是研究出一整套使用铅笔、钢笔工具，同时又非常能适应汉字特点的训练儿童学字的方法和步骤；第二条是设计出一种新的、有毛笔优点而没有制作上和使用上的麻烦的、专为儿童学写汉字的书写工具，以及相应的一套训练方法和步骤；第三条是在上述两种办法的任何一种还没有实现之前，适当采用传统的办法和工具。在汉字教学上，张志公还非常注重中学阶段需要继续学习汉字。语文教学界一个非常普遍的现象是在小学低年级时还比较重视汉字教学，但是到了小学高年级就开始放松，到了中学就几乎完全不重视了。针对这一现象，张志公先生认为，在中学阶段教会学生生字、词也应该作为一项教学目的，而不仅仅只是教给学生所谓的写作方法。因为在中学阶段也需要教会学生2000到3000个常用汉字，这就要求必须重视中学生的识字和写字教学。但是，中学生的识字写字教学又应该和小学生的教学有所不同，可以让学生自己动手做更多的工作，让学生自己悟查字典，厘清字音和字义，这样可以使得学生印象更加深刻，学得也更扎实更牢固。

社会在发展，当代学生智力发展状况、教学辅助设施，以及汉字教学研究理论都发生了较大的变化，我们对汉字教学也有了新的要求；而张志公提出的"双文教学""三条道路"的汉字教学思想，为语文教学中的汉字教学实践提供了科学的方法。现在语文课标中提出的要帮助学生产生喜欢学习汉字，有主动识字的愿望，引导学生初步感受汉字的形体美，在书写的过程品味汉字独特的美等内容依然受到张志公汉字教学思想的影响，他的汉字教学思想和汉字教学实验对于我们当代的汉字教学依然有着非常重要的启发。

二、关于口语交际

在语文教学内容中，口语交际一直处于一种被忽略的地位，吕叔湘曾经敏锐地观察到语文教育中的口语交际教学一直处于真空状态。这种有"文"无"语"的语文教育，被学界戏称为半身不遂的畸形语文教育。1979年3月，张志公在《要重视接受与表达的训练》文中指出："我们平时教学中常说的听、说、读、写这四种训练，其中说和写就属于表达一方面，听和读则属于接受一方面。进行语文训练，就应该把听、说、读、写都包括进去，学习外语常常提这四个字，但是学习本国语，却往往把口头语言的听、说丢了。在书面语言这一头，往往又特别重视写，把读放在次要地位。听、说、读、写四项各有其特点和规律，不能相互代替；四种能力又是相互依存，相互制约，相互促进的，不可割裂开来，有所偏废，顾此失彼。处理好四者的关系，是语文教学必须解决的一个重要问题。"[①]张志公通过对中国传统语文教育的研究发现，"重文轻语"是封建社会后期遗留下来的一种不健康的教育传统，古代科举教育是一种"应试教育"，考什么就教什么，怎么考就怎么教，口语

---

① 张志公著，庄文中编：《张志公语文教育论集》，北京：人民教育出版社，1994年版，第405页。

不考所以就不重视。所以张志公认为最突出的一点，是古人很少注意到说话能力的培养，他认为："过去教语言，往往忽略口、耳，只注意手、眼，这是砍掉植物的根而希望它开花的办法。充其量这叫插瓶，也许能开两朵花，然而开不多，也开不久。"[1] 导致人们对语文教学内容中口语部分的忽略，张志公认为有三个方面的原因：第一是没有感觉到学习当代实际语言和训练口头语言能力有什么必要性；第二是没有觉察到口头语言能力和书面语言能力之间有什么联系；第三是没有体会到有目的有计划的口头语言活动对于活跃学习生活、形成孩子们的性格、发展孩子们的智力有什么重要意义。在当前的语文教学现状中，一提起语文课，就常常想到读写而忽略听说。这种状况导致的结果就是学生的口语交际能力普遍偏低，同时语文能力的听、说、读、写也被生生割裂开来，学生的语文能力难以得到完整发展。

对于语文教学内容中的口语交际，人们一直存在一个误解，认为口语教育不应该是学校语文教育的重要部分，而应该靠学生从日常生活中自然习得。而张志公一直对口语教学十分重视，反复强调口语教学的重要性，他认为："语言首先是口耳之事，因此练口、练耳是基础。"[2] 在张志公眼里，口头语言的作用并不低于书面语言，甚至随着社会的发展和进步，口头语言的重要性将超越书面语言。关于口语的本质，张志公通过与书面语言进行对比，认为从二者的渊源关系上讲，书面语言源自口头语言，从语言的起源来看，在人类口头语言极为丰富的基础上，人类集体创造了文字，用文字记录口头语言，这是人类文明向前跨进的重要一步；而对于个人言语习得，我们每个人也是先从口语再到书面语的过程；从口语与书面语二者应用的广泛程度上看，口语的应用范围远远大于书面语。在实际生活中，口语交流的频度和广度，是书面语很难匹敌的，尤其是信息化社会的今天，快节奏的社会生活，人与人之间交流的密度持续加大，通信技术的发达打破了言语交流活动的时空限制，口语的使用频率远远超过了书面语言。张志公对口语本质内涵的理解，对于语文教师准确地把握口语交际教学具有极大的帮助。

在语文课程教学中，口语教学的效果始终难以让人满意，口语交际训练也很难得到很好的落实，其中的一个关键问题是许多一线语文教师还没有认识到口语交际是语文教学内容的一个重要组成部分，而认为口语能力应该靠学生从日常生活中自

---

[1] 张志公著，庄文中编：《张志公语文教育论集》，北京：人民教育出版社，1994年版，第578页。
[2] 张志公著，庄文中编：《张志公语文教育论集》，北京：人民教育出版社，1994年版，第578页。

然习得。张志公在很多场合，呼吁基础教育阶段的语文教学一定要把口语教学重视起来，他着重强调，过分地重视书面语言教育，严重忽视口头语言的学习，是不利于个人言语能力的发展的。克服"重文轻语"的顽疾，走出"有文无语"的怪圈，是时代发展的要求，更是语文课程、语文教育自身发展的要求。张志公明确强调：脱离语言实际的语文教学是一种畸形的语文教学，它不仅影响书面语言的提高，对培养学生的思维能力和创新能力都是不利的。加强对口语交际的重视程度，无论对语文课程发展、语文教育教学的改进，还是提升学生综合语文素养，都有着不可估量的价值和意义。伴随信息化社会的不断进步，口语交际的社会价值会越来越突出。因而，无论语文界乃至整个社会，都要重新审视口语交际的当代价值及其意义，这需要我们语文教师认识到口语交际在语文教学内容中的重要地位，在课程标准中明确提出口语交际的社会生活价值，开发优质的口语教学资源，研究口语交际教学理论，以尽快使我国语文口语交际教学适应时代快速进步和学生综合发展的要求。

在口语交际的教学上，吕叔湘认为，活语言教学应该是耳目并用，并且先耳后目。可是，我们的教学法并没有发生根本性的改革，基本上还是目治。延续吕叔湘的思想，张志公也非常重视口语训练，他认为口语训练是口语交际教学的根本教学方法。关于口语交际教学，张志公做了大量的研究，如关于口语交际教学的文章就有《关于口语研究和口语教学的三个问题》《应该重视口语的研究——陈建民〈汉语口语〉序》《致全国师范院校"教师口语"培训班》《人活着就得说话》《青少年要有口才——鲁宝元〈说和听——同中学生谈语文的基本功〉序》《口语、书面语要协调发展——范守纲主编〈中学生语文知识实用手册〉序》。在这些文章中，张志公认为在口语教学的措施上仍不得力，口语训练并没有得到很好的落实，口语训练应该顾及语言训练的特殊性质。对于这种训练性质，张志公提到了两点：第一，口语训练需要多种素质的综合参与和提高，需要做到提高学生语音素质，力求信息载体的标准化；提高学生思维素质，力求逻辑思维的严密化；提高学生知识水平，力求语文知识的实用化；提高学生心理素质，坚持有胆有识的开放性。第二，口语训练还需要以多种形式综合进行，如"听、说、读、写兼顾"，"语法修辞逻辑结合"，"正确处理讲解、练习、示范的关系"，以及"口头、书面、模仿、创造、局部、整体——六者相结合"等形式。此外，他还列举出各类可作为口语交际训练学习的活动，如复述故事、复述文章、复述广电节目、排演情景剧等。

在语文教学内容中，张志公提出的听、说、读、写并重的教学原则，是符合语文课程与教学的课程性质和教学规律的,也符合社会发展对语文课程提出的要求,即使在今天,在我们的语文教学实践中,依然存在着重读写、轻听说的情况,这种局面是有待改变的。

三、关于文学教育

语文教学内容中要不要纳入文学教育,这是一条曲折的道路,在20世纪50年代肯定,实行汉语和文学分科教学;60—70年代否定,主张不要把语文课教成文学课;80—90年代又肯定,教学大纲规定要培养文学鉴赏能力。当前,要给中学的文学教育定位,促进文学教育发展,提高语文教育效率。张志公是一位语言学家,并且在对待语文教育的问题上,是个不折不扣的"语言派",然而在语文教学内容上,可以说张志公也是一位"文学派",他在倡导"文学教育"的广度、深度和力度上,是远胜于一些文学家和文学研究家的。在语文教育内容中,为何文学教育一直处于缺位的状态,张志公研究之后认为,存有两个原因:一是传统语文教育中文学的缺位对现在语文教学内容的影响依然存在。在对传统语文教育进行研究之后,张志公认为传统语文教育存在着四大弊端,其中之一就是忽视文学教育。他认为:传统语文教育严重忽视了真正意义上的文学教育,这种积弊一直影响到现在。语文教材中占有如此众多的文学作品,不是用来进行文学教育,而是用来进行读写训练的,就连古典文学作品也不例外。在中国语文教育史上,可以说,孔子的诗教是文学教育的发端,但是随着封建社会的演进,语文教育成了封建选吏制度的一种工具,文学教育渐渐失去了地位,诗已经不属于语文教学的正当内容,只有在启蒙教育阶段为了便于背诵而教儿童读少量的诗。至于戏曲、小说之类则完全被禁止,被排除在语文教学内容之外,少量的文艺性散文,也并不当作文学作品来教,而是作为书写文章的范例。其实在语文学科设置的开端,语文教学中是有部分文学内容的。1902年清政府颁布的《钦定学堂章程》,设"词章"科,到了1904年颁布的《奏定学堂章程》则改"词章"科为"中国文学"科,有读文、作文、习字和古代文章以及中国文学作品,第一次把文学教育纳入语文教育当中。到了1912年,中华民国教育部改"中国文学"科为"国文"科,有作文、讲读、习字、文学源流和中国文学史等。1921年,北洋军阀政府教育部改小学"国文"科为"国语"科,中学仍为"国文"科,教学文言文,主要是古代文章和古代文学作品。到1954年左右,我国中学语文学科有一部分为文学作品的教学,但没有严格意义的文学教育科学概念,更

没有现代课程意义的文学教育教学目标和教学内容。1956年至1958年,全国进行汉语、文学分科教学,制订了汉语、文学的分科教学大纲,编著了汉语课本和文学课本。但只试验了三个学期,并认为"不要把语文课教成文学课",文学教育被视为禁区。张志公认为语文教学内容中文学教育缺位的第二个原因是在文学的教法上,由于对"文学课"这一概念认识不清,加上不知道语文课当中的文学作品到底应该怎么教而提出"不要把语文课上成文学课",致使长期以来中学语文教学当中一直忽视文学教育。因此,他提出"文学教育应当重视,应当有意识的考虑,有计划的适当安排,并不意味着语文课里只要教文学作品。这又是两码事,不能混为一谈"①。这里张志公提出教法不对头与应当不应当教是两个问题,不能混为一谈,不能因为教法不对头而抹杀文学教育。在此基础上,他进一步提出文学教育的意义和作用太重要了,应当向儿童、少年、青年进行文学教育,在普通教育阶段,文学教育非但不应当忽视,而且是应当加强的。

文学教育应该纳入语文教育当中,即使不要求每个人都成为文学家,但至少要求受过教育的绝大多数人都要能够理解,能够欣赏文学,能够在优秀的文学作品中得到熏陶、感染、启迪。国外的语文教育也是非常重视文学教育的,在英国,1985年颁布的《普通中等教育证书国家标准·英语》就认为英语可视为一门学科,也可以看作英语和英国文学两门课程,在英语学科中,有语言教育,包括听说、阅读、写作、拼写、书写等,有文学教育,指导学生阅读英国文学、美国文学和翻译的外国文学作品,学生能够从作品主题、人物、语言、表现手法等方面鉴赏文学作品,并且交流阅读文学作品的感受和个人反映。在美国,英语中语言艺术课程包括美国文学、英国文学、世界文学和比较文学,其目的是指导学生逐步熟悉古今文学代表作,能够欣赏语言艺术,评论文学作品,并且养成阅读文学作品的习惯。对于文学教育的重要性,张志公对文学及文学教育的性质、文学教育的功能,以及文学教育的方法等方面进行了研究,他认为文学教育是一种精神教育、思想教育、美学教育,同时它又是一种有利于智力开发的教育。

文学作品反映的应该是生活的本质,是用形象来感染、教育人的,在文学教育的功能上,他认为"学习文学作品对前边提到的培养青少年的道德、品质、理想、情操、趣味、风格,影响很大。它通过形象的感染,使学生潜移默化地受到思想感

---

① 张志公著,庄文中编:《张志公语文教育论集》,北京:人民教育出版社,1994年版,第37页。

情的陶冶。这种力量之大，是人所共知的"①。在文学教育的作用上，张志公认为文学教育可以使学生获得敏锐深入观察社会生活的能力和丰富活跃的想象力方面的感染、熏陶和启迪。一般来说，文学作品作为创作者的心血结晶，不只表达了作者自己表面的思想和看法，而且还更深入地体现了创作者在精神上对人生、事物和社会的认知和理解，语文教师通过对作品的精神层面进行深入的剖析，让学生的精神世界得到多角度和深层次的发展。经过老师在文学教育课堂上的引导分析和系统讲解，学生的精神世界可以慢慢地形成对生活、人生、命运深层次的感悟，促进学生的世界观、人生观和价值观的形成和成熟。

在文学语言上，张志公一贯重视培养学生欣赏文学语言的能力，他认为文学作品是"语言的艺术"，优秀文学作品的语言十分丰富，运用精到，可以作为学习的楷模。文学作品的"第一要素是语言"，文学是"语言的艺术"，语文教学的目的之一是语言的实际运用。优秀的文学作品语言生动优美、丰富多彩，蕴含着语言艺术的精华。古今中外的文学作品，尤其是名家名著，大都代表着语言艺术的高峰，在语言运用方面，堪称楷模。让学生大量阅读文学作品，揣摩、体味语言运用的妙处，潜移默化，培养语感，能收到一种"润物细无声"的效果，有利于语文素质的提高。多年的教学实践表明：语文基础好、成绩高的学生大都喜欢看文学书籍，这种现象在高中阶段尤为突出。因此，在平时的教学中，要鼓励学生多读、多看文学作品，除了能把学生从枯燥的文字游戏式的"题海战术"中解放出来，让他们轻松愉快地去学习语言、感知语言外，也能把老师从肢解、分析课文、分析语段等机械的劳动中解放出来。张志公要求中学生能够读一些文学作品，了解一点儿文学知识，甚至于要知道一点儿文学史和文学家，有能力理解、分析一些文学作品。但他一贯反对把文学教育等同于读写训练，把优秀的古典文学作品仅仅只是纳入读写训练范围，而是主张要让学生自己学习文学作品，品味体会，提升自身文学素养。在文学教育的作用上，张志公还非常重视文学在发展学生想象力和创造性思维方面的作用，他认为文学有助于培养联想能力、想象能力、创造性的思维能力，从而有利于开发智力。素质教育要求学生具有创新意识，培养能力，发展智力，而阅读欣赏文学作品需要形象思维、想象和再创造，文学作品是可以培养学生的形象思维能力，使他们进行丰富的想象和体验再创造的一种思维过程，中小学的数学、物理等

---

① 张志公著，庄文中编：《张志公语文教育论集》，北京：人民教育出版社，1994 年版，第 36 页。

理科科目过于重视逻辑思维的培养,却对想象力、创造力的培养不够重视,这不利于发展健全的思维能力。因此,加强语文教学中的文学教育,既能促进学生形象思维能力的培养,又能在很大程度上改变这种状况,使形象思维和逻辑思维结合起来,协调发展,从而有助于形成学生思维的全面发展。由于文学教育所具有的多重功能,张志公指出,在普通教育阶段,文学教育是绝对不应该忽视的,不需要每个受过普通教育的人都成为文学作家,然而非常需要每个受过教育的人都具备一定的文学修养,具备一定的文学理解力、欣赏力、鉴别力、联想力和想象力。

在文学教育的教学实践中,张志公在20世纪50年代参与了我国现代语文教育史上规模最大的一次具有开创性的语文课程改革——语文分科改革,即把语文分为汉语、文学两科进行教学。在这次改革中,张志公亲自主编了分科教材,这是我国语文教育科学化道路上的一次重大突破,文学教育在我国第一次名正言顺地作为一门课程出现在中学教育中。当时改革的思想是语文教育课是工具课,旨在提高学生听、说、读、写的能力;文学教育作为文学课,旨在使学生具备一定的文学素养,即文学的理解力、欣赏力、鉴别力、联想力以及想象力。这种分科教育改革主张从初中起单独设置文学课,主要目的是完成文学教育的任务,不承担培养听、说、读、写能力之类的任务。增设的文学课是专门进行文学教育的,张志公认为它的任务是:"指导学生阅读丰富的、优秀的文学作品,获得必要的文学知识,培养和提高文学素养,同时寓思想教育于其中,培养远大的理想抱负,高尚的趣味情操,并寓智力开发的目标于其中,培养活跃的逻辑思维能力和联想、想象等思维能力以至创造思维的能力。"① 语文学科分科改革失败以后,张志公先生仍然坚持提倡加强文学教育。20世纪80年代,为了适应当前社会和未来时代的需要,他提出了语文教学现代化的主张,并且在语文教学现代化的主张下,积极探索有效实施文学教育的方案。在文学作品的教学上,张志公提出了一系列的文学作品教学原则和方法。张志公认为:文学作品大诉诸形象思维,诉诸联想力、想象力,所使用的语言比较含蓄,不直截了当。要求读者自己去"涵泳体味",深层意义往往多于表层意义。因此文学作品教学的一种重要方法就是让学生"涵泳体味",悟出"深层意义"。所谓"涵泳体味",张志公认为就是让学生的脑子去活动,去分析、理解和体会作品语言的妙处。虽然不怎么说得出,但是感觉到、体会到了,这就是涵泳体味。此外,张

---

① 张志公著,庄文中编:《张志公语文教育论集》,北京:人民教育出版社,1994年版,第276页。

志公还提出要让学生"读懂文本"达到"整体感受"。张志公先生强调,语文老师必须是带领着学生好好地读文章,一字、一词、一句、一段都读懂,把文章安排组织都搞清楚,也就是要"把它作为一整篇文章让学生读懂",让学生获得整体感受,就是要"让文章的本身去教育学生",要让学生在透辟理解全篇的基础上,再从中得到思想上的教益、知识上的启迪和感情上的陶冶。

四、关于语文知识

语文知识特别是语法知识在语文教学内容中处于一个什么地位,长久以来争议颇大,20世纪90年代,语文教育界发出了"淡化语法教学"的呼声,在2001年颁发的《全日制义务教育语文课程标准(实验版)》中明确规定"语法知识不作为考试内容",自此开始语法教学就远离了老师和学生的视野,直至后来基本退出了中学语文课堂。语法知识退出了语文课堂,导致了一系列的问题,学生的汉语水平迅速下降,许多学生分不清名词、动词、形容词等基本词性,不明白主谓短语、动宾结构,解释不清常见词语的基本词义,在作文写作上,经常出现文句不通、语病百出等问题。语法水平的低下最终导致了学生汉语水平的下降和汉语言理解应用能力的退化,学生的语言表达能力、阅读能力和写作能力都受到了明显的影响。

在语文课程中,语文知识被轻视的原因是多方面的。张志公认为,在语文课程中之所以出现轻视甚至否定语文知识教学价值的现象,与语文课程中语文知识本身的特点有关。在语文课程中,语文知识点多面广,科学性不强,系统性不够,知识相互之间联系也不紧密。在语文本体知识体系中,如汉字的认读与书写、词语的词义与用法、复杂句式的结构与功能等,知识点众多,而且联系不紧密,导致在语文教材中,知识点较为分散,教学训练的效果并不明显。语文知识之所以被轻视,还与人们对语文课程性质的认识有着密切的关系。张志公认为语文是一种特殊的工具,语文课程的根本目标之一就是提高学生的语言运用能力,而不能把语言文字与篇章形式所承载的思想观念、情感态度、价值倾向作为全部的目标,因此他反对那种"扫除文字障碍"而把课程的重点指向思想观念、情感态度、价值倾向的教学行为。对此,他明确指出扫除文字障碍意思是说,文章里有生字难句,要讲一讲,因为生字难句好像前进路上的障碍物,要先扫除掉。有生字难句,对理解课文确实是一种障碍,单从这一点考虑,这样提是有它的道理的。但是问题还有另一面,语文教学,除了让学生通过语言文字去理解课文内容之外,还要在理解课文之后再进一步去体会语言文字的运用,这才能使学生的语文能力有所提高。由此可见语言本身就是课程的根本目标,在教学实践中,在强调工具性与人文性的统一中,往往忽略了这一根本目标,正是对语文课程性质与特征、目标与任务等重大问题认识不清,很难把语文能力培养与语文知识传递有机结合起来,最终导致对语文知识的视而不见,听而不闻。

张志公曾批评语文教学忽视知识教学,并大声疾呼:要加紧研究有关说话、读书、写文章的科学的知识系统,科学地把教学这些知识和指导运用这些知识与听说读写的实践活动组织起来。1994年10月,张志公在《教材改革要面向现代化建设》一文中进一步强调认为知识是好东西,只是在知识运用上存在好与不好的问题。所以,我们的使命,不是废除语文知识,而是改进运用知识的方法,即改进教材编写,改革语文教学。在语文知识的教学实践中,张志公主张"知识先导",他认为唯独语文教育,走的不是这样一条道路。幼儿从两周岁左右口头语言就能听能说,并且相当完整了。经过四五年,没有一天不听许多话、说许多话的。有了大量的实践,积累了丰富的经验,具备了充分的感性知识,比对数理化生那样的实践都多,感性知识也都多。可是进了小学,进了中学,始终不向孩子们提供系统的语言知识,始终走着模仿、体会、摸索的道路。直到中学毕业,怎么说、怎么读、怎么写,还是全凭经验办事,说不出个所以然。由于对语法知识的忽略,长期将语法知识看成是不可捉摸之事,在教学中只可意会而不可言传,由于老师不讲知识,甚至反对讲知识,语文教学始终处于一种自发的而非自觉的、凭朦胧的感觉和经验办事的状态,仅仅靠学生自己去体会、摸索,很难形成一套完整的知识系统,这样就不能够真正有理有据有规律地培养学生的读写能力。张志公主张知识先导就是要把汉字、语音、词汇、词法、句法、篇章、修辞等语文知识与语文教学实践结合起来,在实践中结合语文知识培养学生的语文能力。因此,我们不能把语文能力培养与提高完全看成是不可捉摸与不可言传的神秘之物,它实际是与语文知识密切相关且有一定客观规律性。

在语文教学实践中,如何贯彻语文知识教学呢?张志公提出需要以知识为先导,以实践为主体,以实践能力的养成为依归。这告诉我们,在知识与语文能力的关系上,语文能力的养成离不开语言知识教育;在语文能力与语文听、说、读、写实践的关系上,语文能力只有通过听、说、读、写实践才能养成;在语文知识与语文实践上,需要用语文知识指导听、说、读、写实践活动。语文课程需要选择什么样的知识来进行教学，张志公认为需要选择精要、好懂、管用的"桥梁"知识。精要，就是内容要精练，不要弄得烦琐；好懂，是有可读性；管用，是学生可以运用。因此他反对把现成学科知识体系生硬地搬过来，主张要从学生实际出发紧密联系实践，以语文实用知识为先导，根据教学大纲对阅读训练、写作训练、听说训练的要求，组合成多个层面和多种形式的训练项目，通过系统训练而形成学生听、说、读、写的语文能力。

张志公所说的"桥梁"知识主要体现在字、词、句、篇、语法等多个方面。在字词教学上，关于汉字的学习在本节第一部分已经陈述，在词语教学方面，张志公提出词语学习要注意两个问题：一个是用哪种类型词的问题，也就是用词的基本原则问题；一个是用哪个词的问题，也就是基本原则的实际应用问题。在此基础上，张志公还对词的辨异提出了一些看法，他认为辨别词的异同是选词的基础，这在学习语言、学习写作中十分重要，他要求学生能从来源、意义和用法三个方面对同义词进行辨析。在选词上，张志公认为需要做到明晰、确切和简练，"明晰"主要指词义明晰，关系明晰。"确切"则不是字面上的问题，而是思想上的问题。"简练"则是指当用的词不省，不当用的、不必用的词不用，以防止使用了多余的词产生多种坏处。在句子教学上，张志公主张，学生能造大家"好懂"的句子，他特别反对学生造句的三种现象，即佶屈聱牙的文言腔，矫揉造作、陈词滥调的文章腔，不适当的外国腔，这三种造句的现象都脱离了语言实际，让人觉得晦涩难懂，不是作文章造句所提倡的，需要积极改正。在句子教学中，对于一些"欧化句式"，张志公认为适当吸收外国语法融入本国语言中是十分有益的，但是过于欧化的句法则对于汉语句子十分不利，那些较长的句子、较多的修饰语、较多的联合成分让句子变得冗长晦涩。因此，欧化句法不可以生吞活剥地采用，只有灵活融入汉语言原有的规律，才会有好的效果。在句子的使用上，张志公提倡要灵活使用长句和短句，在句子结构上要注意次序和语气，此外也要注意对偶、排比和重复。只有注意以上三点，句子的使用才会取得好的效果。在篇章教学上，张志公先生注重三个方面的教学：第一，明确写作的对象和目的。他认为要教会学生明白文章是写给什么人看的，主要是要解决什么样的问题，最终要达到什么样的目的，这些是写一篇文章的前提。第二，在文章的写法上，需要教会学生考虑文章的体裁，教会学生从主观和客观两个方面来进行确定，主观上考虑写文章有哪些材料，客观上考虑文章的读者对象群体。第三，确定文章的格调，需要教会学生确定文章是写得详细一些还是简单一些，朴素一些还是华丽一些，等等，需要注意文章中哪些内容应该多说、仔细说，哪些内容应该少说、简单说。在具体的篇章写作中，张志公还强调了材料的安排、段落的划分、开头和结尾、上下的过渡、交代和照应以及详略配合等的教学。在语法教学上，张志公反对语文教学内容淡化语法，他认为决不能因为本来会说话就否认学习语法的必要性。每个人都要学习语法，也都在语言实践中学习了语法。不能淡化学习语法，学习语法与学习语文以及其他学科是相辅相成的，决不能因为语法本身不完善就逐渐淡化语法教学。针对语法教学，张志公提出了"精要、好懂、有用"的主张，被语文界戏称为张志公的"六字箴言"。这六字箴言 1980 年被写进中学语文教学大纲，以后历次大纲都保留了这一提法，从而成为汉语知识（包括语法知识）编写的一个基本原则。"精要"，是对内容的选择和知识的讲解而言的，就是教师在教学时要注意选择最基本的知识、有实用价值的内容，抓住其中的要点，简明扼要地介绍给学生。"好懂"，是针对学生来说的，就是要根据学生实际，从内容到表述都要力求通俗易懂，方便学生接受。因此，需要讲最基本的语法知识，不要去讲过多的、复杂的、特殊的东西，把最基本的语法知识讲好。"有用"，是对语法教学的方向来说的，就是让学生学了以后能够用得上，能够对学生实际运用语言有所帮助。在 20 世纪 50 年代中期，张志公编订了《暂拟汉语教学语法系统》；在 20 世纪 80 年代初期，张志公主持并修订了《中学教学语法系统提要》，这些为建立符合汉语特色的语法体系做出了不可磨灭的贡献。

  在语文知识上，张志公还非常注重修辞知识和逻辑知识的教学。修辞在本质上是一个选择的过程，张志公阐明了选择语言的三个标准，也就是修辞教学的标准。首先，他认为选择语言材料要准确且富有表现力，选择语言材料时要在准确的基础上选择最具有表现力的，从而使得听的人和读的人能够和作者产生共鸣，受到更大的影响。其次，选择语言还需要考虑对象和场合，修辞就是选择语言材料，组织语言材料，要考虑对象，注意场合。他认为就是这样的场合，同这样有关系的一些人说一件事，怎样说最恰当，合乎这种场合的要求，合乎听话的人和说话的人的相互关系的要求。考虑场合就需要做到得体，不矫揉造作。第三，在选择语言时，还需要做到要有时代性和社会性，要能够反映时代观点和社会观点，即要求实事求是，只有在准确基础上的时代性和社会性，才能做到简洁、明快。张志公认为，在语文知识教学中需要搞好修辞教学，要学习好修辞，只有这样，才可以丰富学生的语言，可以使他们更好地运用修辞，从而提高听、说、读、写的语言能力。在语文知识教学中，张志公还非常主张进行逻辑知识的教学，他认为中学生应该学点儿逻辑学，要把逻辑思维训练融合到语文教学之中，教授给学生一些基础的逻辑知识，使得他们的思维具备一些必备的理性。他认为，语文学科应当明确地承担逻辑训练的任务，在教词汇知识、口头语言训练、作文训练中都进行逻辑训练，从而使得在中学语文教学中逻辑能得到一个全方位的训练，而且语文教学进行逻辑训练也能推动语文教学的发展，更加有益于学生在语言实践中综合地运用语法、逻辑、修辞等各方面的知识，从而能够更好地发展学生的智力，有利于学生的成长。

第二节　张志公语文教学内容观的当代价值

语文教学内容是指为了有效地达成语文课程标准所设定的语文素养目标而选择语文学习材料，它主要面对的是"教什么"的问题，但是自语文学科 1904 年单独设科以来，至今都还没有建立完整、系统的语文课程与教学内容体系，在教学实践中，语文教师实际上是凭借自己个人的语文素养和语文经验选择语文教学内容。在语文学科课程与教学内容建设严重缺位的现状下，更新思想理念、变革教学方式等努力很难从根本上解决语文教学少、慢、差、费的顽症，教什么比怎么教更重要，方法是为内容服务的，教什么都还没弄明白的情况下，试图通过研究怎么教来提高教学效益或者效率，必然事倍功半，甚至无功而返。张志公是我国的语文教育大家，他在语文教学内容上提出了许多真知灼见，这些思想观点对我国当今的语文教育仍然具有指导意义，有许多地方仍值得我们思考和借鉴。

一、在教学内容的构建上，注重语文教学内容与现代社会的联系

时至今日，语文课程与教学的发展已经进入了一个新的历史时期，但语文教学内容现代化的道路任重而道远。张志公认为，在新的时代背景下，社会有了新的发展，语文学科有了新的特点，语文教学内容要与现代化的要求相吻合，如现代社会需要能够熟练运用普通话清晰流畅地表达自己的思想，现代社会还需要学生能够写好应用文，以供工作、生活之需。现代社会不仅需要学生掌握基本的语文知识，还要求学生具有较高的智力水平，能够处理学习、生活中所遇到的各种问题。因此，张志公认为，语文教学内容要考虑现代社会文化科学的发展、现代社会的各项工作，对于每个受过一定教育的人在语文能力方面有哪些要求，这些要求有的可能是古今中外共同的，有的可能是过去就有而现在格外突出了的，有的可能是现代社会

提出的新的要求。语文教学内容的选择需要着重考虑这些"格外突出"的要求和"新的要求"。

在 20 世纪 80 年代初,张志公将语文教学内容发展的前景与现代社会的发展联系起来,对语文教学内容提出了适应未来社会发展的要求,认为语文教学内容要考虑现代文化科学教育的发展、现代社会的各项工作,对于每个受过一定教育的人在语文能力方面有哪些要求。以此为准则,张志公首先对口语提出了现代化的要求。他认为教给下一代掌握的语言,必须是全国通用的,在国际上通用的、规范化的标准语言,在现代社会,运用口头语言的机会越来越多,口头语言能力的要求越来越高。因此,要求学生充分熟练地掌握普通话,已经远远不是为了个人之间交往的便利,而是一个时代的要求,现代化的要求。对于语文教学内容中的口头语言,人们一直存在一个误区,认为口语教育不应该是学校语文教育的重要部分,而应该靠学生从日常生活中自然习得。张志公一直对口语教学十分重视,反复强调口语教学的重要性,他认为:"语言首先是口耳之事,因此练口、练耳是基础。"① 在张志公先生眼里,口头语言的作用并不低于书面语言,甚至于随着社会的发展和进步,口头语言的重要性将超越书面语言,从口语与书面语二者应用的广泛程度上看,口语的应用范围远远大于书面语。在实际生活中,口语交流的频度和广度,是书面语很难匹敌的,尤其是信息化社会的今天,快节奏的社会生活,人与人之间交流的密度持续加大,通信技术的发达打破了言语交流活动的时空限制,口语的使用频率远远超过了书面语言。认识到口语在现代社会的重要性,张志公主张教师在语文课上可以花费一定时间训练学生的口语能力,比如让学生当堂口头作文,学生在口头作文的时候,思维高度运转,在组织语言的过程中,联想、想象、概括、分析等能力都会瞬间被调动起来为作文服务。经常进行这种训练,学生的口语表达能力、应变能力、概括能力都会得到全面的提升。现代社会对人的口语表达能力要求越来越高,在交际过程中不能进行流畅、清晰的语言表述会被认为能力不足。结合现代社会发展的要求,在口语交际教学中,张志公非常注重口语交际教学中普通话的使用。随着社会的发展,普通话的使用越来越频繁和必要。所以张志公指出,教给下一代掌握的语言,必须是全国通用的、规范化的标准语言。他认为在现代,无论是口头上说,或者书面上写,必须能够让所有听或读的人很快很容易理解。只能让少数人顺利地

---

① 张志公著,庄文中编:《张志公语文教育论集》,北京:人民教育出版社,1994 年版,第 578 页。

理解，或者佶屈聱牙，不普通，不流畅，让多数人理解有困难的，这样的话，这样的文章都不仅仅是风格不够好的问题，而且是不符合时代要求的。语文课的教学内容要严肃地考虑到这个问题。在20世纪七八十年代，张志公先生就提出了口语教学要注重推广普通话，这是非常具有前瞻性和时代性的。

在教学内容的现代化上，张志公先生还非常注意训练学生写作能力和阅读能力。在现代社会，所有受过教育的、有文化的人都离不开写作，写作能力是适应现代社会发展的一项重要语文能力。他认为，"学作文是为了用。这一点必须明确起来。教作文是要教给学生实际应用的能力和不断自行提高实际应用的能力，或者，用个时髦的说法，教给它们在写作方面的'应变'能力，也就是适应今后会产生的各种新的需要的能力"[1]。可见，在语文教学内容中，训练学生具备写的能力，这是时代的要求，是语文教学内容现代化的一个重要方面。在阅读能力上，张志公非常注重阅读的速度问题，他认为能够快速阅读是在现代社会中学生需要掌握的一项重要能力，在语文教学内容的选择上，就需要教给学生阅读的方法，并进行种种有计划的阅读训练，以培养学生具有比较高的阅读能力。一般来说，阅读包括理解、记忆和速度，张志公特别强调要加强阅读速度的训练。他认为，阅读速度的快慢是效率高低的一个重要标志。阅读既快而印象又清晰深刻，这种能力非常有用，而且是可以训练的。在现代社会，速度问题显得更加重要，在阅读教学内容中，需要采取各种训练方法，提高学生的阅读速度。

在教学内容的现代化上，张志公还非常注重语文知识教育，他认为我国传统教育存在着许多已经无法适应现代化发展的地方，轻视知识教育和文学教育便是其中之一。张志公对知识教育提出了许多中肯的意见，他认为不能对知识教育进行简单的否定，语法是语言方面规律性知识的总结，告诉学生用词和造句的规律，有了这些规律，可以事半功倍地学习语文。学生在开始阶段学习语法，按照规矩写作，在后期阶段，熟练掌握了语法，自然能打破规矩，写出好的文章来。如果不进行有计划的语法训练，学习的效果就没有保障。学习知识的最终目的是为了获得能力，即使知识积累得再丰富，没有将其转化为能力，语文知识的价值也就无法得到彰显。因此，语文教师在教学过程中要处理好语文知识与语文能力的关系，善于引导学生在学习语文知识的同时发展能力，只有这样，语文知识和能力才能和谐统一于教学

---

[1] 张志公著，庄文中编：《张志公语文教育论集》，北京：人民教育出版社，1994年版，第360页。

过程之中，不断优化、完善教学。在教学内容的现代化上，张志公也同样注重文学教育，语文教材中选的文章多文质兼美，具有赏析的价值，通过此类文章对学生进行语言训练，必然会渗透文学教育。对于文学教育的重要性，张志公先生对文学及文学教育的性质、文学教育的功能以及文学教育的方法等方面进行了研究，他认为文学教育是一种精神教育、思想教育、美学教育；同时它又是一种有利于智力开发的教育。文学教育也是审美教育得以实施的重要途径，审美教育蕴含在鉴赏文学作品的过程中，离开了文学教育，审美无法进行，情感体验无处可得，语文教育也就失去了应有的美感。

张志公先生关于语文教学内容现代化的思想，既立足过去，又着眼于未来，把语文教学内容同现代社会发展紧密联系起来，努力探索语文教学未来发展的途径与方向，审慎地提出的改革方案。对此，张厚感先生就认为志公先生最少因循思想，总是站在现代社会发展的制高点思考语文教学的诸多问题，常常冒出思想火花，有时代的责任感，有改革者的气魄。的确，张志公博大的语文教学内容现代化思想给我们的语文改革发展指明了方向。

二、在教学内容的学习上，注重方法化、模式化

教学内容的传授离不开语文教学方法，方法制约着效果，没有合理的、先进的方法，便不会有高效率的教学。张志公非常注重在语文教学中适宜的语文教学方法的使用，他强调了切合规律的教学方法的重要性，点明了"模式化"和"程式化"的区别，为语文教学内容高效率地学习注入了更多的科学因素。

在语文教学方法上，张志公认为历来存在两种偏向："一种是在学习某种本领时，提倡直接模仿和大量实践，提倡学习者自己揣摩领会。这种运用起来比较简单的方法，就是不讲究方法；一种是很容易把方法定型化，程式化"[1]。他认为这两种教学方法在本质上是相通的，都是轻视方法。"轻视方法，不仅仅影响教学效果，甚至于影响到下一代的面貌。所以，我们决不能轻视研究方法的重要性。"[2] 教学方法一般包括教师教的方法和学生学的方法，张志公在这里说的教学方法主要是侧重教师教的方法。教学方法的选择是有一定的依据的，他认为一个语文教师在教学时不应该毫无目的混混沌沌地选择某种方法，语文教学方法的选择应该是基于语文教

---

[1] 张志公著，庄文中编：《张志公论语文教学改革》，南京：江苏教育出版社，1987年版，第27页。

[2] 张志公著，庄文中编：《张志公论语文教学改革》，南京：江苏教育出版社，1987年版，第33页。

学的规律,语文教学的规律源于语言的规律、教学的规律、学生心理发展的规律。因此语文教学方法的选择需要考虑听、说、读、写的特点,需要考虑学生学习语言的特点,还需要考虑学生身心发展的特点。为了改进语文教学方法,张志公还对传统的语文教学方法进行了具体的分析。他认为,传统的语文教学方法中颇有一些好的经验,比如多读多练、背诵和涵泳体味等,都是行之有效的传统语文教学方法,对于这些行之有效的传统的语文教学方法,张志公先生主张需要根据现在的语文教学实践,进行具体地分析,有批判地吸收和继承。

在语文教学方法上,张志公注重语文教学方法的模式化。他先是认为语文教学模式可以供教师仿用,因为教学模式是"对一种活动的概括,这种概括,反映了人对客观事物规律性的认识"[①]。现在一般认为教学模式是指建立在一定的教学理论或教学思想基础上,为实现特定的教学目标,将教学的诸要素以特定的方式组合成具有相对稳定性且简明的教学结构理论框架,并具有可操作性程序的教学模型。简单地说,教学模式包含着一定的教学思想,以及在此教学思想指导下的课程设计、教学原则、师生活动结构、方式、手段等。教学模式一般经过反复教学实践验证,多年地不断修改完善,再上升到理论层面,最后总结提炼出来的一种教学理念或者教学样式。在20世纪八九十年代,语文界就出现过许许多多的教学模式,如钱梦龙的"三主四式导读法",魏书生的"六步自读教学法",宁鸿彬的"五步阅读教学程序",等等。张志公认为好的模式同科学方法有联系,语文教师可以根据教学的实际情况,选择适当的教学模式进行教学。张志公主张使用教学模式,但是反对拘泥于教学模式。他认为:"我们要善于运用模式,这就是既要掌握模式的基本精神,又不拘于模式,根据教材和学生的实际活用模式,使得模式有助于教师讲清楚事物的规律,使学生通过模式能够理解所学的这样东西的一般规律,并运用这种模式去进一步探求新的知识,获得新的技能,发展自己的能力。"[②]为此,张志公专门强调了模式化与程式化的区别。他认为,"模式和程式化是不同的。如果我们让模式凝固起来,把它变成僵死的条条框框,不考虑各种具体情况而生搬硬套,那就陷于程式化了"[③]。因此,对于行之有效的教学模式,可以学习,可以借鉴,但必须实行"拿来主义"。要学习借鉴这些教学模式的教育理念、教学主张,学习借鉴这些教学模

---

① 张志公著,庄文中编:《张志公语文教育论集》,北京:人民教育出版社,1994年版,第233页。
② 张志公著,庄文中编:《张志公语文教育论集》,北京:人民教育出版社,1994年版,第234页。
③ 张志公著,庄文中编:《张志公语文教育论集》,北京:人民教育出版社,1994年版,第235页。

式的内涵精髓，但是不能程式化，决不能不加青红皂白地盲目模仿推行，否则只会走入语文教学方法程式化的歧途。

随着现代社会的发展，语文教育的要求、目标等也发生了巨大的变化，在这种新的教育形式下，张志公主张语文教师需要充分利用现代化教学手段，在教学中尽可能运用现代声像技术，使教学手段现代化，要改变以往一成不变的以教科书、黑板、粉笔为主要手段的教学方法，要学会运用现代化的手段来丰富和充实语文课堂。除此之外，在语文教学方法上，张志公也对语文教师提出了新的要求，他认为，语文教师应当具有扎实的基本功，要有广博的知识，要见多识广，要掌握科学的教学方法，要交给学生打开知识大门的钥匙。这些都对我们现代语文教师的专业发展具有极强的启发意义。

三、在教学内容的选择上，注重语文教学内容的实用性

张志公在语文教学内容的选择上非常注重"学以致用"，他在《语文学科的现代化问题》一文中指出："要考虑现代文化科学教育的发展、现代社会的各项工作，对于每个受过一定教育的人在语文能力方面有哪些要求。这些要求有的可能是古今中外共同的；有的可能是过去就有而现在格外突出了；有的可能是现代社会提出的新的要求。……古今中外共同一致的那些要求大家都会注意到，而后两种要求却往往被忽视。"① 由此可见，张志公构建的语文课程教学内容是立足于现代社会各项工作的基础之上的，强调学习了就能够使用。1983年12月在全国中语会第三次年会的讲话中，他指出需要培养什么样的语文能力？应该是社会主义现代化建设所需要的语文能力。现代社会需要有很高的说话能力；需要有科学化的读书能力，要读得快、抓得准、记得牢；需要有现代生活、现代工作、现代科学所需要的写的能力。张志公注重语文教学内容的实用性是与他的语文课程性质观一脉相承的，1963年10月，张志公在《张志公文集·语文教学论集》中指出语文是工具，是进行思维和交流思想的工具，因而是学习文化知识和科学技术的工具，是进行各项工作的工具。张志公的这一语文课工具论思想是从语文课程功用角度提出来的，学习语文是为了什么呢？学习语文不是目的，通过语文理解自己、了解社会、认识世界，获取一个社会人在生活中需要掌握的语文核心素养才是根本旨归。

张志公先生注重语文教学内容的实用性体现在各个方面，在口语教学上，张志

---

① 张志公著，庄文中编：《张志公论语文教学改革》，南京：江苏教育出版社，1987年版，第12页。

公先生认为口语教学与学生生活联系紧密。因此他明确强调脱离语言实际的语文教学是一种畸形的语文教学，它不仅影响书面语言的提高，对培养学生的思维能力和创新能力也是不利的。张志公在很多场合，呼吁基础教育阶段的语文教学一定要把口语教学重视起来，他认为过分地重视书面语言教育，严重忽视口头语言的学习，是不利于个人言语能力的发展的，更不利于学生适应未来的生活。克服"重文轻语"的顽疾，走出"有文无语"的怪圈，是时代发展的要求，更是语文课程、语文教育自身发展的要求。加强对口语交际的重视程度，无论对语文课程发展，语文教育教学的改进，以及提升学生综合语文素养，都有着不可估量的价值和意义。伴随信息化社会的不断进步，口语交际的社会实用价值会越来越突出。因而无论语文界，乃至整个社会都要重新审视口语交际的当代价值及其意义，这需要我们语文教师认识口语交际在语文教学内容中的重要地位，要在课程标准中明确提出口语交际的社会生活实用价值，开发优质的口语教学资源，研究口语交际教学理论，以尽快使我国语文口语交际教学适应时代快速进步和学生综合发展的要求。

在文学教育上，张志公也注重文学教育的社会实用性。他认为文学教育应该纳入语文教育当中，并不是要求每个人都成为文学家，但是却要求受过教育的绝大多数人都要能够理解、能够欣赏文学，能够在优秀的文学作品中得到熏陶感染启迪。"学习文学作品对前边提到的培养青少年的道德、品质、理想、情操、趣味、风格，影响很大。它通过形象的感染，使学生潜移默化的受到思想感情的陶冶。这种力量之大，是人所共知的。"[①]张志公认为文学教育可以使学生获得敏锐深入的观察社会生活的能力和丰富活跃的想象力方面的感染、熏陶和启迪。一般来说，文学作品作为创作者的心血结晶，不仅表达了作者自己表面的思想和看法，而且还更深入地体现了创作者在精神上对人生事物社会的认知和理解，语文教师通过对作品的精神层面进行深入剖析，让学生的精神世界得到多角度和深层次的发展。经过老师在文学教育课堂上的引导分析和系统讲解，学生的精神世界可以慢慢地形成对生活、对人生、对命运深层次的感悟，促进学生的世界观、人生观和价值观的形成和成熟。

在写作教学上，张志公把写作分成两种类型：一类是广义的应用文，此种类型的文章使用频率较高，但是却经常被人们忽视；一类是文学性的，属于目前学校训练最多的文章类型。他认为一个学生能否写好应用文已经成为衡量一个人工作能力

---

① 张志公著，庄文中编：《张志公语文教育论集》，北京：人民教育出版社，1994年版，第36页。

的重要标准。应用文写作深入社会的各个方面，是语言教育不能忽视的部分，学生需要掌握各种文体知识以便运用。但在语文作文教学中多偏重散文、议论、抒情类文章的写作训练，对简历、申请、公文、笔记、报告、总结等应用性强和走入社会经常会使用的文体却很少关注，对此，张志公认为训练写的能力不能不从现代社会发展的需要着眼。目前，中学毕业生乃至大学毕业生，在实际工作中不会写所需要写的东西，这种情况很普遍。在社会生活中，既然应用文如此重要，语文教师就需要把握住应用文写作的特点，以便更好地指导学生写作。在应用文的写作教学上，张志公非常强调应用文语言的使用和应用文的格式，他认为应用文写作同文学性作品的写作有一定区别，文学类的作品重视情感的表达，需要进行联想和想象，运用相应的修辞手法、表现手法进行创作，而应用文写作最主要的还是把事情说明白，这也就决定了应用文的语言必须规范、有条理，所以教师必须要严格纠正学生写作时出现的语病，力求使学生的文章文从字顺、表述明确。另外，应用文写作有特定的格式要求，学写应用文不得不先学常用的基本格式，以便能写出符合规范的文章。

此外，在语法教学上，"精要、好懂、有用"的"六字箴言"，也是张志公先生从实用的角度出发提出的。所谓"精要"，是对内容的选择和知识的讲解而言的，就是教师在教学时要注意选择最基本的知识、有实用价值的内容，抓住其中的要点，简明扼要地介绍给学生。所谓"好懂"，是针对学生来说的，就是要根据学生实际情况，从内容到表述都要力求通俗易懂，方便学生接受。因此，需要讲最基本的语法知识，不要去讲过多的复杂的特殊的东西，把最基本的语法知识讲好。所谓"有用"，是对语法教学的方向来说的，就是让学生学了以后能够用得上，能够对学生实际运用语言有所帮助。

张志公关于语文教学内容的思想，既立足于过去，又着眼于未来，把语文教学内容同现代社会发展紧密联系起来，注重教学内容学习的方法化模式化，注重教学内容的实用性，努力探索语文教学未来发展的途径与方向，并审慎地提出的改革方案。的确，张志公博大的语文教学内容思想，给我们现当代的语文教学改革提供了许多思考和借鉴。

第三章　语文阅读教学

在现代社会，阅读的重要性不言而喻，它是传承人类文化的重要途径，也是学生求知、开智、立德、审美的重要途径。阅读能力的强弱，与学生获取知识、提高学习兴趣、增长见识以及培养自学能力等方面都有密切联系。因此，对学生的阅读能力进行培养，是语文教育的一个重要目标，也是语文教学中极其重要的组成部分。目前的阅读教学从内容、方法到评价，形成了一个封闭的体系。其以应付考试为轴心，侧重某一种"技能"的训练，盛行从文章结构入手解析课文，从积累语文知识的角度入手推敲课文所提供的内容要点和零碎的语文知识点。还有部分语文教师过于注重教师对文本教法的研究，过于强调教师"教"的作用，等等。在语文教学中，阅读教学一直是一个难点，张志公对语文阅读教学的目的和任务，有自己的独到见解，可以给我们许多的启发。

第一节　张志公阅读教学观

阅读是一种从书面语言和其他书面符号中获得意义的社会行为、实践活动和复杂的心智过程。张志公认为，阅读能力的培养是语文教学的重要目的，阅读教学绝不是写作的附庸。一个人的阅读能力是由理解能力、速读能力和记忆能力三个方面构成的，而速读能力居于核心地位，直接担负培养阅读能力的阅读教学，既要按照阅读能力形成的规律办事，同时又要提倡语文教师讲究教学艺术，减少无效劳动，切实提高阅读教学的质量。具体说来，张志公的语文阅读教学观包括以下三个方面。

一、关于阅读的本质

阅读是人类的一项古老的行为，自从有文字以来，人类就开始了阅读活动。中学的阅读教学是语文课堂教学的主要部分，相对于语文教学的其他方面如写作教学、口语交际教学而言，阅读教学所占课时最多，所花精力最大，阅读教学的质量将直接关系到整个语文教学的质量。

对阅读教学的理解首先涉及对阅读的理解，现在一般认为阅读是运用语言文字来获取信息、认识世界、发展思维，并获得审美体验的一种活动，这种活动是一种主动的过程，是由阅读者根据不同的目的加以调节控制的。因此可以说阅读是一种理解、领悟、吸收、鉴赏、评价和探究文章的思维过程，是一种复杂的智力活动，而其工作机制主要是思维，思维是阅读心理过程的核心。张志公认为要读得快，同时就要求理解得快，并且理解得准确，能够很快地从读的内容中得到所需要的东西，而没有重要的遗漏，没有错解或者理解不太够的地方。读得快，也要求记得快，要在几秒钟、几分钟，总之很短的时间之内，把理解了的需要的东西输入脑子里去。因此，快速阅读的能力包含着快速理解和快速记忆的能力。快，容许略，不容许粗，更不容许错。快速阅读能力不是一个孤立的能力，理解、记忆、速度三方面构成阅读能力的整体。由此可见，张志公认为阅读能力包括理解能力、速读能力和记忆能力。

在这三种能力当中，理解能力是阅读能力的核心构成要素，在阅读活动中，理解能力有一个从低级到高级的渐进过程。就语文阅读能力来说，在语文阅读中，首先是感知性理解能力。这是指在阅读一篇文章后，能厘清文章的内容和结构上的各种关系；在理解字面意思的基础上，能进一步探求和把握语言的深层含意；善于捕捉作者在字里行间隐含的"言外之意"。阅读如果不具备这种对文章内容的分析和把握能力，往往不能全面理解文章的中心，不能准确地体会作者的思想感情，也就是没有真正读懂文章。其次是鉴赏性理解能力。在阅读时，能在全面理解作品的前提下，对作者在作品中所表达的内容与思想感情做出自己的判断与评价；能看到文章好的方面，能道出其中的高妙；能发现不足的方面，不为其错误所迷惑。既能鉴赏，又能批判，从而真正地在阅读中增长学识。

在阅读能力的三个构成要素当中，张志公非常注重速读能力。他认为阅读，首先要读懂，并且能够记住，进而还要读得快。速读即"快速阅读"，是从文字读物中迅速提取有用信息的高效阅读方法。20世纪末以来，随着科学技术的快速发展，各种信息爆炸式增长，各种学科不断细分，各类学科知识呈几何数字式倍增；而人类百分之八十的知识是通过阅读获得的，传统的逐字阅读方式已无法适应知识量的增长。作为新时代的教师，培养学生的速读能力已经迫在眉睫。速读能力不仅受学生阅读习惯和思维能力的影响，还和学生的阅读方法有关。因此，培养学生的速读能力，不单要训练学生的阅读习惯，还要训练学生掌握快速阅读的方法。现在具备一目十行、过目成诵的能力已经不再是神童才子的事，而是每个人都应该具备的阅读能力。在信息时代的今天，要解决人生有限而知识无限的矛盾，非常重要的办法就是提高阅读能力。培养速读能力是阅读教学的一个重要目标。在20世纪80年代，张志公先生就站在时代的高度，指出了阅读教学研究的发展方向，这是难能可贵的。

从他对速读能力的认识可以看出，张志公对阅读的认知是超出他所处的时代的。他多次提出"建立我们自己的语文学"，并反复强调阅读对于个人和整个社会的重要性，但一直没有得到人们的关注。为此，张志公指出人们从阅读中可以受到思想教育和情感的熏陶，可以获得所需要的种种知识，从而能够得到精神上的充实和享受。并进一步指出阅读不仅仅是学习和继承前人或他人的知识，它还影响人类社会现实和未来的生产、生活和科学的发展。在语文阅读教学中，张志公先生指出，阅读行为包含理解、记忆和速度三个方面的要素，这三个要素是构建阅读行为所必不可少的条件。具体地说，包含以下四个方面：第一是文章理解能力，包括正确的解词、释句能力。正确理解语言构造各因素间的关系和文章结构的能力，会分段，能概括段意和中心思想，能由字面的理解水平，提高到结合内容分析、概括与推理的理解水平。这既要通过思维的分析、想象、联想、推理，把字里行间的含义理解具体，又要通过思维的抽象、概括、比较、判断，概括地掌握具体内容，达到深入理解水平。第二是文章评价能力，即在认读和理解的基础上，对文章所表达的思想、情感、语言等要给予肯定或否定的分析与判断，体现个人认识水平和情感色彩。第三是文章信息记忆能力，这是汲取语文知识的前提，是在理解基础上记忆文章主要内容和信息。第四是文章速读能力，即在理解基础上有一定的读速。张志公对阅读能力的界定不仅是完整的，而且是科学的，他用阅读能力的整体结构观去组织阅读教学，检验阅读教学的效果，对我们现在的语文阅读教学是有启发意义的。

二、关于阅读教学的地位

语文教学包括阅读教学、写作教学、口语交际教学等多方面的内容，其中阅读教学是语文教学中的重要组成部分，但是长期以来，人们关于语文阅读教学一直存在着一个误区，即认为阅读教学是为写作教学服务的。张志公认为，在我们的阅读教学中存在两个问题：一是阅读几乎成了写作的附庸，"读"是为了"写"，仿佛"读"是手段，而本身不是目的。二是学生阅读少，阅读量小，认为"读"比"写"容易，"写"比"读"更有用。针对这一问题，张志公认为"读"与"写"同样重要，一是从阅读中人们可以受到思想的教育、情感的熏陶，可以获得所需要的种种知识，从而能够得到精神上的充实和享受。读书是人们日常生活工作中必不可少的。二是在语文教育中，培养"写"的能力是目的，培养"读"的能力也是目的。写作有训练的方法，以提高"写"的能力，"读"也有训练的方法，以提高"读"的能力。读写虽然密切相关，但毕竟不是一回事。

在中国语文教育史上，科举制度对语文教育的影响极其深远，科举考试一篇文章定终身的模式，导致了语文教学只重视写作而轻视阅读的消极一面。这个问题被张志公先生称为我国传统语文教育的核心问题，多年来一直有形或无形地支配着语文教学，造成了相当多的语文工作者一种认识上的误区，即阅读教育是为写作服务的，阅读的目的是为了写作，阅读成了写作的附庸。张志公认为，阅读不只是为了写文章，读报纸通讯并不一定是为了当记者，读小说诗歌不一定是为了当作家。在语文教学中，培养读的能力也是一个目的。在语文阅读教学中正确认识这一点非常重要，阅读教学和写作教学，在培养学生的语文目标上有一致的地方，即都是培养学生听、说、读、写的语文能力，但是他们又有各自具体的目标。关于阅读教学的目标和任务，张志公认为我们的任务就是要找出提高阅读能力的规律性的东西，在语文课里自觉地掌握运用这些规律，采取科学的办法，因势利导，使学生不仅从语文课提供的那些阅读材料中获得益处，而且从教师指导阅读这些材料的过程中受到启发，逐步培养起正确的阅读态度，养成良好的阅读习惯，掌握有效的阅读方法，从而大大提高阅读能力，可以离开教师自己去读，读的效果同样好。可见，阅读教学是针对学生对课文思想内容、语言材料和表达技巧的理解和吸收，培养学生的阅读能力，养成良好的阅读态度和阅读习惯的教学；而写作教学则是针对思想观点、语言材料和表达技巧等的综合运用和表达，让学生理解为什么写、写什么和怎样写，进而培养写作能力，养成良好的写作习惯和写作态度的教学。前者看重阅读能力、思维能力的培养，后者则重在写作能力的训练。

张志公关于阅读教学地位的论述，和他对语文课程性质和语文教学目标的表述是一致的。张志公认为，语文首先是工具，这就要求我们语文教师在教学实践中能切实培养学生的听、说、读、写能力，这是语文课程的独特功能所在。听、说、读、写能力具体包括识字与写字能力、阅读一般文章与鉴赏文学作品的能力、写作一般文章及文学作品的能力以及口语交际的能力等。张志公强调阅读教学的独立地位，实际是在强调阅读能力的重要性。在现代社会，学生要读的东西每天都在成倍地增长，这就要求人们读得多、读得快，理解得准确。因此张志公认为，随着社会节奏的加快，阅读的传统观念也要更新，要跳出"文章赏析"的藩篱，注重信息的获取与整理，而且还要讲究效率。只有用这种新的阅读观来构建阅读教学的大厦，阅读乃至整个语文教学才会有所前进。张志公强调阅读能力的重要性，强调阅读教学的独立地位，以及其在语文教学实践中具有的重要意义。阅读不是写作的附庸，在语文教学中不能把阅读和写作当一回事，将两者混为一谈，或者让它们互相代替。阅读教学有其自身独立的教学目标，阅读和写作是语文教学的一体两面，二者在语文教学中都是不可或缺的，任何偏废都将给语文教学带来不良的后果。

三、关于阅读教学的目标

张志公的阅读教学目标观与他的语文课程性质观是一脉相承的。张志公认为语文这个工具跟其他工具有相同的一面，这就决定了语文教学必须教学生切切实实地在训练中学会操作和使用语文工具，也就是着眼于掌握字、词、句、段和篇章的运用能力，不容许离开这种训练去空讲大道理，空讲理论知识；它跟其他工具又有相异的一面，这又决定了语文教学必须把训练学生运用字、词、句、段、篇章的能力和训练学生理解语言所表达的思想的能力结合起来，不容许把二者割裂开来，对立起来。这体现在阅读教学上面，阅读教学的目标一方面集中在培养学生的阅读能力，另一方面也需要对学生进行思想教育和人文教育。

张志公认为，阅读教学的目的和任务由语文课程的性质所决定，但也被阅读行为自身的本质属性所影响，阅读教学目标可以分为工具性目标和人文性目标。阅读教学的工具性目标是阅读教学最基本的任务，是让学生通过阅读训练，掌握阅读方法，获得阅读的基本能力。学生要提高语文水平，除了口头训练之外，主要就是靠阅读各种读物，从中吸收养分，不断纯化自己的语言，增强自己对语言的敏感性，提高鉴别语言的能力，进而把吸收到的东西化为自己的，充实、提高自己运用语言的能力。学生的阅读能力只能通过阅读获得，学生通过文本语言的认知、理解、辨析、鉴赏与模仿、运用，就自觉不自觉地积累了众多的词汇、掌握了灵活的句式、领悟了精妙的修辞、锤炼了表达的技巧、学会了严谨的表达、学会了多样的方法，等等。因此，教师在阅读教学中必须指导学生在阅读材料中获得启发，渐渐端正正确的阅读态度和养成良好的阅读习惯，从而掌握阅读的正确方法，最终获得有用的阅读能力。基于阅读教学对学生阅读能力养成的重要性，张志公认为通过阅读教学对学生进行语言教育要注意三个方面：其一，教材编写者、教师要选用典型性、规范性的阅读材料，这对学生整个语言学习所起到的作用是至关重要的；其二，适当地向学生传授简约、实用的语言规律性的知识，加深学生对母语的理性认识；其三，在学生阅读经验生成过程中，加强对学生自主运用语言技巧的指导，帮助学生养成富有个性的言语习惯。阅读教学的工具性目标还体现在阅读教学还可以促进学生思维能力的发展，是提高学生思维能力的有效途径。语言与思维具有密不可分性，语文(言)训练必须与思维训练相结合，才能更好地促进学生语文能力的形成与提高，在阅读教学中，阅读对象(文本)内容的丰富性与多样性，必然会对学生思维能力的发展提高起到积极的促进作用。比如，政论文中那些严谨周密的分析论述，阅读时就可以培养学生有理有据的论说水平，进而培养其逻辑推理能力；说明文中大量使用分析、综合、比较、分类、抽象、概括等说明方法来解说客观事物或说明抽象事理，阅读时就可以培养学生有条不紊说明事物事理的能力，进而培养其抽象与概括能力。

阅读教学的人文性目标也是阅读教学的一项重要任务，张志公认为，其一，从阅读中吸收思想营养，不断提高认识，懂得越来越多、越来越深的道理并以此作为生活、工作的准则；其二，从阅读中吸收精神营养，不断丰富自己的精神世界，明是非、辨善恶，看清前进的方向，得到向上的力量；其三，从阅读中学习丰富的社会常识和自然常识；其四，阅读正当的读物还可以作为丰富生活内容的正当休息。语言文字不仅仅是个符号，它与作者的心灵、价值、情感等精神层面联系密切，是作者思想的直接表现，任何文章(文本)都必然带有作者的情感态度与价值观，阅读者在阅读它们的过程中也必然会受到潜移默化的熏陶与影响，从而获得成长所必需的思想营养和精神营养。在语文教学实践中，阅读教学的工具性目标和人文性目标是紧密结合在一起的，如果只看见了工具性目标而忽略了人文性目标，阅读教学就难免只停留在阅读训练这个档次上，不仅改变不了现时语文教育"为考而教"，只强调语文形式而弱化语文思想内容，导致人文底蕴流失的现状，而且难以实现素质教育所要求的真正的关于人的语文教育的目标。许多文质兼美的文章，其思想意义在相当程度上也会形同虚设，最终沦落为训练听、说、读、写的例子，学生在知、情、意等方面难有发展，阅读教学的价值最终也难以体现。张志公从语文课程性质、课程目标出发，以阅读活动本身的属性为基础，得出的阅读教学活动目的观，对于我们有效改进阅读教学，切实提高阅读教学效率，全面培养学生的阅读能力，都具有重要的参考价值。

第二节　张志公阅读教学观的现代价值

张志公的阅读教学观涉及阅读能力的界定、阅读教学的地位，以及阅读教学的功能等多个方面，既承继了老一辈语文教育家的教育思想，又站在了当时时代发展的制高点上，对阅读教学的方方面面做出了创造性的阐发，有着强烈的时代责任感，为改进阅读教学，乃至深化语文教改提供了宝贵的思想武器。

一、阅读教学中注重阅读方法的指导，善于授人以渔

在浩如烟海的百科知识中，伟大的生物学家达尔文认为一切知识中最有价值的是关于方法的知识。张志公认为，语文课效率不够理想，语文教育工作者需要从自己所用的教学方法中寻找原因。张志公认为教师的任务并不单是把自己的知识传授给学生，更重要的是带领学生自己去学，教给他们怎样的学法。对于这一点，叶圣陶先生曾有一个很有启发性的比喻：扶着小孩儿走路，目的是要使他自己学会走路，而不是替他走路。要是我们辛辛苦苦教出来一些离了老师就走不成路的学生，无论我们曾经传授给他们多少宝贵的知识，我看那教育还是失败的。在阅读教学中，重视阅读策略，重视教学方法，善于授人以渔，是张志公阅读教学思想观给我们的一个重要的启示。

对于培养阅读能力，张志公提出了训练的方法，即朗读、精读、熟读、精思和博览。朗读即养成大声朗读的习惯，基本要求是读音准确，句读清晰，不错不漏。进一步的要求是读出抑扬顿挫、语调神情。较高的要求是显示出文章的风格神采来。精读就是全面、细致、透彻的理解，只有读懂读熟，文章里的东西、语言的应用和语言所表达的思想、知识才能真正为自己所有。精读有两个要求：细致和深入。细致是指读文章，以举一反三为目的，它不至于烦琐；深入是指把握文章的意旨。熟读是先让学生熟读文章，甚至达到背诵的熟练程度，这是中国古代语文教育的一个特点，学生可以在熟记的基础上进行有效借鉴，包括文章的结构和语言表达等。精思即边读边思考，张志公在对传统语文教育第三阶段进行总结时发现，传统语文阅读教育自宋元以来就遵循"熟读精思"的教学方法，因为学习本身就包括思

考的环节，要做到"心到"，才有可能将熟读的信息转化为自己的储备。博览也就是大量阅读，也就是课外阅读的拓展，教师应要求学生博览群书，目的在于积极延伸和拓展学生的知识宽度，增加见识，提高个人知识素养。

在阅读教学策略上，张志公主张"带学生从文章里走个来回"。所谓"带学生从文章里走个来回"是一种具体的阅读方法，一篇文章至少需要阅读三遍：第一遍集中在对文章字、词的了解，阅读时要把一篇文章的语言文字弄清楚，比如字如何读、如何写，一字、一词、一句、一段地都读懂，文章的字词组织安排都要搞清；第二遍进入文章的思想内容，理解文章的深层含义，要让学生了解文章大概是讲什么的，文章主要说了一件什么样的事情，讲了什么样的一个问题，表达了什么意思，让学生透彻理解全篇思想内容，并且从中得到思想上的教益，知识上的启迪，感情上的陶冶；第三遍再次回到文章的语言文字方面，去深度理解文章语言文字的组织应用，明白文章语言的组织与文章的内容组织、文章思想感情的表达之间的关系，从中学到有用的字、词、句和谋篇布局的方法，丰富自己的语言知识，提高自己的阅读能力，提升自己的语言能力。三步阅读法告诉我们，阅读教学方法训练的着眼点应该是能够真正地读懂文章，其次阅读教学方法还应当符合阅读文章所要遵循的认知规律，很好地将字、词、句和文章思想内容结合起来。

张志公还非常注重课外阅读，提出了应该重视课外阅读的"质"与"量"的问题。张志公认为，优质的课外阅读活动，对提升学生的整体语文素质助益很大，他建议在学生学习中推广课外阅读可从三方面入手：第一，为学生提供阅读的机会。语文教师应该站在学生的阅读视角，为学生选择优秀的阅读材料供其阅读。第二，要保证中学生有充足的阅读时间。这就需要减轻学生的学业负担，让学生有时间可以去进行课外阅读，在"减负"口号响亮的当下，已经足以从先生的这一观点看出他的深谋远虑。第三，教师应该给予学生一定的阅读指导。这就需要教师去看书，如果教师自己都不看书，那么又从何来对学生进行指导。在教师给学生进行一定指导的同时，张志公认为报刊也有一定做些引导工作的责任，特别是一些语文教学类的刊物，要起到一定的作用。只要能够做好这三个方面，课外阅读就会收到成效，学生的阅读能力也必然有长足的提升。

二、阅读教学中强调"文道统一",注重字、词、句的理解

在阅读教学的内容上,张志公认为语文这个工具跟其他工具有相同的一面,这就决定了语文教学必须教学生切切实实地在训练中学会操作和使用语文工具,也就是着眼于掌握字、词、句、段和篇章的运用能力,不容许离开这种训练去空讲大道理,空讲理论知识;它跟其他工具又有相异的一面,这又决定了语文教学必须把训练学生运用字、词、句、段和篇章的能力和训练学生理解语言所表达的思想的能力结合起来,不容许把二者割裂开来,对立起来。在这里可以看出,阅读教学的内容主要有两个方面:落实字、词、句、段语言训练和理解课文的思想内容。在教学实践中,由于课文知识点多、容量大,而课时偏紧,常常出现一些偏向,或侧重字、词训练而忽视语文课的思想性和文学性;或侧重思想内容分析,而漠视语文课的工具性。针对这种现象,张志公认为教师还常常把指导学生理解全篇课文的思想内容和写法跟指导学生学习课文里的字词句割裂开来,甚至对立起来,认为注意字、词、句的教学就会把课文讲得支离破碎,就会挤掉"分析"课文的时间,都足以妨碍学生对全文的理解与掌握。基于这样的看法,有的教师就在很大程度上忽视字、词、句的教学。

在阅读教学中,对字、词、句的教学需要与课文思想内容的理解结合起来,也就是我们通常所说的结合语言环境去理解词语的含义、用法等。它要求我们教师,不能简单地把答案端给学生,而要以教师为主导,以学生为主体;同时,它要求注重词语教学中的学法指导,努力开掘学生学习语言的潜能,培养他们的思维能力,进而发展他们的语言感受能力。

三、阅读教学中按照阅读的规律进行教学,注重思维能力训练

张志公致力于提倡语文教学科学化,语文教学科学化的路径之一就是寻找语文教学内在的规律。语文教学符合这个规律,并且运用这个规律设计教学,改进教法,就是实现语文教学科学化的重要内容之一。在阅读教学上,张志公认为,阅读教学应该适应和促进学生心智的发展,而不能压制甚至戕害学生心智的发展。因此,阅读教学也应该遵循读的规律和学生的阅读认知特点。关于阅读的规律,张志公认为读文章可以这样读,粗读一遍,想一遍,再细读一遍。粗读一遍的目的在于对这篇文章能够粗知大意,得其梗概;想一遍,就是想那个大意和梗概;读一遍,想一遍,对它有了一个初步的了解;再去细读,才知道哪些地方应当特别注意,应当深入揣摩,这样收获能更大些。这符合阅读的一般规律,即由粗到细,由表及里,先

整体后局部再到整体,在文章中走个来回。至于学生的阅读认知特点,主要表现为由形式到内容,由浅入深,由局部到整体的过程。所谓由形式到内容,即由语言形式到思想内容的认识不断深入的过程。学生在阅读中,要完成两个思维过程,首先是对语言的认知和理解,其次是对语言所承载的思想观点、叙事说理经过以及结构层次等的领悟、体会和把握的过程;但许多学生往往只停留于第一个过程,即仅仅或主要是完成了对文章语言的孤立的认识。他们感悟语言的成功与否,并非建立在对思想内容理解的基础之上,对作者的观点、情感、说理,只有片段的甚至是支离破碎的印象。通俗一点说,就是脱离语言环境,即离开内容去分析所谓的语言精彩之处。实质上,这种认知过程,严重违背了阅读认知规律,语言文字形式严重干扰了学生对文章思想的认识和领会,学生在阅读中的认知特点和规律,被其自身阅读的缺陷和教师引导的失误所掩盖。这种应试教育的阅读误区,当然不会有阅读教学的高效率。

关于读的规律和思维训练与阅读的关系,张志公有许多精辟的论述。在谈到阅读认识规律与锻炼思维能力的关系时,张志公认为用以上所讲的一些步骤来读文章,对于锻炼思路是很有好处的。并且特别应指出的是读好的文章,用心理解它的层次结构,也是锻炼思路的很有效的方法。因为从那里可以领会到作者的思路是怎样展开的,这对我们会有很大的启发作用。在阅读教学中,遵循读的规律,重视贯串全过程的思维训练,对提高课堂效率是大有裨益的。阅读教学就是要引导学生学会阅读,在教学中,让学生掌握读的规律,教以读的方法和思路,培养他们的阅读思维能力。

第四章　作文教学

作文教学是语文教学的一个重要组成部分,自从现代学制建立后,培养学生作文能力、提高学生作文素养随之成为语文课程的重要任务之一。但长期以来,作文教学效率一直低下,张志公先生曾经指出语文教学在普通教育工作中恐怕算得上一个"老大难",而作文教学恐怕又是这个"老大难"中的"老大难"。如何有效地提高学生的写作能力是一个十分重要的问题,也是一个十分复杂而艰难的问题。张志公对此进行了长期而深入的研究,提出了许多关于作文教学的独特见解,即使是在当今时代,对提高师生的作文认识水平、端正作文的写作动机、提高写作主动性都具有重要的现实指导意义。

第一节　张志公作文教学观

张志公先生在20世纪50年代就集中阐述了自己的写作教学观,到80年代,他又全面系统、深入浅出地谈了写作的许多重要问题。纵观他在《谈练习写作》《两种目的两种文章》等众多文章中所阐发的写作观与写作教学观,主要体现在作文教学目的、作文教学内容和作文教学训练三个方面。

一、作文教学目的

作文的本质是什么呢?作文教学的目的又是什么呢?张志公在传统语文教育中找到了答案。他在系统地研究我国传统语文教育之后,认为我国传统的语文教育主要就是识字和作文。关于作文,我国很早就生成了一套成熟的文章学体系,从先秦的诸子散文到两汉的辞赋,从唐宋的散文创作到明清的小说,都是如此。在深入研究传统语文写作教学的基础上,张志公认为:"写作能力是一个综合性的能力。首先,要求对于所写的内容有正确的理解和看法,就是要有一定的认识事物的能力;要有逻辑思维的能力,要有清楚的思路,从而能写得清晰、严密,要有足够的语言能力,包括掌握足够的字、词和写出通顺、流畅的语句的能力。"① 从这里可以看出,写作的综合性表现在多个方面,写作者首先要对写作材料或对象有清晰的理解,这就要求习作者具备一定的事物认知能力;其次,在对写作内容产生清晰的认识之后,需要作者明确先写什么,后写什么,详写什么,略写什么,这些心理活动的运行需要学生具备一定的逻辑思维能力;第三,写作者还需要将经过认知择取、经过逻辑整理后的写作材料进行最后的语言加工,至此,写作的整体过程最终得以完成。认知能力、逻辑能力、语言能力构成了写作能力的基础。从张志公先生对作文本质的认识可知,作文是语文水平的综合反映,包括字、词、句、标点和篇章结构,包括作者的阅读面和知识面,形象思维和逻辑思维,生活经验和人生感受,审美能力和思想水平,等等,均可在作文中得到不同程度的表现。这也启示我们作文教学目标的完成,不能光靠作文课,要结合阅读教学和语言知识教学,形成一股合力,才能有效提高作文教学的效率。

在作文教学目的方面,张志公先生认为:"为什么写?答案很简单:因为要用。生活里需要书;念书做学问,需要写;作任何工作都需要写;抒发点思想感情想影响别人,需要写;搞科学研究,建设物质文明和精神文明,都需要写。所以,只要不是文盲,人人都得有一支笔。"② 写作是个体适应学习与生活的客观需要,写作行为与学生的学习实践、现实生活有着极为密切的联系,学生在学习中要系统全面掌握各科知识,离不开写;学生在生活中要及时传递信息、沟通情况、相互协调,也离不开写;学生在工作中要及时了解问题、准确反映情况、正确提出建议、有效推动工作,更离不开写。所以张志公认为在现代社会,写作是对人的基本能力的要求,不会写、不常写、不善写的人,其生存发展会受到很大影响。在张志公看来,除了适应生活、学习和工作需要外,写作还可以满足个体情感倾诉、见解表达、自我展现等众多的内部需要。张志公认为,人类写作的目的可以分为两大类:"一类是为处理具体的实际问题的,是要办事情的;一类是用语言作工具搞点艺术,去感染听者或读者,使人受到熏陶,在思想、感情、情操等方面受到影响。……以前一类目的而写,形成了多种的应用性文体;以后一类目的而写,形成了多种的文学性文体。"③ 如此看来,个体要接受教育、传递信息、抒发情感、表达思想,就需要学习

---

① 张志公:《张志公论语文教学改革》,南京:江苏教育出版社,1987年版,第159页。
② 张志公:《张志公论语文教学改革》,南京:江苏教育出版社,1987年版,第176页。
③ 张志公:《张志公论语文教学改革》,南京:江苏教育出版社,1987年版,第177页。

写作,所以张志公也提醒我们:"要正确地对待写文章这件事,既不忽视它,也不夸大它的重要性和艰巨性……要把写看成是提高思想、锻炼思想、掌握语言、培养能力的一件事,把它看成是生活、学习、工作中的一件实际应用的事,看成是使自己具有参加社会主义建设的能力的一件事,而不是为达到任何个人目的或是为作文而作文的,和一般说话、交际截然不同的事。"① 这就说明,在书面语言与口头语言基本一致的情况下,写作已变得和说话一样的寻常,已成为个体适应工作、生活要求的一种必备能力。张志公认为:为什么要写作?从某种意义上说,这就如同问我们为什么要学习一样。学习可开发智力、提高能力、熏陶情感、完善人格,写作也是开发智能的重要手段,它可使我们的感悟能力、联想能力、想象能力、观察能力、思维能力、表达能力获得显著提高。

在张志公的作文教学观中,作文是现代社会中人们的一种常见表达行为,它是个体表达情感、展现自我的重要途径,作文教学之所以在语文课程中占有重要的地位,根本原因还在于写作本身是个体生活、学习、成长及展现自我之必需,"作文很重要。一个有文化的人必须会写。生活、学习、工作中要写信,要写日记,要写便条、假条、学习笔记、读书摘要、汇报、总结、计划、实验报告、科学论文,等等。所有这一切,都是生活、学习、工作之中必要的。写得好或不好,对于生活、学习和工作很有影响,所以,任何一个有文化的人,必须学会写,忽视写的教和学,是错误的。"② 由此可见,要改进与完善作文教学,就必须使作文训练过程与学生实际生活、学习、成长密切联系,并充分调动学生表达真情实感、展现自我的积极性与主动性,作文教学才能取得实效。

二、作文教学内容

写作教学的基本内容是什么呢?对于文章写作,孔子分别提出过"辞达而已矣"和"言之无文,行而不远",针对这两个标准,张志公认为辞达是最基本的要求,有文采则是在辞达基础上的进一步要求。不过,文饰得恰如其分,可以使辞达得更好。中小学作文教学应首先要求辞达。因为我们的目标是让学生具有基本的语文能力,不是培养作家。怎样才能"辞达"呢?首先不能有错别字,然后语句要通顺,最后是结构要合理。这就涉及基本功和文章的结构问题,中小学作文教学的内

---

① 张志公:《张志公语文教育论集》,北京:人民教育出版社,1994 年版,第 628 页。
② 张志公:《张志公语文教育论集》,北京:人民教育出版社,1994 年版,第 626 页。

容必须要落实到这两个问题上来。

在张志公看来,语言的基本功包括"字""词""句"三个方面的素养。在字的素养方面,需要掌握足够多的字,才能正确地写出要用的词,写出各种句子。掌握的字少,就意味着掌握的词少;掌握的词少,就是语言贫乏、不够用。数量大是一个问题,用法复杂是另一个问题。一个字表示几个不同的意思,有几种不同的用法,充分掌握了每个字的意思对于读书读得透、写作写得好,很有帮助。此外在字的方面还需要做到文字格式的规范,不能随意简化或写繁体字,更不能有错别字,在此基础上还要做到书写的工整、流利、美观;在"词"的素养上要做到词语搭配得准确、运用得得体,并尽可能积累多的词汇;在"句"的素养上,要做到语句通顺并恰当表达思想,必须熟悉各种句子的构造和用处。张志公认为,一个句子的正误优劣,决定于四个因素:一是事理,要看这个句子的意思说得对不对;一是情味,要看它的语气、色彩合适不合适;一是声音,要看它念着顺嘴不顺嘴,听着悦耳不悦耳;一是规矩,要看它合不合大家说话的共同习惯。要想让自己写的每个句子都合乎事理,合乎规矩,情味对头,声音和谐,就得用心推敲,仔细琢磨:词用得恰当不恰当,虚字眼用得准确不准确,词的位置摆得合适不合适,有没有不可省而省了的字,有没有当省而没有省的字。

文章的结构是文章里材料的安排,文章各部分的相互联系。文章的结构取决于文章的内容,张志公认为:从作者写作的角度说,要想明确自己写的内容,进而根据内容的需要安排好文章的结构,主要得从自己写作的思路和文章本身的性质、对象和目的两个方面着眼。可见,思路的清晰与否,以及写作目的和对象的明确与否决定了文章结构的好坏,也就是说,作文教学在讲到文章的结构时要让学生厘清自己的思路和明确写作的目的和对象。从本质上来看,文章的结构也就是写作的条理,写作的条理反映了思考的步骤。想事情想得清楚,理出了头绪,说话就能顺理成章,有条不紊,写下来就成为层次清楚、结构严密的文章。

字、句、篇章,是作文教学的三道关口,如何打通三关,张志公认为有两条路径:一条是多读,认真地读;一条是多练,好好地练,二者缺一不可,而前者是基础。首先要选定一些适合学习的文章,认真地读,细细地读,一个字都不放过,一句话都不马虎。做到确确实实地、毫不含糊地理解字面的意思,还要尽可能充分地理解字句里边含蓄的意思,以及文章前前后后的联系照应,结构层次。其次是要写,严肃认真地写。逐字逐句逐段地推敲琢磨,看看有没有哪个字用错写错了,有哪个句子不通了，哪一段跟前后不连贯了，哪些话说得不恰当了，细细改一遍，反复地修改，逐渐发现自己写作上的缺点，逐渐认识并且巩固学习中的所得。

写作教学内容涉及字、句、篇三个方面的内容，那么对语文老师来说，如何提升写作教学的能力水平呢？张志公给了三个层面的建议。首先，从根本上讲，引导学生掌握丰富生动且典范的语言材料。提升学生言语运用的规范性是提升学生写作能力最基础性的工作。其次，引导学生养成积极的写作态度和良好的写作习惯，既不能让学生怕写作，更不能让学生憎恨写作，教师应该在心理学、文艺学、写作学的理论的指导下，采取适宜的方法让学生亲近、喜欢上写作，让写作成为他们认识自己认识社会认识人生的窗口。最后，适当地向学生传授写作的方法和技巧层面的东西。需要强调的是，一定要正确对待写作教学在基础能力、基本习惯与写作技巧之间的关系。张志公特别强调，如果认为写作技巧是提升写作能力的点金之术，纯粹依靠传授写作技巧，忽视写作行为的复杂性、规律性是将写作教学引入泥潭的危险做法。

三、作文教学方法与策略

张志公先生认为，中学语文写作教学所要培养的是一个青年在学习生活中必须具备的一般的写作能力，学生在生活工作中能内容准确、文从字顺、条理清楚地表达自己的知识见闻和思想情感，教师在指导学生写作时应该注意一定的方法和策略。张志公先生的作文教学方法和策略主要有以下几个方面。

通过阅读教学提高学生的写作能力。张志公认为："总起来说，要提高学生的写作能力，语文课应该从三个方面入手：阅读教学中的语言教学，语言知识的教学和作文教学。这三个方面是密切相关的，不能有所偏废。在目前，特别需要着重提出的是第一个方面……结合阅读教学进行语言教学，这是提高学生写作能力的带有根本性的工作。"[1] 阅读教学和作文教学同为语文教学的重要组成部分，二者彼此影响又相互关联，因而作文教学问题的解决决然不是孤立的，必须与其他部分结合起来，在阅读教学中提高语言教学便可以大大提高学生的写作能力。张志公反对在作文教学中大谈特谈写作的技巧方法，他认为任何写作的技巧和方法都是不管用的，只谈写作的技巧和方法，不可能写出优秀的作文，更不可能提高写作能力，这些写作方法的传授必须与阅读教学结合起来。写作活动是综合性的实践活动，写作能力是习作者知识构成、言语水准、思维品质、个人情趣、人生态度等要素的综合反

---

[1] 张志公著，庄文中编：《张志公语文教育论集》，北京：人民教育出版社，1994年版，第308页。

映，写作能力需要其他能力的辅助，尤其是来自阅读能力的辅助。"作文教学也是需要改革的。主要的原则应该是密切的结合阅读教学，因为只有把语言的运用（写作）建筑在语言的吸收（阅读）的基础上，才能收到最大的效果。"① 为此，张志公曾多次强调，没有良好的阅读教学做基础，单靠作文课并不能达到提高学生写作能力的目的。要提高学生的写作能力，就必须将写作教学与阅读教学密切联系起来，阅读是吸收，只有吸收了一定有用的东西，转换为自己内在的东西，在写作文时才能够真正得心应手，写出好的作文。

注重学生良好写作态度和写作习惯的培养。张志公认为，不少学生有两种不好的态度和习惯：一是怕作文，至少是不爱作文；一是写文章马虎草率，不严肃，不细心。在这两个问题上，张志公认为语文教师不能老做"医生"，更不能做"难服侍的婆婆"，要做园丁，施肥浇水，帮其发育成长，学生才会严肃地、认真地对待作文，改变马虎潦草的态度和习惯。因此在写作初期，张志公提倡在写作训练时要"先放后收"，即先作放胆文，后写小心文。学生在写作的初期阶段，各方面思路、语言等还不成熟，更是要鼓励学生大胆地进行写作，这样才能激发学生的兴趣。教师在对学生初期写作的放胆文进行批改时，也要以鼓励为主，不可以改得太厉害，以免挫伤了学生写作的兴趣和信心。在写作题材上，张志公也主张指导学生写他们熟悉的题材，切忌为作文而作文，这样容易束缚学生的思想，窒息他们的创造力。

在作文训练方式上，张志公认为口头作文训练也是一种非常有效的方法。写作思维既离不开内部言语，也离不开口头言语。在现代汉语的基本存在形式中，口语是第一性的，书面语是口语的书面形式，是用文字记载了的口语，经过加工了的口语，规范化了的口语，说话和写作都属于表达。因此，进行说话训练对提高写作水平是大有裨益的。张志公主张在语文教学中可以采取一些口头作文的教学形式，一来可以训练学生的口语能力，二来也能训练学生的作文能力。口头作文训练，能培养学生口头表达的能力，训练学生敏捷的思维能力，长期坚持口头作文训练，学生的口头语言表达能力、思维能力必然会有所提高，而这种提高也必然会反映在书面上，使得学生在笔头作文上得到大的进步。这种口头作文训练的方法，能够很好地提高学生的作文能力，为作文教学提供了一个新的可行的模式。

---

① 张志公著，庄文中编：《张志公语文教育论集》，北京：人民教育出版社，1994年版，第307页。

在作文教学中，注重学生多练，教师多评。写作是一种实践性很强的活动，要想掌握写作的方法，提高写作的技能，就必须多练。写作能力的获得必须落到实实在在的动笔写上，只有通过反复实践训练才能掌握。所谓多练，实际上是对思维能力的一种反复训练，训练多了之后必然能够熟能生巧，从而掌握一系列的写作方法。而对于多练，张志公一直主张"三练"：一练眼力便于观察，二练脑力进行思维，三练笔力得以表达，从而使思维训练向开阔活跃和细致严密的目标发展。此外，多练既要注重成篇文章的训练，同时也要加强各种作文基本功的训练，如一些片段训练或者属对训练。在学生作文的评改上，张志公认为写作的评价是写作教学中的关键环节，对学生的习作进行评价指导，是提升学生写作能力的重要途径和手段，另外评价是否得当也反映了教师自身的写作水平。在评改对象上，张志公指出三类问题要批，两类东西需改。三类要批的对象是指：习作中的优点要批，让学生知道哪些是需巩固和继续发扬的要批；篇章中组织结构存在缺陷的要批；重要的修改学生有可能难以领会修改意图的要批。两类东西要改的对象是指：不对的要改；不好的要改。在评改学生作文的时候还需要注意两点：第一，确立统一的标准尺度，这一标准，既不能不切实际的高，又不能过低，同时在执行过程中应严格、严肃；第二，正确对待"改"与"修"的关系，"改正"不等于"润饰"，"改"针对的是正误问题，"修"针对的是好坏问题，二者是不一样的。

第二节　张志公作文教学观的当代价值

张志公的作文教学观明确了作文教学的目的，确定了作文教学的内容，提出了作文教学的方法和策略；同时，张志公把作文教学放在语文教学的整体中去探讨，这对我们当今语文教学的改革有着很大的启发和指导意义。

一、在写作目的上，注重"文以致用"，强调写作的实用性

写作涉及众多问题与诸多方面的技能和方法，如写作者的认识水平、材料选取能力、主题提炼水平、衔接过渡与收尾照应方法技巧等，但写作者（学生）为什么要写这篇文章、写这篇文章是为了达到什么目的或为了取得什么功效，却是写作者在写作之前就应首先考虑明确的根本认识问题，但是在我们作文教学中，写作却是没有对象和目的的，或者是为了考试而写文章的，"为考试而教"被很多老师奉为真理。作文教学的目的很明显也是为了考试，于是，作文教学就变成了一个探讨

"写什么"的问题，为谁写、为什么写等作文教学中的重要问题就被搁置了。张志公认为，我们应该去掉为考试而教、为考试而学、为作文而作文的现象，学作文是为了"用"，这一点必须明确。他进一步指出，所谓的"用"就是指教作文要教给学生实际运用作文的能力和不断自行提高实际运用作文的能力，再讲通俗一点就是教作文一定要满足一个人日常生活、工作、学习对于作文的需要，而不仅仅是为了考试，这才是作文教学的根本目的。

针对为了考试而教作文的现象，张志公指出从学习内容来说，为应试而作文，为作文而作文，就要把写文章看作是一种独立的特殊的技能，那么，学作文的人就要练就以下几种本领：一是揣摩出题人的意图；二是要学会无话找话说；三要拾人牙慧，改头换面，装点自己，以显示富有才思；四是要善于说冠冕堂皇的时髦话，以示立意格高；五是要熟练掌握规定的程式。为了应试而写作文最终导致的后果就是，在学校里花在写作教学上的时间和精力那么多，离开学校后写作能力却不能满足学习、工作和生活的需要。对于这样一种弊端，张志公提出了写作教学要"文以致用""写文章要注重实用"，"致用"就是为了"需要"求得"实用"，作文教学面向应用，就是要考虑学生日后在日常生活中、在进一步学习中、在实际工作中需要写些什么，需要具备什么样的写作能力。更重要的是，应当养成他们什么样的能够适应各种需要的写作能力。

作文教学如何体现实用，张志公强调学生在校期间应该接受各种应用文体的训练。他认为目前，中学毕业生乃至大学毕业生在实际工作中不会写所需要写的东西，这种情况很普遍。尽管小学、中学、大学作过许多作文，但是一动笔仍然感到困难，这困难还不是轻而易举就能解决的。当医生的写不好病历，或是繁简不当，或是不准确；实验室的实验员写不好实验报告；做机关工作的不会起草公文，写不了调查报告；等等。学会写现代社会中常常用到的各种文体，是要经过训练的。学生在学校里就应该接受这种训练。从未受到这种训练，到了工作中才去从头摸索，这在时间上是一种浪费。在作文教学中，学会写现代社会中常常用到的各种文体，通过这些应用文体的写作，逐渐培养学生写作的基本能力，掌握写作的基本技能，具备这些基本的写作能力，就可以处理学习、工作、生活里的实际问题。写文章要注重实用，这是文章本身的功能决定的。写作要有实用价值，于学生自己有用，于社会有用，而不是被动地为老师作文，为作文而作文，这样做才会使学生有一种责任感，作文态度才会认真，才能够提高写作的效率。

二、善于运用作文评改，以评促写，激发学生的写作热情

在作文教学中，作文评改是作文教学的重要组成部分，是作文指导不可或缺的基本环节。张志公在作文评改尺度和原则方面都有独到的见解。

在作文的评价尺度上，张志公注重作文评价尺度要明确，只有明确的评价尺度才能激发学生作文的兴趣和热情。在作文教学中，学生大多"怕作文""不爱作文"已成为公认的事实，这与老师对作文的评价紧密相关。他认为批改作文的办法很值得推敲，在实际的语文教学当中，很多老师在批改中的红杠子，以及条条框框的评语，让学生摸不着门道，这主要体现在教师常常喜欢运用公式化的作文评语，如在优点方面，喜欢运用"语言通顺""内容丰富""结构完整""中心突出"等，在缺点方面喜欢运用"语言不简洁""句子不生动""中心不突出""结构不合理"等，这些作文批改评语最大的问题就是评价尺度不够明确。张志公强调作文评价要有一个明确的评价尺度。定尺度，不要不切合实际地高，运用既定尺度，则应当严格、严肃。这个尺度应该是符合这个阶段作文教学的具体规定，并且能够严格地运用它。张志公认为凡是已经符合这个阶段所定尺度的最高一头的要求的，就可以得一百分；凡是达不到这个阶段所定尺度的最低一头的要求的，就是不及格。这样学生才会看到自己的进步，从而激发兴趣，也才会严肃认真地对待作文写作。

在作文评改原则上，张志公提出了作文批改的两条原则：第一，因势利导原则。张志公认为无论是批还是改，都不能离开学生的实际，又不能没有个明确的方向和准则。针对实际，就是因势，合乎正确的方向原则，才能利导。在这里，"势"指的是学生习作的实际，针对学生习作中所表现出来的实际情况，加以修正引导，让学生认识到自己的问题，找准提升的方向；第二，宽严适宜原则，这就是教师在评价学生的作品时，一定要注意坚持客观性的原则，从学生习作水平的实际状况出发，切忌凭借一己的主观好恶，妄自评价。对于不同的内容，严宽应当有所不同。他认为，有关基本功方面的，宜于从严，错字连篇、文理不通、语无伦次的现象，不能容许；有关方法技巧方面的，宜于从宽。这也就是说，基本功问题和技巧问题应当有所区别，即针对不同的学生和不同的问题，评价应该是不一样的。

在作文批改中，张志公认为教师要十分注意保护学生习作的兴趣，这是学生进行写作的初始动力，也是永恒的动力。他认为作文教学并不是一个教师命题、学生

写作的简单过程,而是一个充分调动学生日常生活积累和激发学生进行创造性活动的动态过程,在这个过程中,激发学生的习作兴趣,培养学生对写作的热爱显然是十分重要的。

三、善于将写作教学纳入语文教学体系之中,注重写作语言训练

写作教学与阅读教学、口语交际、综合性学习是什么关系呢?张志公认为:"作文教学是语文教学的一个组成部分。语文教学的问题很多,不止作文教学这一个方面,而各个方面是相互相关的,不是各自孤立的。不把作文教学放在语文教学的整体里来探讨,是很难搞清楚的。"[1]研究张志公的作文教学思想,可以发现他正是把作文教学放在了整个语言教学的整体中来探讨的,他对与作文教学有关系的诸多方面都进行了深入的探讨,这种探讨的思路和方法是符合现代系统科学的思想和方法的,这对提高作文教学质量无疑是有启发和指导价值的。如在作文教学与阅读教学的关系上,他认为作文教学需要改革,主要的原则是应该密切结合阅读教学,因为只有把语言的运用(写作)建筑在语言的吸收(阅读)的基础上,才能收到最大的效果。张志公认为,在阅读教学中应该注意分析作品的结构、组织、条理、层次、内在的逻辑性等方面,应该使学生充分理解,并且能够在自己的写作中注意到这些方面。阅读教学中还必须具体地分析作品的语言艺术,并且教给学生学习运用那些修辞的手法。他坚持认为在阅读教学中能够做好上述的这些工作,再加上适当的作文练习和必要的语言科学知识的教学,学生的写作能力一定会迅速地提高。此外,张志公还注重将作文教学和口语交际教学结合起来,他认为在语文教学中如果只注重学生书面能力的培养,忽略他们口语表达能力的培养,则会造成严重的"语"和"文"的脱节,作文教学也是不成功的。在说话时思维缜密、条理清楚、语言流畅,写文章也就容易做到脉络清晰、中心明确、语言畅达。

张志公的作文教学观还注重对学生进行语言训练,语言训练即写文章的基本功。他认为写文章除了思想内容和组织篇章的能力以外,更重要的是用词造句的能力,也就是人们常说的语言基本功,他提出对中小学作文的要求,应当是"辞达而已矣"。如何做到"辞达而已矣"呢?应该从字的训练、句子的训练、篇章的训练做起。关于字的训练,张志公曾经举例说将一篇高中生的作文取来"欣赏",字的书写"不堪入目"不算,关键是"缺斤短两""张冠李戴"的现象尤为严重,错字

---

[1] 张志公著,庄文中编:《张志公语文教育论集》,北京:人民教育出版社,1994年版,第360页。

别字"琳琅满目",因此他注重要加强汉字的书写教学,要求能写清楚写准确;关于句子,张志公认为句子是大关,学生读不懂、写不通,主要反映在句子上,一些老师轻视了句子的表达对整个写作活动的影响。因而有必要加强学生单句、句群的训练,帮助学生养成良好的语感,实现顺畅的言语表现;关于篇章的问题,张志公指出教师应当适当地加强学生行文思路的指导,帮助学生如何细致地观察身边事物、如何有条理地思考分析问题,最终以一篇文字的形式呈现出来。当然,夯实学生写作基础,除经过字、句、篇层面的训练引导之外,还要注重打好学生生活的基础、思想的基础、思维的基础等,这是由写作活动本身的综合性特征决定的。加强对字、词、句和篇写作的训练,表明了张志公对写作基础的重视,在他看来,夯实写作的基础是写作活动得以进行的前提条件,这对我们当下的写作教学也有着极为重要的启示。

第五章 名著品读

张志公是我国著名的语言学家、语文教育家,他的语言学研究和语文教育研究一直是紧密结合在一起的。在语文教育研究上,张志公本着从实际出发、实事求是、讲求实效的原则,发表了一系列的研究文章,这些文章已经被收录在《张志公文集》中,其中关于语文教育研究的论述,集中见于《张志公论语文教学改革》和《张志公语文教学论集》。本章从四个角度,选取张志公关于语文教育研究中的精华部分,以飨读者。

在语文课程的宗旨和任务方面,选择了最具有代表性的《说工具》《说"语文"》《漫谈语文教学》《关于语言教育的几个问题》《再谈语文课的几个问题》等五篇文章。在这五篇文章中,张志公对语文学科工具性的表述和阐释相当明晰和具体,他认为工具性着眼于语文课程培养学生语文运用能力的实用功能和课程的实践性特点,特殊性着眼于语文课程所具有的思想性和人文性等特点。语文课程的性质是全部语文教学活动的出发点,语文课程的特殊工具论明确了语文学科的课程任务,这就是在语文教学目标中,需要既重视"道"也不忽略"文","道"必须有高明的"文"来阐发,学生也必须通过"文"来理解"道",二者不可偏废。这些论述对我们现在语文课程改革和语文教学具有十分重要的借鉴意义,对语文课程今后的健康发展也会起到良好的导向作用。

在语文课程教学内容方面,选择了《关于改革语文课、语文教材、语文教学的一些初步设想》《有关语文教学研究的几个问题》《语文训练问题需要加紧研究》《要重视接受与表达的训练》《怎样对待语文知识》等精华文章。在语文学科课程教学内容建设严重缺位的现状下,更新思想理念、变革教学方式等努力很难从根本上解决语文教学"少、慢、差、费"的顽症,教什么比怎么教更重要,方法是为内容服务的,在教什么都还没弄明白的情况下,试图通过研究怎么教来提高教学效益或者效率,必然事倍功半,甚至无功而返。张志公构建的语文课程教学内容是立足于"当代社会"文化科学教育发展和现代社会各项工作的基础之上的。从社会发展对人提出的要求出发，从实际需要出发，从提高全民的素质出发，立足于"当代社会"发展的大背景是张志公先生语文课程教学内容思想建立的基础。在这个基础上，张志公先生在汉字教学、口语教学、文学教育、语文知识教育、文言文教学等方面都有自己的观点，这些观点对我们当今的语文教育依然是一笔宝贵的财富。

在阅读教学方面，选择了《要重视阅读教育和阅读教育研究》《谈语文教学中的阅读问题》《读是写的基础》《谈谈单元教学》《关于精讲及其他》等文章。在语文教学中，阅读教学一直是一个难点，目前的阅读教学从内容、方法到评价，形成了一个封闭的体系，阅读教学中以应付考试为轴心，过于侧重某一种"技能"训练，在教学中盛行从文章结构入手解析课文，容易从积累语文知识的角度入手，推敲课文所提供的内容要点和零碎的语文知识点，还有部分语文教师过于注重教师对文本教法的研究，过于强调教师"教"的作用，等等。张志公在对语文阅读教学的理解上，在关于语文阅读教学的目的和任务上，都有自己的独特见解，他的阅读教学观涉及阅读能力的界定、阅读教学的地位，以及阅读教学的功能等多个方面，既承继了老一辈语文教育家的教育思想，又站在时代发展的制高点上，对阅读教学的方方面面做出了创造性的阐发，有着强烈的时代责任感，为改进阅读教学，乃至深化语文教改提供了宝贵的思想武器。

在写作教学方面，选择了《重视提高学生写作能力的问题》《谈作文教学的几个问题》《谈练习写作》《写作教学要注重实用性》《对象和目的》等文章。长期以来，作文教学效率一直低下，张先生曾经指出语文教学在普通教育工作中恐怕算得上一个"老大难"。而作文教学恐怕又是这个"老大难"中的"老大难"。如何有效地提高学生的写作能力是一个十分重要的问题，也是一个十分复杂而艰难的问题。张志公先生对此进行了长期而深入的研究，在20世纪50年代他就集中阐述了自己的写作教学观，到80年代，他又全面系统、深入浅出地谈了写作的许多重要问题。张志公提出的许多关于作文教学的独特见解，即使是在当今时代，对提高师生的作文认识水平、端正作文的写作动机、提高写作主动性都具有重要的现实指导意义。

第一节　语文课程的宗旨和任务

品读提示

在语文课程的宗旨和任务方面，张志公先生在多篇文章中均有比较深入的论述，本节选择了最具有代表性的《说工具》《说"语文"》《漫谈语文教学》《关于语言教育的几个问题》《再谈语文课的几个问题》等五篇文章，以飨读者。在《说工具》一文中，张志公先生提出了"文道统一"的观点，他认为语文是个工具，是进行思维和交流思想的工具，但是在学习语文这个工具的时候，学习怎样用语文来交流思想的技能，跟学习语文所表达的思想本身是不可分割地结合在一起的。因此，他主张把语言文字同文章的思想内容结合起来，做到"文道统一"。语文到底是什么？张志公在《说"语文"》一文中给出了答案，他认为"语文"就是"语言"的意思，包括口头语言和书面语言，在口头谓之"语"，在书面谓之"文"，合起来称为"语文"。用了"语文"这个名称，表明在这门功课里要向学生进行全面的语言训练，进行全面的语言训练，包括口头的和书面的。口头的包括听和说，书面的包括读和写。进行书面语言的训练，自然要掌握文字这个工具；要教学生读许多各式各样的文章。所有的语言材料之中，口头上听和说的当中，书面上读和写的当中，都包含着一定的思想内容，因此，语言训练和思想教育的关系是很密切的。在《漫谈语文教学》一文中，张志公认为语文教学质量的一个重要标志，或者说衡量语文教学质量的一个重要标准，就是能否有效地提高学生实实在在地运用语文的能力。学好语文的三道关口是需要过字关、句关、篇章关。语文教学中需要做到三个统一，即：（1）思想内容与语言文字统一；（2）知识与训练统一；（3）读与写统一。在《关于语言教育的几个问题》一文中，张志公认为语言在人类的形成和人类社会发展的过程中所起的作用是十分巨大的，每个人的教育、成长也和他的语言能力的获得和发展有密切的关系，因此认识语言教育的意义和探讨做好语言教育工作的途径是很有必要的。在本文中，张志公着重谈到了语言教育的特点，即培养语言能力是一个加工提高的过程，不像其他课程，基本上是从不知到知、从不会到会的过程。语言教育不能立竿见影，因此提高学生的语言能力，不是一两堂课、一两个月的事情，要有一个过程；语文课堂涉及很多问题，如语文基本技能和基本知识的范围、内容和规格问题、读写训练和政治思想教育的关系问题、关于思维训练的问题、关于语文课特点的问题等，张志公在《再谈语文课的几个问题》中一一做了论述。

说工具

语文是个工具，进行思维和交流思想的工具，因而是学习文化知识和科学技术的工具，是进行各项工作的工具。

对于语文的这种性质，大家多半同意，看法上没有什么出入。但是，语文教学应当怎么办才算是符合语文的这种性质？语文课本的文章应当怎样教法才能使学生正确地、充分地掌握语文这个工具？在这些方面还不是完全没有问题。近来我时常被问到这件事，也听到一些有关这个问题的讨论，看到一些情况，因而有些零零星星的不成熟的感想。这里就把这些感想说一说，向关心语文教学的同志们请教。

先讲一件与此有关的事情。

请看哪一个讲法好些？

事有凑巧，在不同的时间和不同的地方，我听见过三位教师讲"破釜沉舟"这个成语。

有一位教师大致是这样讲的："'破釜沉舟'表示坚决的意思。做事一定要坚决。无论做什么，只要是正当的、应该做的事，就必须抱定只许前进、不许后退，只许胜利、不许失败的决心。只有这样才能得到成功。如果前怕狼后怕虎，工作还没开始就准备下失败的退路，那样一定不会成功，碰到一点困难就向后转了。当然，前进的目的必须正确。在这一点上，古人不能跟我们相提并论。由于时代的局限，古人，尤其是封建统治阶级的人，做事的目的在今天看来很多是成问题的，下定决心做好事是应当的，如果坚决做坏事，那就不应当了。"

有一位教师是另一种讲法，他说："'釜'就是锅，'舟'就是船。'破'和'沉'都是动词。'破釜'是'使釜破'的意思，也就是把锅砸碎；'沉舟'是'使舟沉'的意思，也就是把船凿沉。这样用法的动词叫作'使动词'。同是做饭的家具，古代叫'釜'，现代叫'锅'；同是水上运输工具，古代叫'舟'，现代叫'船'；这是古今词汇的演变。像古代叫'冠'，现代叫'帽子'；古代叫'履'，现代叫'鞋'；都是这种情形。曹植《七步诗》里有'豆在釜中泣'的句子，柳宗元《江雪》里有'孤舟蓑笠翁'的句子，这里的'釜'和'舟'跟'破釜沉舟'里的'釜'和'舟'意思相同。"

另一位教师讲得比较简单，话说得比较少。他这样讲："项羽渡河进攻秦国的军队，渡河之后，把造饭的锅砸碎，把船凿沉，断了自己的退路，以示有进无退的决心，终于把秦军打败了。后来大家就用'破釜沉舟'这个话表示下定最大的决心，不顾任何牺牲的意思。"

请想一下，这三个讲法哪个好些？在我看来，三位老师的修养都很好，讲的都对，第一位讲的那番道理，第二位老师讲的那些知识，于学生都是有用的。不过，要是处处都像第一位那样，只说些大道理，不讲字句的本身的意思，恐怕不太好；要是像第二位那样，只讲字句的知识，不管这些字句合在一起表达一种怎样的思想感情，用在什么场合，效果怕也有问题；要是把两种讲法加在一起，每句话都这样讲起来，费时过多且不说它，恐怕对于学生的理解掌握也不见得有好处。因此，我觉得，一般说来，第三位讲法可能好一些，话说得比较少，可是把知识、道理结合在一起了。我找了一些学生测验了一下，证明这个想法大体上符合实际。这三位老师对这个成语的不同讲法，给了我很大的启发。

语文是一个什么工具，怎样掌握它？

语文这个工具和生产上用的一些工具，比如除草用的锄头，平整木料用的刨子，等等，有同有异。同在都是工具。各种工具总有某些共同的特点，否则它们就不会叫作工具。异在它们的作用。语文有语文的用处，生产工具有生产工具的用处。必须看到那个同，也必须看到那个异，才能比较全面地理解语文的性质，才能比较准确地找到掌握它的办法。

先说同。从大处来说，工具的本身没有阶级性，掌握在谁的手里就为谁服务。在这一点上，语文和其他工具是一样的。封建统治阶级运用语文工具宣扬封建主义的思想意识，资产阶级运用语文工具宣扬资本主义思想意识，无产阶级则运用语文工具宣传无产阶级的思想意识，跟一切的反动的思想意识做斗争。无产阶级必须充分地、高度准确地掌握语文这个工具，让它很好地为社会主义和共产主义事业服务。

凡属工具，最重要的是准确地操纵它，熟练地运用它，只有这样，它才好好地为我们服务。在这一点上，语文跟别的工具也是一样的。如果我们拿着个锄头，不会用，只会说些"锄头可以帮助我们除草，帮助我们生产粮食，而生产粮食是社会主义建设中的重要工作"之类的大道理，或者只会说些"锄头的柄是木头做的，也可以用竹子做，头是用铁做的，头和柄应该成多少度角"之类的知识，就是不会拿上一把锄头去锄地，那是不行的。道理是重要的，知识也是有用的，因而有些人专门研究那些道理和知识；可是无论如何，不会用总不行。不会用，它就不为我们服务，说了半天也生产不出粮食来。语文也一样，要紧的是能听，能说，能读，能写。要是看见个字不认识，有个什么意思写不出来，大道理讲得再多，知识记得再熟，即使道理和知识都不错，也还是没有掌握语文这个工具，它还是不肯好好地为我们服务。

那么，怎样才能达到准确地操纵和熟练地运用，也就是达到充分的掌握呢？凡属工具，要掌握它就要到使用它的现场里去学。在这一点上，语文和其他的工具也没有两样。要会用锄头，就得拿把锄头到地里去学；要会用刨子，就得拿个刨子到木作案子上去学。要是坐在屋里拿把锄头或者刨子讲一通使用的方法，就是不到现场去比试比试，即使讲得都对，还是掌握不了。掌握语文这个工具也一样，也得到使用语文工具的现场去学习。使用语文工具的现场在哪里呢？这就涉及语文工具和其他工具异的方面了。

再说异。生产上用的各种工具，都是生产物质资料的。语文这个工具不生产物质资料，它不是生产工具，而是人们用来思维和交流思想的工具，学习科学文化知识和进行工作的工具。这就是说，语文这个工具和各种生产工具的作用不同。

锄头是除草的，而锄头和草是两码事，锄头和草并不长在一起。语文是交流思想的，语文和思想虽然也是两码事，可是由于语文是交流思想的工具，而思想是抽象的，它要依靠语文这个物质外壳而存在，所以语文和思想老是长在一起，分不开。这是语文工具跟其他工具不相同的一点。"地球是圆的。"你不可能只学"地球""是""圆的"这些词，"主语＋谓语"这个句子的结构，而不同时学了地球是圆的这条知识。"劳动创造世界。"你也不可能只学"劳动""创造""世界"这三个词，"主语＋谓语＋宾语"这个句子结构，而不同时学了劳动创造世界这个观点。换言之，不学会那些词、那些句子，就懂不了那些意思；如果还没懂那些意思，实际上也就还没有真正学会那些词、那些句子。这就意味着，学习语文这个工具的时候，学习怎样用语文来交流思想的技能，跟学习语文所表达的思想本身，是不可分割地结合在一起的。

语言现象涉及三种事物：人、语言、思想。人要掌握语言这个工具，同掌握其他工具一样，得练。语言是交流思想的工具，但由于思想和语言有着不解的姻缘，同草和锄头的关系不大一样。所以在进行语文教育时就离不开语言材料所包含的思想内容。语文这个工具跟其他工具有相同的一面，这就决定了语文教学必须教学生切切实实地在训练中学会操纵和使用语文工具，也就是着眼于掌握字、词、句和篇章的运用能力，不容许离开这种训练去空讲大道理，空讲理论知识；它跟其他工具又有相异的一面，这又决定了语文教学必须把训练学生运用字、词、句、篇章的能力和训练学生理解语言所表达的思想的能力结合起来，不容许把二者割裂开来，对立起来。这样看来，语文教学强调基本功，强调多读多练，强调"文道统一"，这正是由语文这个工具的性质决定的。

第一种讲法，着重于讲语言所表达的思想，而且发挥得有点过分，不注意语言这个物质外壳本身；第二种讲法，只注意了语言这个物质外壳，忘掉了它所负载的思想内容。这两种讲法从不同的方面都忽略了语文这个工具的性质。第三种之所以比较可取，正是由于那种讲法大体上是符合语文这个工具性质的。当然，专从对一个成语的解释来说明这个问题不可能十分确切，不过大致还可以作为参考就是了。

文道统一

教学生掌握语文工具，也就是掌握足够的字和词，掌握句子的构造和用法，掌握谋篇布局的道理和技能，这是语文教学的目的。那么，在语文课里，教学生读一篇一篇的文章的时候，目的是不是就仅仅在于要学生学会文章里的某些字和词，某些句子和谋篇布局的某些方法呢？

我想，教一篇文章的目的和整个语文教学的目的是统一的，又是有区别的，不能混为一谈。

语文课本的课文有的是讲自然现象的，有的是讲地理、历史知识的，有的是诗歌、散文、小说等文学作品，有的是论述政治思想的议论文章。所有这一切，都是作为学习语文的材料，要学生从这些材料中学到读书、作文的能力的。语文教学的目的主要不在于教给学生有关自然的或者有关社会的知识，因为那是物理、化学、生物、地理、历史那些学科的工作；语文教学的主要目的并不在于教给学生太多的文学理论知识或者文学创作技能，因为中学毕业生需要的是一般的读书、作文能力，就是阅读各种各类的书籍，写各种各类的文章的能力，而不是只要阅读文学书籍、必须创作文学作品的能力；语文教学的主要目的也不在于教给学生很多政治思想的知识或理论修养，因为那是政治课的工作。如果把介绍各种科学知识，训练文学修养，解决政治思想问题，等等，统统作为语文教学的主要目的，这个语文教学该怎样进行法？它哪里有这么大的能力？教学生掌握语文工具的目的又将如何实现？可是，又必须看到，凡是文章，总是记载知识、表达思想的。学生读什么样的文章就会从中吸取什么样的知识，受到什么样的思想感情的感染。因此，语文教学总是在向学生进行语文训练的同时产生一定的思想教育的作用。所以,语文教学就不能不注意这件事,就不能不运用这个向学生进行思想教育的非常方便而有效的阵地。古今中外,没有哪个时代、哪个阶级的语文教学不是带有非常鲜明的时代特点的阶级性的,《三字经》《千字文》在封建社会里只是启蒙的识字教材,封建主义的色彩就已经那么鲜明,至于再高一级的语文教学,就更不用说了。就连只是单字的堆积,并无任何思想内容的《百家姓》,宋朝人编的要用"赵"字打头,明朝的统治阶级就不容许这一点,把它改成用"朱"打头的《千家姓》,而清朝的统治者既不许"赵"字打头,也不许"朱"字打头,要另外编一种新的"御制"《百家姓》。资产阶级的语文教学搞些什么名堂,更是大家所熟知的,这里就不去说它了。今天,我们的任务是要把学生培养成无产阶级革命事业的接班人,难道可以不重视、不占领语文教学这个思想阵地吗?当然是决不可以的。然则,怎样重视、怎样占领呢?首要的问题在于让学生读些什么,也就是在于课本的选材。所以中学语文教学大纲里规定,语文课本要选"具有积极的思想内容"的文章,要选"有助于培养坚强的革命后代"的文章。同样重要的是教学必须要求学生把这些文章透彻地读懂,一字一句的、整段整篇的都理解得确切,这样才能在学习语文的知识和技能的同时也领悟,进而吸取了文章里那些积极有益的思想。语文教学里的"文道统一"就表现在教材和教学这两个方面。因此,就整个的语文教学来说,还是不能不把教学生掌握语文工具这个目的明确地、突出地提出来。学生学不好字、词、句、篇,他就掌握不了语文工具。这样,他怎么能读懂有积极的思想内容的文章?读不懂那些文章,怎么能从文章里受到教育?

语文教学的目的既然如此,是不是教每篇文章的时候,只要把文章的一些生字、生词、成语、谋篇布局的方法抽出来讲一讲,让学生明白了、记住了就算教好这篇文章了呢?是不是这样教一篇一篇的文章,把初高中十二册课本的文章都教完,就可以达到语文教学的目的了呢?我想,不是的。如果这样,那就可以不用语文课本,教学生读一本字典、一本成语词典、一本文章作法,或者再加上一本语法修辞书就行了。古往今来,没有这样的语文教学;我想,今后也不会有。

语言既是工具,要琢磨它在表达思想时的工具作用发挥得怎么样,就先得弄清它要表达的思想。就是说,教学生读一篇文章,必须把它作为一整篇文章让学生读懂。如果这篇文章是介绍某种知识的，要使学生充分理解这种知识；如果是讲某种道理的，要使学生透彻地懂得这种道理；如果是写人物的，要使学生真正认识这个人物。只有这样，学生才能确确实实地理解和掌握那些记述知识、阐释道理、描绘人物的字、词、句和谋篇布局的方法，他所学到的有关字、词、句、篇的知识才是活的、有用的知识，才具有把知识化为技能的条件。这就是前边说的必须在使用工具的现场里学习才能真正掌握工具的道理。不讲字、词、句、篇，不带着学生好好地读课文，把课文里的思想抽出来，用老师自己的话去讲，不行；不把课文作为一个整体，不启发学生好好地领略课文的思想内容，把课文里的字、词、句和谋篇布局的方法抽出来，用老师自己的话去讲，也不行。

教一篇文章，必须让学生透彻理解全篇思想内容，并且从中得到思想上的教益，知识上的启迪，感情上的陶冶，不这样是不对的。可是办法必须是带领着学生好好地读这篇文章，一字、一词、一句、一段的都读懂，把文章的安排组织都搞清楚，让文章的本身去教育学生；教一篇文章，必须让学生从中学到有用的字、词、句和布局谋篇的方法，从而丰富他的语言知识，提高他的语言技能，不这样是不对的，可是办法必须是指导学生充分理解文章的内容——明了文章所讲的知识或道理，体会文章表达的思想感情，在这过程中学到一些字、词、句、篇的运用。这样，十二册课本教完，大概能达到语文教学教学生掌握语文工具的目的，同时也收到了思想教育的效果。不这样，学生也是不答应的。如果每教一篇文章，总是只讲大道理，只说些抽象笼统的话，学生感觉不到他的读书作文能力有什么长进，听来听去他会腻烦，他会用"思想开小差"来表示异议；反之，如果老是孤立地讲字义，讲词义，讲成语，讲句子结构，学生感觉不到从文章里得到某些启发教育的享受，听来听去他也要厌倦，也会用"思想开小差"来表示拒绝。总之，注意了思想内容而忽视或者降低了语文工具本身的重要性，其结果非但完成不了教学生掌握语文工具的目的，更将"事与愿违"，连自己所重视的思想教育也会受到妨害；反之，把语言文字同文章的思想内容割裂开来，孤立地去搞字、词、句、篇，非但放弃了进行思想教育的很大的可能性，反而连自己所重视的掌握语文工具的目的也达不到，一句话：文道统一！

1963 年 10 月

中国现代著名语文教育人物　张志公

说"语文"

"语文"究竟是什么？

作为中、小学的一门功课，这个名称有它的来历。这里做一点简要的介绍和说明。

清朝末年废科举、兴"新学"之后，这门功课被叫作"国文"，教的是文言文，中学、小学都读文言，作文也写文言。五四运动发起了白话文学、白话文和国语（相当于现在说的普通话）运动。在这个运动的推动下，二十年代初，小学"国文"改称"国语"，侧重白话文，提倡教学内容要接近儿童的实际语言（尤其是在低年级）；中学仍称"国文"，读和写仍然侧重文言文，但是也加进去一些白话文。这种办法一直实行到解放前夕。在革命根据地，中学虽然也还读一些文言文，但是侧重白话文，作文主要写白话文；至于这门功课，仍旧沿用"国文"这个名称，直到解放。

一九四九年六月，全国大陆已经大部分解放，华北人民政府教育部教科书编审委员会着手研究在全国范围内使用的各种教材的问题。关于原来的"国语"和"国文"，经过研究，认为小学和中学都应当以学习白话文为主，中学逐渐加学一点文言文；至于作文，则一律写白话文。总之，在普通教育阶段，这门功课应当教学生在口头上和书面上掌握切近生活实际、切合日常应用的语言能力。根据这样的看法，按照叶圣陶先生的建议，不再用"国语""国文"两个名称，小学和中学一律称为"语文"。这就是这门功课叫作"语文"的来由。这个"语文"就是"语言"的意思，包括口头语言和书面语言，在口头谓之语，在书面谓之文，合起来称为"语文"。

过去的"国语"，给人一个印象，似乎只指口头语言；"国文"似乎只指书面语言，甚至只指文言文。把书面语言和口头语言截然分开，成为几乎全不相干的两回事。或者，教学里只管读文章、写文章，不管口头语言的训练，这都是封建社会长期留下来的极其严重的毛病，最不足取。用了"语文"这个名称，表明在这门功课里要向学生进行全面的语言训练，纠正了上述那些弊病，很有好处。

进行全面的语言训练，包括口头的和书面的。口头的包括听和说，书面的包括读和写。进行书面语言的训练，自然要掌握文字这个工具；要教学生读许多各式各样的文章，包括日常应用的以及哲学的、政治的、科学的，等等。要教学生读不少文学作品，一则因为好的文学作品运用语言比较好，便于进行语言训练，再则也因为受过普通教育的人应当懂得一点文学，而语文课之外，再没有别的课管这件事了。

所有的语言材料之中，口头上听和说的当中，书面上读和写的当中，都包含着一定的思想内容。因此，语言训练和思想教育的关系是很密切的。

由于上述种种，语文课应当包含哪些内容，这些内容应当怎样安排组织，教学应当采取怎样的步骤，怎样的方法，以至这门功课的整个任务和要求怎样规定，等等，都需要深入细致地加以研究。但是，所有这些问题、这些研究，都不影响"语文"这个名称的基本含义。抓住上边所说的任何一点，不及其余，为"语文"做出这样那样的解释，这些解释就总不免有点片面，徒然搞一些概念之争，使一个含义本来相当明确的名称含糊起来，因而是没有必要的，对于研究这门功课的实质性问题是没有多大帮助的。

1979 年 5 月

漫谈语文教学

——提高学生的语言程度

一个学生进入小学后不久就开始念文章，到高中毕业，一共要念十年，十一年甚至十二年。如果以每年念五十篇来算，一共可以念到五六百篇。这五六百篇文章自然包含着许多内容，学生受到的教育自然也不仅是在语文一个方面。文章里有思想，学生念了，不会不受到思想上的启发或教育；许多文章里有知识——历史的、地理的、自然科学的，等等，学生念了，必然同时吸取了那些知识；许多课文是文学作品，学生念了，无疑会受到文学艺术的感染和熏陶。就是说，语文教学对学生所起的教育作用是多方面的。因此，大家对语文教学的目的任务，有种种不同的看法，对这各种因素的相互关系有种种不同的理解。但是，无论对语文教学的目的任务和各种因素的相互关系持什么样的看法，有一点是大家都不能否认的，那就是语文教学必须教学生把语文学好，达到应有的程度，这是语文教学无可推卸的责任。这里就专就这一点来谈，不打算全面地讨论语文教学各方面的问题。

一个中学毕业生应该具备怎样的语文程度呢？我是这样理解的：中学毕业生，或将参加工作，或将进入高等学校学习专门知识，也就是说，他们是已经受完了普通教育的人。那么，他们掌握现代语文的程度就应该是：

1. 能读一般应用的书籍报刊，在语文方面没有障碍；只要书籍报刊中所涉及的思想内容或知识内容是他们所能理解的，就应该理解得完整，确切。

2. 能写一般应用的文章，在语文方面没有显著的毛病；只要对所写内容的认识是明确的、正确的，就应该能够清楚确切地表达出来，至少做到精通。

3. 知道有哪些基本的工具书，并且能够运用这些工具书，自己解决在读书、写作中发生的问题。

概括起来说，一个中学毕业生在语文方面应当是基本上通了，基本上够用了。这个要求是否太高了呢？我看不算太高，应该这样要求。今天的中学毕业生，是否具备了这样的程度呢？就我所接触到的一些情况来看，有些学得好的能达到上面的要求，有的甚至还能更高一些，比如能搞点文艺创作。但是还有不少达不到上面的要求。

如果确实还有为数不小的一部分学生的语文程度同我们的要求有不小的距离，那么，提高他们的语文程度显然是我们语文教学的迫切任务。有同志问："我们天天说要提高语文教学的质量，这质量到底表现在哪里？语文教学质量的高低，拿什么来衡量？"我想，是否可以这样说：语文教学质量的一个重要标志，或者说衡量语文教学质量的一个重要标准，就是能否有效地提高学生的实实在在地运用语文的能力。

明确语文教学的目标

语文教学中有种种"行话"，名堂很多。例如，从如何讲课的角度提出的，有讲解时代背景，介绍作者生平，分析主题思想，分析段落大意，分析人物形象，发掘语言因素，发掘思想性，扫除文字障碍，等等。提出这么多术语，有两个问题。一是容易使教师分散注意力，把精力过多的放在这上面，客观上起到冲淡语文教学真正目标的作用；二是有的术语提法不一定妥当，容易引起一些认识上的混乱。教师们兢兢业业地去钻这些概念，挤掉了研究课文、设计训练方法的时间和精力；课堂上，左一个环节，右一个环节，过多的知识和理论的讲述，代替了学生对课文本身的诵读、理解、揣摩、思考和语言文字的练习、运用。不是说所有那些名堂都该取消，时代背景等都不该讲，而是说要在明确语文教学根本目标的前提下来处理这些问题，才能处理得适当。有的说法还不大好懂。"发掘语言因素"，这话就不好懂。文章就是用语言表达思想感情，整篇文章都是语言，怎么还要发掘？既要发掘语言因素，于是，什么是语言因素，怎么发掘，种种问题都出来了。我不知道这说法是怎样提出来的。不过，我可以设想，原意大概是说，一篇文章在语言方面有好些应该讲、值得讲的地方，不要忽略过去。这显然是对的。可是，由于说得有点迂曲，大家又不从这个说法的用意着想，只在字面上绕圈子，就把一个很简单的道理闹得复杂、玄妙起来了。又如，"扫除文字障碍"，这个说法也值得考虑。"扫除文字障碍"，意思是说：文章里有生字难句，要讲一讲，因为生字难句好像前进路上的障碍物，要先扫掉。有生字难句，这对理解课文确实是一种障碍，单从这点考虑，这样提是有它的道理的。但是问题还有另一面。教学语文，除了让学生通过语言文字去理解课文内容而外，还要在理解课文之后再进一步去体会语言文字的运用，这才能使学生的语文能力有所提高。按"扫除文字障碍"的说法，那么，扫掉这些障碍之后再干什么呢？走向哪里去呢？去分析课文。显然，这是把讲解生字难句跟分析课文分割开来，成了两回事。照这些人的看法，讲生字难句并不是分析文章。所谓分析文章，指的是把文章丢在一边，由教师去发挥微言大义。我听过一次语文课，那位老师一连用了三课时分析一篇课文，由始至终，老师和学生都没有打开课本，更不要说念上一字一句了。这样对待语文教学恐怕是大成问题的。照我看，讲内容、讲写法，都离不开字、词、句。讲字解句，是教一篇文章的本分，不是什么"扫除障碍"。

总之一句话，切实提高学生的语文能力这个语文课的目标要十分明确，不要让许许多多的术语把它淹没，以致使教学事倍而功半。

反过来，明确了这个目标，各种提法怎么对待就有了尺度，就可以处理得比较妥当。

学好语文的三道关口

要语文基本上能通、够用，我觉得要过以下三个关。

1. 字关

"字"是学好汉语汉文的第一关。这是个大关。过不了这一关，提高语文程度很困难；过了这一关，提高就比较容易。

我们的汉字比较难学，数量大，得一个一个地去学，学一个算一个。要学多少个字才够用？一般估计，要五千来字。这个数字是有根据的。报社的排字房里，放在常用字架上的铅字，就有五六千个。当然其中不都是最常用的，最常用的大概三千多个。就说三千多个吧，一个个地去学、认、记，这已很不简单。每个字又往往有不止一种意义和用法。同一个字在不同的词里表示不同的意思，这种例子是举不胜举的。多而难，所以说字是一关。考察一下实际情况，凡是读书有困难、笔下文理不通的，十之八九是被这道关口拦住了——认得的字少，不够用；所认的字没弄清楚，不管用。另一方面，汉字有它的方便处。比如，一年十二个月，从一月一直到十二月，只要认识了一到十的数字，认识了"月"字，就能一个个的搭配上去，全都认识，而在西洋语文就不是这样，每个月有每个月的名称，十二个都是生字。又如，我们认识了个"张"字，就解决好些问题。姓张的张是它，纸张的张也是它，扩张的张还是它，等等。这也就是说，认识了几千个字，同时就解决了上万个词。所以，字这一关一旦过去，就会感到一通百通，左右逢源。古人对字的教育很重视，在这上面花很大力气，不是没有道理的。

要用很大力气来过字关是汉语汉字的特点在语文教学中的反映，这一关过不去，不行；过去了，就有很大好处。

这一关怎么过呢？对字的教学，积极的一面要加强，不能单独依靠消极的纠正。过去，我们在消极方面做得多，老是纠正错别字，消灭错别字。但是，光靠纠正和消灭是不行的。在小学里，只念过"刻苦学习"，没有学过"克"字，不会把"刻苦"错写成"克苦"。等到学了"克服"这个词，又没学好，就会把"刻苦"写成了"克苦"。因此，随着认识的字的增多，写错字的机会也越来越多。怎样才能消灭错别字呢？只有让学生实实在在地掌握住所学的每个字。错别字不是单纯的写字问题，而是字的教学、词的教学、语言教学不健全的反映。有个高中学生把"一知半解"写成"一知半截"，怎么会产生这样的别字呢？原因就是在第一次接触到"一知半解"这个成语时，囫囵吞枣，没有弄懂。可以设想，他对文章里包含这个成语的句子，乃至与此有关的思想内容也没懂。这岂止是一个字的写法问题？

在过字关这个问题上，文（言）白（话）是相通的。文言文如果能学好，对学现代语的字大有帮助。从文字的角度来看，文白古今，继承性特别显著。现代语的许多双音词，里边的字或多或少地保留着古义。如文言文中的"微"字有"精细幽深"的意思（《史记·屈原列传》："其文约，其辞微"），懂得了文言的"微"字，就能更确切地理解现代语中"微妙""精微"这些词。又如古文中"存"字有"安慰"的意思；懂了这一点，就很容易理解现代语还在使用的"温存"。现在的中学生念文言文，往往是整句地囫囵吞下去，对字的理解不够确切。例如，《醉翁亭记》，开头第一句是"环滁皆山也"，我叫一个学生解释这句的意思，他说："滁州周围都是山。"我问他哪一个字的意思是"周围"，为什么"环滁"就是"滁州周围"，他回答不出。我再三启发，他还是说不出"环绕着滁州都是山"。这说明他对"环"字没有理解好，这种情形对于过字关是不利的，应当改变。

要过字关，对于字就不能简单从事，囫囵吞枣。但是也决不能离开课文去讲字。只要课文里必须讲的讲了,就已经足够了;不然,多讲了学生也接受不了。

要尽早地引导学生学着用字典,使他们对字典发生兴趣,养成用字典的习惯。这对于过字关是十分重要的,于学习语文有重大的意义。

2. 句关

这里应该先说一下词汇。就掌握语言来说,词汇是非常重要的,一个人语言水平的高低,在很大程度上决定于掌握词汇的情况。目前许多中学生对词汇掌握得不够,不好,表现在阅读上是对词的理解不确切,表现在写作上是词不够用,用得不准确。在教学中,词处在字、句之间。前边说的过字关,离不开词的教学(不能丢下词去孤立地讲字);下边要说的过句关,也离不开词的教学(不能丢下词去抽象地讲句)。反过来说,讲一个词,一方面不能不讲构成这个词的字的读音、意义和写法,另一方面不能不讲这个词怎样用在句子里。换言之,解决词汇问题,一头要跟过字关统一起来,一头要跟过句关统一起来。因此,这里暂时不单独把词汇作为一关来讨论。

句子是个大关。很多学生读书的时候对句子的理解不清楚,作文的时候句子写不通。过句关,需要抓住重点。谈到句,自然就会联想到语法。事实上,就汉语而论,一个句子通不通,主要是逻辑思维的问题,是想的问题。平常作改病句练习,病句的病在什么地方?主要的病就在于没有想清楚。在一次测验中,有个学生写了这样的句子:"英雄的形象在我心中生根、开花、结果。"照语法讲,这是主谓搭配不当,其实,这是事理不合,主谓搭配不当是其后果,是思想没有搞清楚在语言文字上的表现。

过句关,首先要重视学生的思维条理,从语法方面来讲,主要得注意词的组织配合和虚词的运用。

前人好搞对对子,我们以前总以为那是为了学作诗。实际上,那正是在反反复复地训练字句的组织配合。比如,"红花"对"绿叶",这两个都是用形容词加名词组成的偏正结构。"水落"对"石出",是句子对句子。四个字以上的,可以连复句都包括进去。对对子,这里边的毛病很多,但是前人千百年来抓住这个办法不放,不是没有道理的。这里面还有逻辑训练的因素。"飞禽"对"走兽",两个都是由动词加名词组成的偏正结构,能对。但是,"飞禽"对"奔马"就不行,虽然"奔马"也是动词加名词的偏正结构,但在逻辑上概念的等级不同,对不起来。这里提一提这个古老的办法,并不是要提倡对对子,而是用这个来说明,抓组织配合是多少年来训练学生过句关的老传统，这一点对我们是有启发作用的。

过句关也应该更多地从积极方面着眼，加强训练，不能光是靠消极的改病句。讲课文时，不能让学生对文章里的句子囫囵吞枣，要让学生理解得透彻、确切，有点分析能力。

讲句子是否会妨碍讲课文？不会。只要不是讲得过于烦琐，不会妨碍讲课文，正相反，对学生理解课文是大有帮助的。例如，毛泽东同志的《改造我们的学习》这篇文章，第一段讲了学习马克思主义的经过，把取得的成就作了概括。第二段一开头说："但是我们还是有缺点的，而且还有很大的缺点。"从语法上来说，这是递进关系的句子。如果引导学生注意一下这个句子的结构，跟一般的陈述句（比如"但是我们还是有很大的缺点的"）比较比较，一定能帮助学生更好地理解这篇文章的主题思想。说这是讲句子，可以；说这是讲文章，也可以。

从课文出发讲句子，可以把语法、修辞、逻辑联系起来。鲁迅先生的《从百草园到三味书屋》里，有这样几句："……肥胖的黄蜂伏在菜花上，轻捷的叫天子忽然从草间直窜向云霄里去了。"有一位教师讲解这句时指出：黄蜂，用"肥胖"，来说它的样子，用"伏"来说它的动作；叫天子，用"轻捷"来说它的样子，用"窜"来说它的动作——这是形容词和动词的配合，这样配合非常好，把景象写得准确而生动。我认为这样讲解，比分析一大通百草园如何好，鲁迅先生如何喜爱百草园，甚至从这里再生发出一套大道理来，对学生会更有帮助。

3. 篇章关

中学生写文章，有时候意思很好，就是组织得不好，没有条理，没有很好地把思想表达出来。有时候又仿佛文思枯涩，干巴巴的几条筋，铺陈不开。谋篇布局，看来也是一道关口。

篇章，无非是思路的反映。思路，无非又是认识事物、思考问题的过程。因此，必须帮助学生会细致地观察事物，有条理地思考问题，决不能单纯从技巧方面来看篇章问题。

近来，接触了一些教学工作，感到有些教师在技巧上花的工夫太多。他们在初一就大讲方法技巧，而不从帮助学生很好地观察事物入手，不从思路上来引导。有位老师讲鲁迅先生的《一件小事》，着重讲文章中的"我"和洋车夫的对比，讲怎样突出人物形象。结果学生在作文中写了这样的事情：一群小学生周末去看电影，看到有个盲人要过马路，他们只觉得很好玩，并没想到怎样去帮助那个盲人。这时忽然有辆汽车疾驰而来,眼看要出事。在这紧急关头,幸好一位工人叔叔奔过去把那盲人搀扶了过来。小学生们感到很惭愧。他们"觉得工人叔叔的背影渐渐高大起来",他们"带着愉快的脚步来,却带着沉重的脚步走进电影院"。是不是真有这么一回事呢?经了解,事实并不如此,他们当时也感到很着急,并没有"觉得很好玩"。这个学生所以要这样写,说是为了要对比,使工人叔叔的形象突出。这件事除了告诉我们要注意对学生进行写作态度的教育而外,还充分说明,过早过多地讲技巧,没有什么好处。

过篇章关的有效办法是指导学生多读些好文章。讲这些文章的时候,要帮助学生了解作者是怎样观察事物的,是怎样思考问题的,是怎样展开自己的思路的。不要纠缠在写法上,更不要好高骛远,不适当的去讲文艺创作的技巧。

语文教学中的三个统一

要提高学生的语文程度,教学中很重要的一个原则是求统一。

1. 思想内容与语言文字统一。不要一会儿丢下思想内容去讲语言文字,一会儿又丢下文章去讲思想内容。要统一起来,把语言文字讲清楚,从而理解思想内容,懂得了思想内容,又去领会语言文字的运用。

2. 知识与训练统一。不要离开训练,空讲语法、修辞等知识;也不要排斥知识,杂乱无章地只管练习。知识要为训练服务,训练要运用有条理的知识,又去巩固所学的知识。知识和训练的目的不是两个,是一个——提高运用语言文字的技能。

3. 读与写统一。要提高写的能力,必须多读,熟读,精读。写,需要指导,需要练习,但是没有读做基础是不行的。讲一篇文章,指导学生好好地理解,好好地读,也正是在指导他学习写。不要把读和写看成不相干的两码事。

《岳阳楼记》里有"先天下之忧而忧,后天下之乐而乐"的句子。我要一个学生讲讲这句话的意思。他说:"这里表现了作者忧国忧民的思想和伟大的抱负,不是斤斤计较个人利害,而是时时关心国家的安危,百姓的疾苦,吃苦在前,享乐在后。但是,范仲淹是为封建统治阶级服务的,他的思想不能跟我们的为人民服务的思想相提并论……"等。我说,就只要讲讲这个句子的意思,先不必发挥这么多。他重说了一遍,还是讲了一大套,讲了一番大道理,无论如何也讲不出这个句子的意思来。"先"怎么用,"后"怎么用,两个"忧"字有什么不同,两个"乐"字有什么不同,全句该怎样用现代语表达出来,都说不出。学了篇文

章，只能讲大道理，不能确切地理解文义，怎么能真正领会文章的思想？这样，怎么能收到举一反三的效果，提高读书的能力？怎么能从读的文章中学到作文的方法？

总之，真正把文章弄懂了，既学了读书，也学了写作，又学了思想；否则，一样丢，样样丢，一无所得。不要看学生能讲一大套，他所说的，不是自己所理解的《岳阳楼记》的思想，而是背诵老师的思想。

要有效地提高学生的语文程度，就得严格要求。这就需要教师自己有本钱。所以，教师必须不断地提高自己。最重要的是工作要踏实。不要追求形式，只讲过场；不要纠缠在种种名堂的概念、定义里头，靠条条框框办事。我们要用学生的实实在在的语文程度，而不是别的什么，来检验自己的工作成绩。

1962 年 10 月

关于语言教育的几个问题

语言在人类的形成和人类社会发展的过程中所起的作用是十分巨大的。每个人的教育、成长也和他的语言能力的获得和发展有密切的关系。一个人生下来之后，当他刚刚有一点学习能力的时候，他上的第一课就是语言课——"牙牙学语"。任何一个做父母的，对下一代的教育，第一件事就是教幼儿学话，只是，这种教和学的活动都是自发的，不是自觉的。尽管每个人从一岁左右就开始学语言，并且一直不断地学下去，尽管每个成年男女，只要他生儿育女，就当上了语言教师，尽管这种教学活动在整个社会以至整个人类的进化中起着很大的作用，具有重大意义，可是人们没有意识到。教的没有意识到自己在教，学的没有意识到自己在学，彼此都没有意识到他们在干着十分重要的工作，倘若大家都放弃这项工作，社会将要停止前进，倘若这项工作做得不好，也将影响社会的前进。不仅没有意识到，人们反而把自己实际上十分重视、多年从事的这项工作看得很轻。一谈到语言教育，相当多的人认为这是不急之务，没有什么重要性，也没有什么值得研究探讨的问题。在我国，由于下面将谈到的历史原因，这种现象格外突出。因此，谈谈语言教育的意义和做好语言教育工作的途径这些问题，是很有必要的。

语言教育的意义

语言教育是综合性的教育。一个幼儿刚刚学说话，大人就不停地教。这在实际上既是教他语言，教给他知识，同时也在教他观察，教他思维。告诉他这个叫"桌子"，那个叫"椅子"，他学了这两个词，同时开始认识这两样东西，逐渐形成概念，尽管还是初级的，基本上属于感性的，比如，"桌子是放东西的"，"椅子是坐的"，等等。下雨了，对他说："不要出去，出去要淋湿，会生病的。"这在实际上既教给他这句话，又教给他一点生活知识，还包含着一点因果关系——"下雨"和"淋湿"，"淋湿"和"生病"。你会发现，小孩一旦知道了这些词，这些话，他会反复地说，他会反过来告诉你，这个叫"桌子"，那个叫"椅子"；下次再下雨，他也会照着以上的话说一遍。孩子们学语言、学知识的积极性很高，能力很强。平常，我们看见这些现象，只觉得孩子好玩，不去注意这种"好玩"里边包含的重要意义。

我在河南省参观过一个幼儿园的大班，这个班已经教识字。在教"水"字的时候，老师要小孩把有关水的话说说，小孩子一下说了很多，如"喝水""用水洗手"，等等。后来又说到"水龙头"，老师说："打开水龙头接过水以后，应该怎样呢？"小孩想了一下说："要把水龙头拧紧。"老师说："对了。不拧紧就要漏水，要浪费。"这位老师，既教了语言，也向儿童进行了思想教育。

我愿意就语言教育和思维训练的关系这个问题再谈几句。幼儿一会说话，我们总是首先教给他对人的称谓。学来学去，他不仅学会了这些称谓，同时也逐渐有了很初步地分类和概括的能力。两岁左右的幼儿一般都能区别开男的、女的、老人、大人、小孩。家里来了客人，如果是男的，有点白头发的，脸上有点皱纹的，他就会叫"爷爷"，女的叫"奶奶"；男孩子，叫"小哥哥"，女孩子，叫"小姐姐"；等等。看见一个穿绿军装的、有五星帽徽和红领章的人，他就会叫"解放军叔叔"。他的概念当然是初级的，只就表象形成的，然而两岁左右的幼儿，随着语言能力的发展，就具备了这样的分类、概括的能力，这一点很值得重视。还不仅如此，他很快就会运用逻辑推理这种思维形式。我有一个两岁半的小孙女和我住在一起。有一次他姑姑给她一块糖，逗着她玩，要她把糖给我。她很大方，真的把糖举到我脸前来。我说："爷爷不吃，你吃吧。"她说："爷爷是大人，不吃糖，爷爷长小了才吃。"说得全家人都笑了。分析一下，她的话包含着复杂的推理过程。首先，她运用了归纳推理。因为家里的糖都是给她吃的，别人不吃，由此，她得出结论：大人不吃糖，小孩才吃糖。又以这个结论作为大前提，进行演绎推理：大人不吃糖，爷爷是大人，所以爷爷不吃糖。她用的是省略形式的三段论。又因为我们常跟她说，你长大了如何如何，于是她就认为既能长大，当然也能长小，因此她说"爷爷长小了才吃",这里她用了类比推理。当然,她的推理有许多错误,但是,她会运用归纳、演绎、类比这些思维形式,却是事实。这些,也是在学语言的同时逐渐学会的。一提逻辑思维,我们往往认为很难,甚至错误地认为只有到年岁很大才能学会。事实不是这样。逻辑学的许多术语,也许比较抽象难懂;逻辑思维本身并不神秘。有意识地进行良好的语言教育,同时就在进行着思维训练,而思维能力的培养对一个人知识、能力的发展关系很大,这一点是值得重视的。

语言是交际工具。这种工具不同于生产工具。我们使用着的这个交际工具的本身,总是带着好些东西在里边的。因而在教语言、学语言的同时,也就教了、学了语言里所带着的那些东西。我们可以说,忽视了语言教育,不仅仅是忽视了语言本身,而实际上是忽视了许多东西,诸如知识的传授、思想的陶冶、思维的训练,等等。也正是由于语言的这种特性,一个人的语言能力如何,语言趣味如何,包括词汇是否丰富,说话有无条理,遣词用语是否平实、朴素、恰当、得体而又优美、动听,等等,往往成为一个人文化教养高低、思维能力强弱的标志。

语言还同现代科学技术有直接的关系。用语言操纵机器,人机对话,都已经不是科学幻想。一个记者或作家,拿着录音机,一边说一边就制成版印出来了。这些,都要求语言教育跟上去。语言、语言教育同现代化科学技术关系日益密切,可以说是现代化的组成部分了。

许多国家都对语言教育很重视。在那些国家里,当教师的要考试,首先就是考语言,要求教师能操合乎规范的标准的语言。欧美各国许多人信奉基督教。基督教的"圣经",过去是根据古拉丁文翻译成各国语言的,一般都译成一种半文不白的话,和现代的标准语不同。从60年代起,英国已经有了用现代规范化的英语重译的"圣经"了,牧师讲"圣经",要用规范化的标准语,如果不会讲,就放录音。请牧师在一旁站着。这都说明他们对语言的重视。为什么?因为语言跟现代化的科学技术有直接的关系。人机对话,机器不同于人,它不能听懂多种方言,它只能听一种规范化的标准语。推广普通话是十分重要的。在日常生活中,可以讲方言,可以演方言戏,但是,每个受现代教育的人,都必须学会说规范化的共同使用的语言,即普通话。这是必要的,也是能够做到的。诚然,方言不能用行政命令禁止,并将在相当长的时间里存在,但是,规范化的普通话必须推广,因为直接关系到四个现代化。我们不少人不重视语言和语言教育,正是文化科学落后在思想观念上的一种表现。

搞好语言教育必须解决的一些问题

首先，是提高人们对语言的性质、作用以及语言教育的意义的认识。前面说过，人们对语言教育的意义往往认识不足，这是有历史根源的。我们应当做一些宣传工作。诸如语言在人类生活中的作用，语言教育同四个现代化的关系，忽视语言教育会有什么后果等都要加以宣传。宣传要恰当，要符合实际，合乎科学。现在听到一些宣传，我觉得是不十分恰当的。比如说："不学好语文，就学不好数理化；学语文是为学习数理化服务的；有的学生语文水平低，看不懂数理化的习题，有的甚至闹出笑话。"这样的宣传就很不确切，不仅缺乏说服力，而且会导致一些错误的认识。一个学生看不懂数理化习题，有语文程度的问题，但重要的原因还是数理化没有学好。如果数理化本身学好了，看见一道题，里边有一两个词认不准，或者有个句子复杂些，搞不清楚，这并不会使他根本不懂这道题，或者错解了题意。粗知外语的科技人员有时候看点外文资料或者进口机器、药品等的说明，里边很有些生词、难句，但是他基本上看得懂，而且不会出错，因为所讲的内容是他所理解的，顺着上下文揣摩一下就明白了。并不是说语文和数理化没有关系。它们之间很有关系。只是，如果把它们的关系理解得这样狭隘，那就太浅了，对于语文教育和数理化教育都是不利的。

中小学是普通教育阶段，每门课都是打基础的。中小学学生不仅从语文课中学习语言，同样也从史地、数理化教学过程中学习语言。要说服务，是相互服务，不仅仅是语文课为其他课服务，其他课也为语文课服务。有些学生，说话不严密，谈科学问题说得不科学，推理论证不对头，这正是他自然科学的课程学得不好的反映。要说语文课有服务对象的话，那对象就是整个的文化科学教育，而不是某一段的某门课程。我们在宣传的时候，要把语言教育的意义、作用提到足够的高度，不要用那些过分狭隘的、似是而非的说法。这一点非常重要。

我们要看到，人们对语言教育的意义认识不足，也与语言教育的特点有关。小学以上的语言教育有这样一些特点：培养语言能力是一个加工提高的过程，不像其他课程，基本上是从不知到知、从不会到会的过程。进了小学的学生已经会说很多话，对他们进行语言教育是在他原有的语言基础上继续加工提高。到了小学高年级、中学，更是如此。因此，语言教育也是最不能立竿见影的。它不像数理化，学生原来不懂一元一次方程，上几课就懂了；原来不知道电解水，听老师讲讲，做一次实验，就会了，立竿见影。历史、地理也比语文见效快，一堂课有一堂的收获。

唯独语言教育不能立竿见影，因为提高加工，不是一两堂课、一两个月的事情，要有一个过程。上述这种情况使人们最不容易感到这门课的必要性，最不容易感到这门课的老师是不可缺少的。一个新学期开始，各科新教材发下来了，如果语文教材编得还不坏，能引起学生兴趣的话，学生们只消两三天就能从头看到尾，而数理化课本不行，老师不讲，学生就看不懂。

第二个要解决的问题是，必须积极改进语言教育的工作。各种课程都需要有完善的计划，良好的教学方法。由于上面谈到的语言教育的特点，语言教育尤其需要。而过去，在种种复杂因素的作用之下，恰恰是语言教育这一门，最缺少计划性，教学方法上的问题最多。应该加紧研究，迅速改变这种状况。从事语言教育的同志应当有这样的态度：问题虽然不是我们制造出来的，但是我们有责任、也有能力解决它。

改进语言教育工作，有两个历史原因造成的不良倾向需要矫正。一个是，两千年来，人们把注意力完全集中在书面上，忽视口头语言的训练。《汉书·艺文志》说"古者八岁入小学，故周官保氏掌养国子，教之六书，谓象形、象事、象意、象声、转注、假借，造字之本也。汉兴，萧何草律，亦著其法，曰，太史试学童，能讽书九千字以上，乃得为史，又以六体试之，课最者以为尚书、御史、史书、令史。史民书上正，字或不正，辄兴劾。"你看，从古以来，一进小学就把注意力放在书面上。汉朝有了选举考试的办法，也是笔试。到了封建社会后期，搞八股文，程式化，更不重视口语训练。这样做，有什么结果呢？

一个是"读书人"只会做文章，口语能力很低。考察一下元明以来的白话小说，语言水平一般不高，像《红楼梦》有那么高的语言成就的，真是凤毛麟角。《三国演义》《西游记》是文白夹杂，有很多不规范的东西。至于其他作品，语言更糟糕。有些作家的白话作品远不如他用文言写得好。口语一向被忽视，影响一直到今天。忽视口语训练，实际上也影响了书面语言的提高。另一个后果是把书面语言神秘化了。人们一坐下来，纸铺在桌子上，握笔在手，精神状态就不同了。比如有的同志写信，一开头就是"今天写信不为别事，只为……"。试问，我们有没有人到百货公司买把牙刷，一进门就对售货员说，"今天前来不为别事，只为买把牙刷"？生活中没有这种事，语言里没有说这样的东西，为什么要写出来呢？就因为纸一铺，笔一拿，似乎和说话就不是一码事了。这是由于近几百年间搞八股文，程式化，应用文，八行书等造成的。在这中间，咱们的汉字也起了些不好的作用。我在几个地方参观过幼儿园，平日也留意自己身边的和周围的幼儿、儿童的情况，多次发现小孩子在识字以前，思想活跃，语言活泼、丰富，一旦开始学习汉字，语言立刻就不那么活泼了，思想也受到束缚。这个问题很值得深入研究。不论汉字的前途如何，在可见的未来，汉字还将相当长时间的使用下去。既如此，我们必须让下一代很好地掌握汉字。应当比现在掌握得更好。目前，青少年对汉字的掌握，无论是认识、理解还是书写，太不能令人满意了。与此同时，还必须想方设法把学龄儿童从这个开头很难对付的汉字的紧箍咒中解脱出来。怎样做到既让儿童掌握好汉字，又不受它的束缚，这是一个值得花大气力从事的科研项目。除了忽视口头语言的训练，我国历来也不大注意有意识地进行逻辑的训练。先秦诸子的著作中，以及春秋三传的记载中，有很多熟练运用逻辑的例子，那一时期出现了不少善于辩论的思想家和外交人才。我甚至怀疑那时候可能比较重视口头语言的训练和逻辑训练，可惜没有文献资料，无从查考。从那以后，"读书人"似乎越来越多的在文章艺术上下功夫，对于逻辑、论辩越来越不注意了。

逻辑思维，最根本的问题在于概念。概念不清，必须导致判断不真实，推理不恰当。在语言里，词是最根本的东西。虽然词和概念不是一一对应的，但词和概念关系很密切。许多病句都是概念不清造成的，在语言里表现为用词不当。我们在语言教育中要十分重视词汇的教学，把词汇教学和关于概念这种思维形式的训练联系起来。这是最根本的。一个人如果词汇丰富，就是说，知道的词多而且掌握得好，他的语言能力就不会很差。汉语语法比较简单，说汉语语法难，是不符合事实的。汉语没有复杂的形态变化，这就去掉了一个大包袱。我国在《马氏文通》以前，有丰富的文字学、训诂学和音韵学著作，唯独没有语法学。外国的语法学的建立却早得很，在公元前三、四世纪就有了。他们不学语法不行。托尔斯泰若不把俄语形态变化记得烂熟，是写不出那几大厚本的著作的，而我们的曹雪芹没学语法，却写出了《红楼梦》。这并不是说汉语没有语法，也不是说搞文学的可以不要学语法，而是说，我们的语法不难。我们在语言教育中应当更重视词汇的教学，重视逻辑思维训练。有人用五百个常用词对一部分初中生进行测验，结果，能够正确地读出来、写出来的学生只占百分之四十一，最差的学生只得九分。从测验的结果看出，越是生活中常用的词，不会写的越多；相反，一些只见于书面的、词义不容易说清楚的词倒是能写出一些。这说明我们在词汇训练方面，在书面语言和口头语言关系的处理方面，是有问题的。另外，我看到不少地方给学生出的作文题，绝大部分属于抒情散文题，或者是诗题。要学生发一些不切实际的议论，抒写一些不真实的感情，用一些自己也弄不清楚的词语，这对训练学生概念清楚，判断准确，推理合乎逻辑，不起作用，甚至起相反的作用。这种倾向需要认真对待。有人说，写这种题目能够看出学生的文才，天知道那是什么样的"文才"！不重视逻辑思维训练，不重视培养切合日用的语言能力，搞一些空洞的抒情和议论，这有很深的历史原因。我们在研究改进语言教育时，要看到这些历史上造成的不良倾向，设法消除它今天对我们的影响。

改进语言教育必须从学前教育到小学、中学做通盘的考虑，全面的计划。现在，搞语言教育的（编教材的、搞教学的）都像交通警察一样，各管一段，不通声息。幼儿园、小学、中学各段，总的倾向是对学生水平估计偏低，教学中重复浪费现象严重。譬如幼儿园教汉语拼音，小学又教，初中再教，甚至大学的现代汉语课还要教。相当多的一些汉字，也是各个阶段都在重重复复教，基本上是简单重复，并没有逐步提高、加深。我在一个地方恰巧碰上，幼儿园大班、小学一年级、中学一年级都在教"扛"字，教法和要求没有什么区别。

从学前教育开始，到大学教育基础课，语言教育的内容，以及各个阶段应当达到的要求，要有通盘考虑。这是很重要的科研项目。为此，就要开展调查研究。比如天津市有两位同志在一个幼儿园里做了幼儿在口头上会说的词汇调查，统计数字如下：

一岁六个月至一岁九个月，会说五十一个词；

一岁九个月至两岁，一百三十九；

两岁至两岁三个月，二百四十三；

两岁三个月至两岁六个月，六百二十六；

两岁六个月至三岁，九百六十二；

三岁至三岁六个月，一千二百三十一。

这个统计数字告诉我们，幼儿词汇的增长是很快的。当然，各地幼儿情况会有不同。对中小城市的、农村的、平原的、山区的、沿海的、内地的、边疆的，要广泛、深入地调查，这样就可以逐渐找出一些规律性的东西。小学、初中、高中，都应当作调查。不仅是词汇统计，对掌握基本句式的能力，运用各种思维形式的能力，等等，也要作调查。做好调查工作，经过分析、研究，找出规律，语言教育讲求科学性就有了前提，就可望获得较好的效果。就是说，语言教育的研究要同教育科学的研究结合起来。最后，附带说一个问题，要提高学生的语言水平，重要的一条是实践。传统的经验如多读、多练，是可取的，但要加以改造，使之符合科学化的要求。语言教育只有采用科学的方法，才能提高效率，事半功倍。

现在，有这样一种倾向，即为了应付高考，以"实践"为名，以"多练"为名，教师布置大量的、不切实际的练习让学生做。因为去年高考没有命题作文，考了一些语文基本功的测验题，于是大家就拼命抓语文知识练习。有些练习题出得很好，学生做了会有收获；但是也有一些出得不好的，就会劳而无功，徒然增加学生的负担。我们的教学与考试都要服从教育方针。教学与考试之间的关系应该是怎么教就怎么考，而不能怎样考就怎样教。考试指挥教学，甚至花上半年到一年时间，做大量的练习应付考试，把正常的教学工作放在一边，这样做，即使一些学生考取了，基础也是不牢靠的，何况还不一定能考取。教学跟着考试后面转，这跟封建科举考试时代差别不大。去年没考作文，今年考不考？有些人在猜，有说不会考的，也有说可能考的，说可能考的人，据说是从朱德熙先生的一篇文章中揣摩出来的。这跟科举时代大比之年打听哪位"大人"当"学台"很相像。那时候应试的人都是根据"学台大人"的爱好去猜题目作文章的。时代不同了，今天我们不能这样做了，考试是为了选拔人才，同时对教学工作也是个检查、督促，看看我们教学的效果怎样，从而有针对性地解决一些问题。如果让考试指挥教学，并产生一些猜题、押宝之类的不正之风，那就很不好了。

1979 年 4 月

再谈语文课的几个问题

今天再就语文这门功课谈几个问题，向同志们请教。

首先是语文基本技能和基本知识的范围、内容和规格应当有明确规定的问题。

大家一致认为，语文课要有效率地提高学生的语文能力，包括口头的，特别是说话的能力，和书面的，也就是阅读和写作能力。过去由于种种原因，这方面的训练，效率不高，效果不尽令人满意。我们同意这些看法。不过只是说提高学生的语文能力，或者说提高学生的读写能力，还嫌笼统空泛一点。教育部制订的《全日制十年制学校中学语文教学大纲》（试行草案），既然是个大纲，在许多方面就只能提出些概括的原则性的意见，不可能规定得很细。但是在教学工作中，对于培养语文能力就要考虑得细致、具体，并且一段一段的时间、一个一个的项目都要有明确的标准、严格的要求。

培养和提高语文能力首先是一种技能训练。凡属技能训练，都要有一定的规格，明确的标准和要求。比如体育运动，各种基本训练项目就有明确标准。《国家体育锻炼标准》中规定，跑一百米，少年一组（13—15岁）男生要求15秒，女生17秒4，少年二组（16—17岁）男生要求14秒4，女生16秒8，等等。工业方面，国家有统一规定的各级技术工人"应知应会"的工艺项目；一个厂里生产的某种机器的某种零件，误差率必须在多少以下才算合格，上差、下差各有限度。语文训练也应当有规格，有标准。小学低年级、小学高年级、初中、高中几个不同阶段，语音、文字、词汇、说话、读书、作文等几个方面，都应当分别有明确的规定。

  为了做出这些规定，并且每项规定都有比较科学的根据，需要赶紧做一些研究工作。比如文字，过去有个三千五百字的常用字表。由于语言文字的发展，由于简化汉字的推行，那个表不准确了，应当重新统计。统计得比较准确了，比如有三千二，或者二千八，然后就需要排排队，幼儿园大班能不能识一些，小学一年级上学期、下学期，二年级，识多少，识哪些，识了这些常用字之后，还要补充哪些，初中毕业、高中毕业总共要识多少，识哪些，才算合格，都定出一个谱，在这个方面，就有了规格，有了标准了。词汇，似乎还没有一份适应教学用的现代汉语常用词表，要赶紧搞这么一个表出来。可以运用电子技术来做，如果汉字编码问题解决了，能够很快做出来，用不了太多的时间。有了这么个表，教学也就有一个基本依据了。之后，还要根据难易，根据需要，排好次序和进度，定出各个学习阶段掌握这些字和词的深度和熟练度。例如"度"这个字，可以单独用在"二十五度、三十度"这些词组里，可以用在"温度""高度"这些词里，可以用在"程度""制度""适度"这些词里，可以用在"度过"之类的词里，可以用在"度量""气度"之类的词里，可以用在"置之度外"这样的成语里。这些，能够在学生第一次遇到"度"字的时候一股脑儿教给学生，一股脑儿要求"掌握"，要求熟练运用吗？反之，能够心中无数，初一、初二、初中毕业、高中毕业，学生对这个字掌握到哪一步，听之任之，会多少算多少吗？恐怕都不行。这两种办法（或者说态度），都是不科学的。以上仅仅是一个小例子。造句、成篇、叙事、说理，都应当一学期有一学期的要求，一年有一年的要求，小学毕业、初中毕业、高中毕业有明确的规格。代数，某年某学期要学会分解因式，要分解得对，还要分解得快，要熟练到一看就分解出来，用不着再画图配合，那么语文就不可能定一定，某年某学期要把某种句子练熟，开口说不错，下笔写不错吗？我们认为定一定是必要的，也是可能的。

  为了培养、提高语文技能，需要教一些有关的知识，比如语音知识、语法知识等。究竟教哪些、教多少、教到什么程度，也就是知识的范围、分量、深度都要清楚。哪些是属于基础知识，必须在普通教育阶段教给学生的，哪些技能可以让学生仅知其然，不一定知其所以然的，从小学到高中也要有个安排。

我们常说，为了适应四个现代化的要求，语文教学除了吸取多读多练的传统经验之外，还要力求科学化。一个好教练训练运动员是有严格的训练计划的，计划的安排是很科学的，否则就要影响运动员出成绩。语文训练也应当有并且可以有科学的方法。学习不是要循序渐进吗？那么，就需要有一个明确的、合乎科学的序，教和学才能有所遵循。循着这个序，一步一步、踏踏实实地教下去，学下去，才可能有好的效果。当然，语文课的序，不一定和数学、物理、化学课或者历史、地理课的序一模一样。但是，总得有个序，这个序总得是说得出科学道理的，明白可行的，依次做下去能够收到实效的，因而也就应当是严格的。要力求做到每上一节课都让学生有所得，每一周都有个明确的目标；要教些什么知识，训练学生掌握什么技能，达到什么程度，心中有数。这样，就不会再出现这样的怪现象，学生因事因病缺了几个星期语文课，一点都不着急，也不用补课，而数理化缺了课就非补不行；或者，问语文学得好的同学的学习经验，回答往往是靠了课外阅读，而不是受益于语文课。

就语文基本技能和基本知识的范围、内容和规格要求做出一套完整的、妥善的规定，不是一件容易事，并且如上所说，条件还不完全具备。然而，也并不是完全没有条件，并且，任何工作，都不能等到"万事俱备，只欠东风"的时候才动手，相反，工作条件往往都是在实践中逐步完善起来的。这里，我想到几点，不知对不对、行不行，姑且说说，供参考。第一，可以先由一个地区甚至一个学校参照教学大纲的规定和新编教材提供的粗线条的轮廓，分别拟定细目，试行起来，边做边改，边充实，到一定的时候，各地各校一起来交流、总结，得出共同一致的方案，在更大的范围以至在全国推行。第二，不要把技能和知识混淆起来，要分别规定清楚；要以技能为主，知识密切配合培养技能的需要，要少，要精，要切实有用；规定不要陷于烦琐，但是要尽可能具体，让人摸得着，抓得住，不要含含糊糊、笼笼统统的。第三，可以先着重考虑现代语的，目标是提早一些达到完全过关；至于文言技能和知识，缓一步再说。第四，技能，包括掌握语音和普通话，掌握文字和词汇，掌握基本的造句能力和成段成篇的能力，叙事、说理的能力（成句、成段、成篇，叙事、说理，都包括口头的和书面的；叙事、说理都包括局部的、片断的和整篇的，包括模仿的，有依据的，如复述、改写等和创造性的）；有的要有数量的规

定,例如文字、词汇、阅读量;有的要有程度和速度的规定,例如读和写;各种技能都要有熟练度和准确度的规定。第五,要从幼儿园的语言训练考虑起,一直考虑到高中毕业为止,做全面的安排,不要一段管一段,井水不犯河水,各自为政,互不相谋。大体上可以分幼儿园早期,幼儿园后期(能不能识点字?),小学前期(前三年),小学后期(后两年),初中,高中六段,每段之中再按年、按学期以至按月、按周来分别规定。

下面,想就读写训练和政治思想教育的关系谈点想法,向大家请教,跟大家商量。一个人从儿童到少年、青年时期,在他成长的过程中,要不要进行道德、品质、理想、情操,趣味、风格这一类的教育呢?我相信,大家一定会同意进行这种教育,培养我们的青少年具有共产主义的道德品质,远大、崇高的理想,使学生具有优美的内心精神世界,具有无私无畏、愿为共产主义奋斗终生、牺牲小我,并且以此为荣、以此为乐的人生观,这是教育工作者义不容辞的责任。而今天,在"四人帮"对青少年的毒害既深且重的时候,这个问题不是更为突出一些吗?那么,可能不可能由某一门课来着重地考虑一下这方面的教育问题呢?诚然,这种教育不是一门课程能够单独完成的。然而,不仅是这种教育,任何一种教育都不是任何一门课程能够单独完成的。就拿培养语文能力来说,难道语文课就能"包打天下"吗?实际上,各门课,以至于课外读报,听广播,看小说,等等,都在向学生进行着语文训练。但是毕竟语文课要着重地有计划地进行语文训练,并把这件事定为任务。历史知识和地理知识,涉及上下几千年,纵横几万里,历史课和地理课那么几十个课时能"包打天下"吗?不能。事实上,学生平时看小说、看电影、看戏,参观展览会、博物馆、博览会,看画展,听音乐,等等,都会增长许多历史知识和地理知识,以致形成某些观点。但是我们毕竟不能不要求历史课和地理课着重地有计划地进行这方面的训练。那么,在学前教育和普通教育阶段,哪门课进行道德、品质、思想、情操、趣味、风格的教育更合适、更有力呢?不要说数学、物理、化学,就是用政治课来同语文课比较一下,哪一门的条件更优越一些呢?

古今中外,就我们所知道的,由于读了类乎语文课这类内容的东西,而产生某种思想,陶冶了某种情操,以至参加了革命性活动的,颇不少见。英国女作家伏尼契的小说《牛虻》对许多革命者起了鼓舞作用,它曾对《钢铁是怎样炼成的》作者奥斯特洛夫斯基产生了很大的影响,我国的青年读者也十分喜爱牛虻这个爱国志士的英雄形象,从牛虻身上学习到了有益的东西。杨沫的长篇小说《青春之歌》介绍到日本后，产生了很大影响，一些和林道静处境相近的青年，从林道静的思想发展中受到启发，走上了革命道路。这样的例子不难举出一大本。我们老一辈的革命家中不少人都可以从他们年轻时候读的好文章、好作品中找到引导他们走上革命道路的因素。

如果进行上述那些教育确是必要的，如果语文课在这个方面的能力确是大于别的一切功课的，那么，在语文课里是有意识的、有适当计划的做一些考虑和安排好呢，还是不这样考虑，听其自然，碰上什么算什么好呢？我个人倾向于前者。那么，这是不是语文课的外加的差事呢？会不会影响语文训练、削弱语文训练呢？我觉得不是，不会。这一点，留在下边，和就要谈的另两个问题合起来谈。

和上一个问题密切联系的，是在语文课中究竟应该怎样对待文学教育的问题。文学是意识形态领域里很重要的一个部门。在讨论语文教学时，常常说到，语文课的教材要选典范文章，要选"名家名篇"，其中包括了比例很大的优秀文学作品，而同时又提出，"语文课不能教成文学课"。怎样理解、对待这个问题呢？我觉得，要做实事求是的分析，要谈得更具体一些。语文课要搞语言训练，而文学作品是"语言的艺术"。优秀文学作品的语言是丰富的，运用得一般是比较精到的，像曹雪芹的《红楼梦》，像鲁迅的作品，像朱自清、叶圣陶、老舍、曹禺、巴金、赵树理的一些作品，还有许多其他作家的作品，在运用语言方面，都足以作为学习的楷模。但我们让学生学习这些并不是为了使他们成为文学家。正确地学习优秀的文学作品，受益是多方面的，包括一般日常运用语言的能力。不是有好些在语文方面有成就的人（其中也有不少科学家）都宣称他们的语文能力是得之于年轻时课外自己读了好些书吗？请问，是些什么书呢？在老一辈人中，所读的不就是"红楼""三国"之类吗？中年人除了那些古典作品之外，不就是三十年代、四十年代那些作家们的创作和翻译作品吗？在学习语言的同时，学习文学作品对前边提到的培养青少年的道德、品质、理想、情操、趣味、风格，影响很大。它通过形象的感染，使学生潜移默化的受到思想感情的陶冶。这种力量之大，是人所共知的，不待多说。

至于说，受过普通中等教育的青年，应该具备必要的文学常识，似乎也不能全然置之不顾吧。他们应该具有最基本的（或者说最起码的）文艺理论知识，具有一般的艺术鉴赏力。大概可以说，任何一个人一生都和文学脱离不了关系。他总是要看点小说，看点电影、看点戏的，至少要听听故事、传说吧！这就需要从小教他能够欣赏好的，受到教育；能够批评坏的，不受其影响。他们对于祖国的

和世界的丰富的文学宝库,也不应当一无所知或者所知太少吧。前几年,由于"四人帮"对文化教育的破坏,有些青少年在这方面相当无知。虽然年年端午节吃粽子,可是当上映电影《屈原》的时候,不少青少年不知道屈原是人名还是地名,那就更谈不上对屈原的作品有什么了解了。高考中出的类似的笑话更多。这样的教训还不够沉痛吗?

文学作品既是学习语言的好材料,又是进行上述那些教育的好材料。正因为如此,古今中外,各个阶级没有例外的都用相当多的文学作品向下一代进行教育,有的并且是以此为主。我们是不是需要有意识地、比较有计划的做些考虑和安排,运用文学作品来进行语文课所应当进行的各方面的教育呢?还是只需盲目地随便抓一点来,碰上什么算什么呢?我个人倾向于前者。

在语文课里教文学作品,不应当把课文抛在一边,不论是一首二十个字的五言绝句还是一篇三千字的翻译小说,由教师大讲抽象的理论知识,什么时代背景,作者生平,主题思想,段落结构,人物形象,写作技巧,等等,这的确应当反对。然而,不应当因此否定文学教育的重要性。培养语言能力同样不能靠老师大讲特讲语文知识。教法不对头和应当不应当教,是两个问题,不能混为一谈,此其一。其次是,我们说文学教育应当重视,应当有意识地考虑,有计划地适当安排,并不意味着语文课里只要教文学作品。这又是两码事,不能混为一谈。

再一个是关于思维训练的问题。

培养学生具有逻辑思维能力,对于他们学好各门课程,向四个现代化进军,关系极为密切。可以想见,一个人思维缺乏条理,思路混乱,怎么能学好各门功课,进而研究各门科学呢?培养逻辑思维能力,同样是各门课程共同担负的任务。比如数学课,算一道题,常常是由已知求未知,常常用到演绎的推理方法。生物课的形态学部分要讲生物的分类,各类的定义,这对于进行概念的等级、分类、定义等训练,很有帮助。其他各门课程,都对于思维训练在某一方面有或多或少的作用。在语文课里,要进行组词成句、连句成段、布局谋篇的训练,进行各种文体的写作训练,进行口头表达的各种训练,在这种种训练的过程中,实际上是从概念到判断、推理、论证,到逻辑思维的基本规律(同一律、矛盾律、排中律)进行了很全面的逻辑思维训练,可以说,比任何其他课程都更全面些。如果我们说,全部语文训练和全面的思维训练是同时并进地进行着,相辅相成,相互为用,大概这个话不为过甚。而思维能力的高低对于一个人学习任何文化知识、科学技术,做任何工作,都具有很大的作用,这一点是不言自明的。

语文课既然是最能全面地进行思维训练的,而思维能力是至关重要的,那么,在语文课里要不要有意识的、比较有计划地加以考虑和安排呢,特别是在我们的中学里并不开设逻辑课的情况下,我个人的倾向性的答案是肯定的。

又是语言训练,又是道德品质等的教育,又是文学教育,又是思维训练,语文课的负担不是太重了吗?在"语文"这个专职之外不是加给它的"兼差"太多了吗?我认为不是这样。这几个方面是密不可分的,谁都离不开谁的,都是语文课要干的事,不论你主观上怎么认识,客观上它都在干着,因而,没有哪一样是外加的,统统是它本身固有的。既如此,与其无意识、无计划地干,就不如有意识、有计划地干。认为语文这门课只有一项专职,不过它这个职务繁重些,头绪多些,也行;认为它是"能者多劳",专职之外还有几项兼差,也行。总之,几件事它都得干,干了甲有益于乙、丙,干了丙有益于甲、乙。

从上边提的几个问题可以看到,语文这门课的内容相当复杂,大概比别的课都要复杂些。这里又产生了一个问题:语文教材到底应当怎样编法?这个问题里包含一串具体问题。

语文教材的主要部分当然是读物。学生要提高语文水平,除了口头训练之外,主要就靠阅读各种读物,从中吸收养分,不断纯化自己的语言,增强自己对语言的敏感性,提高鉴别语言的能力,进而把吸收到的东西化为自己的,充实、提高了自己运用语言的能力。进行语言教育是离不开读物的。读物有各种各类:古今中外的;文学的和非文学的;非文学读物中又有社会科学的,自然科学的;等等。教材中究竟要哪些,不要哪些?各类读物选用的比例如何?

教材的数量应当怎么规定?太少了当然不行。少就起不到从中吸取营养、纯化语言、提高能力的作用。培养语言能力是一个过程。很多东西需要多次反复才能充分、熟练地掌握。这就要求有一定的量。进了小学的儿童,他们入学前就掌握了口头语言的最基本的东西,具备了一定的知识,有了一定的思维能力,小学低年级就可以识不少字,程度好的小学高年级学生,就能读大厚本的白话小说,到了中学阶段,除了一些内容高深的读物之外,普通的读物,一般的文学作品,都应该能够看得懂了。从这个实际情况看,教材也可以多一些,少了不管用,多一些有可能。过去,在相当长的时间内,我们的"国文"、语文教材的量是偏少的,甚至是过少的。我们语文教材的本子几乎是世界上最薄的,比几个主要国家的同类教材都少得多。这和若干年前

教材主要是文言文,因而不可能多搞,只能少少地念一点有没有关系?恐怕是很有关系的。把那个传统沿袭下来,教材编得少就成为一种习惯势力,视为当然了。每个学年开始,学生拿到一本新的数学课本,他自己是很难读得下去的。可是拿到新的语文课本,如果编得还不太坏的话,学生用不了几天就看完了,完全看不懂的,等着老师讲的地方有一点(主要是文言文里),但是不多。这种事实不是教师同志们都知道的吗?当然,过多也不行。那么,多少分量是适度的呢?

教材中除了读物以外,还要有些讲语文知识的材料。知识和读物二者要结合,关系要处理好。它们都是教材的组成部分,搞得全然无关,当然不行。但是要求它们密切无间地融为一体,显然又有困难,知识有它的系统,读物有它的安排,互相迁就的结果往往是互相干扰,这个问题怎么把它解决好呢?

还有读和写的问题。是要求写什么,教材里就编什么,也就是都(或者主要)编一些"葫芦"文章,以便于学生可以比着"画瓢"呢?还是读的文章可以深,当时只能欣赏欣赏,或只能局部的学一点什么,等着读多了,长大了慢慢去消化?还是有深有浅,既有"葫芦"文章,又有主要是读还不易模仿的好文章?或是读和写各搞各的,不去互相迁就?

由于教材中存在上述这些以及还没说到的一些问题,我们想到语文教材的分合问题。教材内容十分丰富,几方面的内容有着错综复杂的关系,那么,语文教材究竟是像现在这样把这许多内容都合在一本里好,还是可以适当地分一分?如果分,要研究怎样分法。比如,分为阅读教材和语文训练两个本子,阅读教材选得多些,涉及的面广些,程度深些,并且有必要地阅读指导,教以自学的方法,等等;语文训练教材主要提供经过系统安排的各种练习,从最基本的一直到要求比较高的写作练习,选上点"葫芦"文章,提供点必要的语文知识和写作知识指导,这样行吗?要很好地研究怎么分才能比较科学,不烦琐,不加重教和学的负担,而能收到更好更快的效果。分开后的教材,应该做到既有分工,互不干扰,互不扯腿,而又能互相配合,不是互不相谋。如果不分,那就要研究怎样能把各种内容熔为一炉,把上述的几种关系处理好;还要避免头绪繁多,哪一头也没顾上的毛病。

解决上述教材方面的问题,要通过大量的调查和充分的科学研究,要能提出言之成理的设想,认真地进行试验,并根据试验的结果,总结、研究、改进,形成方案。是不是有的地方、有的学校愿意有领导地慎重地做做这类试验呢?教材一定要进一步改革,当然不能急躁从事,也不宜迟迟不前。

最后，谈谈语文课值得注意的两个特点。

语文课不同于别的课，学生不是从全然不知到知，从全然不会到会，而是原来就会的。不像数学课，比如，原来不知道什么叫"开方"，当然也不会开方，上了几课，就知道了，会了。语文不是这样。拿初中一年级的孩子来说，听话、说话、读书、作文，他原来都会的。上语文课，是个在学生原有的语文知识、技能的基础上进一步充实、加工、提高的过程，这是第一点。其次，影响学生语言能力的因素十分复杂。从妈妈的语言、哥哥姐姐的语言，直到学校里各门功课，社会上无穷无尽地运用语言文字的场合，都在对青少年的语言能力施加着巨大的影响。语文课在培养学生语言能力上，既是责无旁贷的，而有时候又仿佛无能为力。

由于这两个特点，语文课的教法应该比别的课要求更高。上面提到，语文课可以长时间不听而不用补课，语文学得好的都说不是受益于语文课。如果听任这种现象存在下去，那么语文课岂不是可以取消了吗？（有的人确实这样说过——除了小学低年级的语文课要教识字，不得不保留之外，小学高年级以上的语文课用处不大，可以取消。真是慨乎言之！）不少语文老师慨叹，很多学生不重视语文课。这是事实。不重视的原因不止一端，有的不是我们自己解决得了的。这也是事实。但是，我们从事语文教育的人来说，首先应当考虑的是咱们自己的工作。如果咱们能让学生每上一课都感到有所得，每一周、每一月、每一学期，他们都能看到自己的进步，也就是说，他们感到这门课于他们确实有用，他们就会重视了，就会有兴趣，愿意上这门课了。否则，光对他们说语文课多么多么重要，恐怕效果是不大的。我们都说高考是"指挥棒"。高考，不论考文、考理、考工、考农、考体音美等各种专业，统统要考语文，这个"指挥棒"还不够厉害吗？为什么他们还有些人不重视呢？这是很值得咱们想一想的。其次，咱们教语文的老师还得想出办法来帮助学生从他们周围那多种因素中吸收好的影响，排除不好的影响。这也是一桩十分吃力的工作。

要针对存在的问题研究教学方法。教学法要作为教育科研的专门题目来探讨。现在大家谈到老师在课堂上讲得太多。这确是个毛病。但教学法绝不仅仅是老师在课堂上讲多讲少的问题。这里面有教育学、心理学的诸多因素，都需要研究。要提高语文教学效率，教学法的改革必须引起我们的充分注意。此外，老师自己的基本功问题，也是十分重要的。身教重于言教。教学法问题要专题研究，这里只是提一下，不多说了。

1978 年 10 月

第二节 语文课程教学内容

品读提示

在语文课程教学内容方面，本节选择了《关于改革语文课、语文教材、语文教学的一些初步设想》《有关语文教学研究的几个问题》《语文训练问题需要加紧研究》《要重视接受和表达的训练》《怎样对待语文知识》等五篇文章。在《关于改革语文课、语文教材、语文教学的一些初步设想》一文中，张志公提出了需要再认识传统语文教学，指出了传统语文教学的四大弊端，即脱离语言实际、脱离应用实际、忽视文学教育、忽视知识教育。在此基础上，张志公在以下五个方面提出了一个初步设想的粗线条的轮廓，即：（1）要统筹规划；（2）关于幼儿语言训练；（3）"分进合击"的小学语文教学实验方案及其他；（4）从初中起，增设"文学"课；（5）按照知识与实践的合理关系组织语文课。语文教学涉及多方面的问题，张志公在《有关语文教学研究的几个问题》中就关于过去、现在和未来，关于知识和技能，关于理论和实践，关于智力发展与学习成绩等四个问题阐述了自己的观点。并进一步认为在我们今天已有的可喜的基础上，研究语文教学的改进问题需要深入一步，提高一步。语文训练一直是张志公关注的一个重要问题，张志公在《语文训练问题需要加紧研究》一文中认为识字训练、逻辑修辞语法训练是语文训练的重要内容，在生活中，人们自然而然地学会说话，学会写字，进而学会读书，学会写文章。但是学语文学文字，都有规律可循，弄清楚这些规律，有意识地、恰当地运用于语文训练，可以大大地提高训练的效率，因此很需要把语文训练作为一个科学问题加以研究。语文训练该如何开展？又该训练什么内容呢？张志公在《要重视接受和表达的训练》一文中认为我们平时教学中常说的听、说、读、写这四种训练，其中说和写就属于表达一方面，听和读则属于接受一方面。进行语文训练，就应该把听、说、读、写都包括进去，听、说、读、写四项各有其特点和规律，不能相互代替；四种能力又是相互依存、相互制约、相互促进的，不可割裂开来，有所偏废，顾此失彼。处理好四者的关系，是语文教学必须解决的一个重要问题。长期以来，语文教学中的知识一直模糊不清，张志公在《怎样对待语文知识》一文中批评语文教学忽视知识教学，并大声疾呼要加紧研究有关说话、读书、写文章的科学的知识系统，科学地把教学这些知识和指导运用这些知识与听、说、读、写的实践活动组织起来。他认为由于对语法知识的忽略，长期将语法知识看成是不可捉摸之事，在教学中只可意会而不可言传，由于老师不讲知识，甚至反对讲知识，语文教学始终处于一种自发的而非自觉的、凭朦胧的感觉和经验办事的状态，仅仅靠学生自己去体会、摸索，很难形成一套完整的知识系统，这样就不能够真正有理、有据、有规律地培养学生的读写能力。因此张志公主张知识先导就是要把汉字、语音、词汇、词法、句法、篇章、修辞等语文知识与语文教学实践结合起来，在实践中结合语文知识培养学生的语文能力。

关于改革语文课、语文教材、语文教学的一些初步设想

上

从1977年起，在搁置了十来年之后重新接触了语文教学问题。六七年以来，在社会主义现代化建设新形势的鼓舞之下，在全国范围内空前高涨的学术研究空气的推动之下，我重新回顾了语文教学的过去，也回顾了自己以往研究这个问题走过的路程，深深感到，自己的认识需要前进，不能停留在十几二十年前的境地止步不动。逐渐，对于语文这门课程，对于语文教材，对于语文课的教学，产生了一些想法。思路大致是这样的：经过大家的努力，语文教学很有些改进，但是无可讳言，仍旧有不小的问题存在，普通教育阶段仍旧没能把学生的语文能力培养到应有的水平。这是什么道理呢？语文教学这件事为什么这么难呢？于是重新回顾传统的语文教学，重新认识它的得失利弊。拿近几十年来的语文教学和传统的做法进行比较，看看现代的语文教学从传统那里继承了些什么，对它改革了些什么，在原有的基础上开创了些什么，还遗留下一些什么重要问题没解决，不断发展的形势又提出了一些什么新的有待解决的问题。这样，对于当前语文教学的成效不够理想的症结所在似乎看得清楚一些了，在这样的基础上，逐渐形成了怎样从根本上、较大幅度地改革语文教学的构想。构想的基本点是：语文教学要面对当前的和今后的社会需要；既要继承传统的好经验，更要清醒地看到并且坚定勇敢地革除传统遗留下来的重大积弊；要使语文教学朝着科学化、高效率的方向前进，成为培养新的建设人才的基础工程的重要组成部分。构想涉及这门学科的课程设置、教材和教学几个方面。当然，构想无疑还是很初步的、粗糙的。这里就顺着前边说的思路，先着重谈一谈认识，然后提出那个不成熟的、粗线条的构

想，作为引玉之砖抛出来，和大家共相探讨。

一、对传统语文教学的再认识

1. 为什么需要再认识

50年代末到60年代初，我用了点功夫探索了一下传统的语文教学，写成一本小书《传统语文教育初探（附蒙学书目稿）》。那次，主要做了两件事：一是把传统语文教学的有关资料广为收集，进行了初步的整理，作为研究这个问题的基础，编写成那个《书目稿》。尽管还是个"稿"，并且是作为那本书的附录的，我个人并不看轻它。要研究问题就必须先在资料方面下点功夫，既是为自己研究的需要，也可为别人研究服务。二是从传统语文教学的做法中探求到几点经验。首先是关于汉字的教学，包括集中识字教学的做法和写字教学的做法。其次是关于阅读训练和作文训练的一些做法。随后又写了一些文章发挥探索之所得，例如在《漫谈语文教学》中提出学好语文要"过三关"（"字关""句关""篇章关"）的说法，就是从传统经验中来的。那次探索形成了我自己对传统的认识，并且由于写了书、写了文章，在多处讲过，也就和社会上研究传统之风多少起了一些配合作用。例如，集中识字教学实验的开展；有些学校在作文教学中运用《初探》介绍的宋人谢枋得提出的所谓"大胆文""小心文"的观念；《初探》着力介绍的欧阳修、朱熹、程端礼、唐彪、王筠诸人的教学语文的观点引起一些同志的兴趣和重视，以致出现了集中介绍前人对教学语文的论述的书，等等，就是几件比较明显的事实。

我至今认为，对传统经验进行整理、总结、分析、介绍，这项工作是应当做的。前次的探索，还是很初步的，今后需要继续做，已经拟定了一个计划，准备对《初探》进行较大幅度的修订和补充。

但是，近几年逐渐感觉到两个问题。第一，前次的探索有个明白的意图，就是向传统寻求经验、讨办法。因此，对于传统做法的消极影响这一面，注意很不够。曾经提到传统的语文教学忽视口头语言这个问题，然而只是在《初探》的《后记》里附带一笔，没有作为一个重要问题认真讨论。从那以后，在不同场合也曾零零星星谈到传统教学的某些弊端，然而没有进行比较全面系统的探讨，认识是很不深刻的。第二，就是总结出来的某些正面经验，例如集中识字，尽管在历史上确实起过好的作用，今天也仍旧有参考价值，然而随着时代的进展，随着文化、科学、教育出现了新的形势，提出了新的要求，旧经验拿到今天来，它所能起的作用就和历史上的情况不同了。我们不能拿今天的观点要求前人，但是应当根据今天的需要来考虑怎样正确对待前人的经验。李时珍是伟大的、可敬的，他留给我们的遗产是珍贵的，然而毕竟不能指望李时珍来解决我们今天的药物科学了。由于以上两点，我深切感到，需要对传统语文教学进行再认识。

1977年以来，全社会的头脑清醒一些的人们几乎共同认识到，由于我国封建社会的历史特别长，并且是两三千年连绵不绝，中间没有割断过，没有受到大的冲击（辛亥革命的冲击是微弱的，五四运动的冲击强烈些，然而在整个的半封建半殖民地流风的笼罩下，所起的作用也还是有限的），封建社会的观念形态渗透到全社会的各个领域、各个阶层，源远流长，根深蒂固。直到今天还从许多方面反映出来。为什么人治的习惯势力那么大而法治那么难？为什么生产上、经营管理上，那么习惯于松散的、粗放的方式？为什么重男轻女的观念，种种封建迷信的观念，还有那么广阔的市场？等等。从涉及政治、经济等很大的问题到日常生活中的一些小问题，许许多多都能从长期的封建社会找到根源。新宪法征求意见稿在总纲部分提到"反对……封建主义残余思想"。经过上上下下反复多次的讨论，在定稿时终于把"残余"改成为"腐朽"。人们认为，不是零零星星的一点"残余"，还很不少，还在好些方面起着不小的作用，要清除它还需要相当长时间的不懈的努力，不是轻而易举的。

那么，封建社会的观念形态在教育领域有没有遗留，有没有影响呢？要说一点都没有，那恐怕是很奇怪的事情。教育真的是个"清水衙门"，唯我独清，唯我独醒，唯我早就和封建社会的东西彻底"划清界限"了吗？且不说19世纪末办新学堂的时候还是半封建社会，今天，离开那个半封建社会也才30多年哪！

如果有，反映在教育领域的哪些地方呢？

这里不可能讨论教育的整体。让我们把讨论收缩在大中小学各门学科里，收缩在语文学科里。

19世纪末开始办新学堂，从学制、课程设置到教科书，大都是从东西方各资本主义国家搬来的。像我这样年岁的人就已赶上，初中高中六年，数学、物理、化学三科的教科书用的统统是外国来的英文课本，原封不动，照用照学。那些课程，中国封建社会的观念形态是不大有的。独有语文（当时称国文）这一科，无法从外国搬。内容无法搬；而内容，一头联系着教学目的，一头制约着教学方法；因而，这门课从目的、到内容、到方法，基本上是土生土长的，最富于民族风格，只不过形式上分成一册一册的，一册里边分成一课一课的（中学连这个形式也不大用，还是一篇一篇的，这一篇用两课，另一篇可以用五课，某大学教一年级国文的一位教授,一学期只教了一篇庄子的《秋水篇》)。

既然率由旧章,无疑在语文这门课里就带下来丰富的传统教学的东西;咱们如果要研究传统教育,从数、理、化、生、体育、美术这些功课里是很难找到材料的,但是从语文课里却会找到许多,至少会看到不少传统的影子。

语文这门学问主要是语言文字之学,而语言文字是一种客观存在,所以多年的传统教学肯定会摸索出符合客观存在的语言文字以及学习它的某些规律的经验。这些经验是可贵的。然而教育和教学又是属于观念形态范围的事。渊源于封建社会的教学传统无疑又会贯穿着封建社会某些观念形态的东西在内。这些东西是陈腐落后的、不符合时代需要的、妨碍教学工作前进的。传统语文教学就是这两种东西的杂糅,既有某些好的经验,又有不少落后因素。两种东西融合为浑然一体,泥沙俱下,难解难分。

传统的力量是很强固的。世代相传,年深日久,人们早已司空见惯,习以为常,觉得事情就应当是这样的,无可议论。特别因为里边确实还有些好东西,就更不容易看到它杂有很不好的东西。色呈金黄,而且闪光,不经过化学分解,怎么能知道它不是纯金而是杂有别的成分的合金呢?"熟读精思"、"拳不离手,曲不离口"、"多读多写",这些经验,谁能说它不对呢?

"不识庐山真面目,只缘身在此山中。"我自己就曾钻进传统语文教学这个庐山中去。我发现,庐山中人是很不少的。因此感到需要跳出庐山,站到外面来,前后左右仔细端详端详——客观一些,对传统语文教学进行一次再认识。

2. 怎样认识

仔细一端详,传统语文教学头绪很简单,一点都不复杂。一共干两件事:一是花大力气对付汉字,一是花大力气对付文章。目的是应付科举考试。简要地概括一下:识字加作文章=语文教学;语文教学的目的要求→达到考中举人、进士的水平;考中的效果→做官。说穿了,就是这么一回事。

单就教学而论,花大力气对付汉字有符合实际的一面。第一,汉字这种文字体系有它的特点,有它的优越性,但是相当难学,尤其是在初学阶段。第二,历史上特别重视书面功夫,必须把文字学好。第三,读的写的是文言,文言与实际使用的口语有很大的距离,读写文言全靠文字功夫。有此三点,所以汉字必须花大力气去对付。

由于长时期花大力气去对付,逐渐摸到了汉字和学习汉字的一些规律,积累了不少经验。这些经验对于我们研究汉语汉文有用处,对于我们教学汉语和汉字也有可参考的价值。

我国历史上从来就重视文章。早在三国时代的曹丕就说："文章经国之大业，不朽之盛事。"此后，历代统治者都是以文章取士。朝廷通过考试选拔他们所需要的人才，而考试就是考作文章。"念书人"竞逐功名利禄，只有在文章上下功夫。识了字就读文章，读古圣先贤的经典，读历代的名篇佳作，要读得通透，背得烂熟，读文章是为了写文章，要揣摩，要涵泳体味，得其精髓，以便于模仿得形近神似。杜甫说："读书破万卷，下笔如有神。"一般的"念书人"为考举人考进士做准备，倒也无需读那么多。直到没有多久以前不是还有人说过"肚子里装上三百篇好文章就行了"吗？什么"行"了？写文章"行"了。写文章为的什么呢？不是为了致用，是为了去应考。宋代以下，文章选本层出不穷，多种多样：有按作家依次编选的；有按文章体裁分类编选的；有按时代先后顺序编选的；选文有多达几百篇上千篇的，有二三百篇的，也有少到几十篇的；有详批详注的，也有精评简注的。所有这些都是准备作课本用，供老师教，学生读、背、模仿的。古文选本之外，明清两代又出了一种更直接为应考服务的时文选本，或称闱墨。经典、古文、时文，这是读的主要内容，也是学写的主要范本。

能读能写了，然后去应考。

京剧有一出戏《二进宫》，三个主要人物之一杨波，有两句很形象的唱词："十载寒窗，七篇文章，才落得个兵部侍郎……"概括描绘得真好！"念书人"十载寒窗，辛辛苦苦，就是学作文章；学成之后，省试、会试、殿试，几篇文章（为什么是七篇，算不清楚，戏词不必深究）过了关，于是金榜题名，功名到手。——这个杨波已经爬到兵部侍郎（国防部副部长）还不满足，趁皇室派系斗争之机又捞了一把，谋得更高的官位。

也由于长时期在文章上下了这么多的功夫，我国历史上文章之学的发达，在全世界恐怕堪称独步。前边提到的曹丕的《典论·论文》，接着有陆机的《文赋》，都是论文的鸿篇，刘勰的《文心雕龙》更是文章之学的巨制。唐宋以下，论文的著作越出越多，蔚为大观，文章也出了许多卓有特色的风格流派；唐宋八大家，各有特点，此后公安、竟陵、阳湖、桐城，都是荦荦大者，至于小家小派，更是不可胜数。文章之学是我国文化传统中颇有光彩的一大宗遗产，尚待整理、总结。

汉字之学，文章之学，历史上积累了经验，给我们留下了值得珍视的遗产，我们感谢前人，决不轻易抛弃，并且要总结，继承，发扬光大，为我们以及后人所用。

然而，我们不能不看到，作为教育工作的重要组成部分的语文教学，传统的那种做法有十分严重的流弊。根本的一点是：传统的语文教学已经完全沦为为封建统治服务的科举考试的附庸，并且是个并不高明的附庸。那么狭隘的一切为了考试，老师为考试而教，生员为考试而学，不仅培养不出我们今天观念中的人才，也培养不出足以强化封建统治的人才。发展到封建社会后期，语文教学越来越僵化，越来越无生气，不仅培养不出人才，简直成了培养人才的障碍。封建社会的观念形态制约了教育，使之不能健康地发展，被制约衰败了的教育又促进了封建社会的加速腐朽，就这样成了恶性循环。

二、传统语文教学的四大弊端及其影响

对传统语文教学再认识的结果，可以归结为两个方面。

经验方面主要有三点：一是建立了成套的、行之有效的汉字教学体系。一是建立了成套的文章之学的教学体系。一是建立了以大量的读、写实践为主的语文教学法体系。

问题方面主要也是三点。首先是语文教学的性质和目的——语文教学是科举考试的附庸，目的在于使受教育者获得参加科举考试的写作能力。这样的性质和目的决定了教学内容——识字加读古文加作古文（一般古文和八股文）。这样的性质和目的，这样的内容，决定了学语文的主要手段——记诵和模仿。

具有这样一些问题的语文教学，无可避免地产生了许多弊端，概括起来主要是下述四点。

1. **脱离语言实际**。语文教学只管书面上的训练——识字、写字、读书、作文章，完全抛弃了口头上的训练——听话的能力和说话的能力。古代本来很重视言语能力。流传下来的先秦诸子百家之书，大量的是诸子演讲、论辩的实录或者非常接近实际的演讲、论辩的书面记载，无论如何，不是完全离开口头说话硬作出来的文章。直到两汉的史书里还记载了不少官吏们和学人们互相辩难的对话。《世说新语》里写了好些有捷辩之才的人物以至少年、儿童。封建社会中后期以下，越来越不理会口语能力了。对于儿童，多少进行一点"洒扫应对"的教育。所谓"应对"，属于伦理教育的性质，教的是长幼尊卑的称谓以及对尊长唯唯诺诺那类言词，如果也算是语言教育，那只是极褊狭的一点。至于书面上读的、写的，却是以先秦两汉语言为基础逐渐形成的文言。与生活中实际使用的活语言距离很大,而且越离越远,以至完全脱节。彻底脱离语言实际的语文教学是一种畸形的语文教学,对于发展语言能力和思维能力是很不利的。然而这种弊害不容易察觉,人们往往以为能读点古书、写篇古文,就很不错了,想不到这样会脱离现实,引导年轻人只向后看,把古人作为学习的楷模,把古文作为学习的最高境界,古人和古文不仅是不可逾越的,并且是不可企及的,无形中制约了人们的思维想象能力和创新进取的精神。我们中华民族本来在世界上遥遥领先的文化、科学,到了封建社会后期逐渐停滞下来,落后下来,这和科举八股有很密切的关系。

2. 脱离应用实际。语文教学只管读、写,而读的、写的都与日常生活和工作中实际应用的东西无关。唐朝的诗人白居易还知道诗、文都应当"为时""为事"而作,反对"嘲风雪、弄花草"那种无用的游戏笔墨;北宋的欧阳修自己动手写过不少判词,被人收在他的文集里;苏东坡写过医书药书,更是实际应用的文字;王安石的不少文章就是处理政务作的应用文。到了元明以下,念书人穷年累月,花费很多的时间精力学写八股文,而八股文则是全然无用的东西。语文教学主要围着科举考试的"指挥棒"转,不切实际,不务实用,这方面的弊病显而易见,不待多说。

3. 忽视文学教育。学塾、蒙馆多少教小孩子念点短诗,为的是易于上口,背诵,开讲四书、五经之后,不再把诗列为教学内容。词曲小说更不要说,不仅不教,甚至禁读。《红楼梦》就写了贾政认为宝玉喜欢读诗是不务正业,大观园里谁看看戏曲是见不得人的坏事。语文教学中教孩子们读古文,其中有些其实是文艺性的散文,可是并不当作文学来教,而是作为写文章的范例,也只是用来讲"起、承、转、合"那一套。至于要求写的什么"论""说"之类,尤其是八股文,既不是实际应用的东西,也不是文学习作。文学教育很重要。孔夫子很重视学诗,唐朝也把诗列为教学内容,元明以下衰落了。至于后起的戏曲小说当然更被排斥于语文教学之外。关于文学教育问题,后边还要说到,这里暂不申论。

4. 忽视知识教育。这里说的知识,只指与语文教学直接有关的语文知识。我国本来有起源很早的、很发达的文字、训诂之学,稍后有声韵之学。然而在基础教育中并不教文字、训诂、声韵的知识。教字、教文章,也不运用这些知识。治文字、训诂、声韵之学的是很少数"专家",和一般的语文教学无关。语文教学中有一个项目叫作"属对"或"对课",就是教孩子们学"对对子"。这本来是很好的一种语文训练，其中包含着语义、语法、声韵以至逻辑训练的内容，可惜只是教孩子们知其然不知其所以然的记诵虚实，平仄和韵部，不教给他们有关的系统的知识——实际上，塾师们多半也不懂那些知识。明、清两代出过一点叫作《字学举隅》《文字辨伪》《声律启蒙》一类通俗的知识性读物，本身的条理性、系统性就很差，而印得又很少，流行也不广，始终没建立起适用于语文教学的知识体系。语文教学始终处于一种自发的而非自觉的、凭朦胧的感觉和经验办事的状态，靠老师耳提面命，靠孩子们自己去体会、摸索。我们本来有很发达的文章之学，可是始终没整理出一个条理来，"没形成一套知识系统"。好容易总结出一个"起、承、转、合"带有点规律性的模式，很快又变成了一种僵化的程式，发展成为八股文。一些有识之士反对八股，可又没能提出一种有用的系统知识，于是只得用"文无成法"去抵制它。就这样，传统语文教学十分重视的读写能力的培养和提高，一直是一件"可意会而不可言传"的事。不讲知识，甚至反对讲知识，成了传统语文教学的特点之一。

以上这四大弊端，影响是非常深远的。

前边说过，清末废科举，兴新学，"国文"一科基本上是率由旧章，那么传统的积弊继续存在，自然不在话下。20世纪20年代前后，五四运动给传统的语文教学以相当大的冲击。新文化运动、白话文运动、国语运动；大量的五四新文学作品的产生；西方不同流派的教育学说的引进，这些，对语文教学都有或大或小的影响。小学阶段语文课不再叫"国文"改称"国语"；使用白话文了；使用注音符号给汉字注音，不再单靠以字注字的所谓"直音"了；有些学校，有些教师把新文学作品搬进课堂了；有些学校，有些教师，多少教一点语法、修辞知识了；《康熙字典》以外，陆陆续续出来一些新的工具书了，等等。语文教学从内容到方法，起了一些变化。新中国成立后，语文教学在内容上有了更大的变化。不仅在小学，就是在中学，古文退居次要地位了，并且只要求读一些，完全不要求写古文了。教学方法也有了比较大的改变，并且进行过一些新的实验，取得了一些成绩。然而，把六十年来的语文教学全面地考查一下，和传统的做法对照一下，我们不难发现，传统语文教学的基本路子改变不大，积弊的影响很深。没有科举考试了，但是有了其他形式的考试。语文教学在很大程度上还是服从于考试的需要。教学内容，万变不离其宗，还是识字加读文章加写文章，仍旧相当程度地脱离，至少是忽视语言实际。只是在最近一段时间，才有比例不大的部分学校、部分教师开始注意一些口语训练，而在社会上，对于这一点还是有不同意见、不同态度的。写"错别字"是大家共同关心的大事，而念白字、说方言大家不以为意。书面上不大通顺的句子叫作"病句"要治，说话支离破碎、语无伦次，不叫"病语"，似乎无须纠正，仍旧相当程度地脱离虚用实际。作文，大体上还是写什么"论"、什么"说"、什么"记"之类；生活中用的，学习研究中用的，工作中用的文体，不受重视；中学毕业了，甚至大学毕业了，不会写公文，不会写商品说明，不会写实验报告，不会写病历等各种实际应用的东西，在毕业生中占的比例很不小。仍旧相当程度地忽视文学教育。50年代中试验过一次汉语、文学分科教学，只进行了一年多就草草收场，从那以后甚至有过一个口号"不要把语文课教成文学课"。仍旧相当程度的忽视知识教育。社会上流行着种种论证不需要教语法、修辞等基础语文知识的说法，甚至有人说中学生语文水平差就是由于学了语法、修辞知识的缘故。在教学方面，正如吕叔湘先生在一次会议上说的一样，"新书一本，先生讲，学生听"（早期某套国文课本的第一课），仍旧是流行最广的教学方法。九十高龄的叶圣陶先生从20年代起就从事语文教学工作，制定课程标准，在小学、中学、大学教语文，主持编辑语文教科书。前几年，他说：六十年来，语文教学没有什么改变。说六十年来如何，叶老是最有发言权的了。前边说的那些变化，他当然都清楚。他说没有什么改变显然指的不是那些，而是指的刚刚说过的那基本的路子和那源远流长、既深且厚的积弊。叶老的话是发人深思，值得我们好好想想的。

三、需要先明确几个问题

如上所说，传统的积弊既深且厚，一直影响到今天。为了适应今天和今后的社会需要，语文教学必须进行大幅度的改革。要改革语文教学，必须从这门课的课程结构入手。只有课程结构合理了，才谈得到教材和教学的改革，因为，教材和教学都是受课程结构制约的。

研究课程结构，必须把高等教育前这一阶段的语文教学作为一个整体来研究，从学前教育直到中等教育结束，包括普通中等教育和中等职业（专业）教育在内。不能一段一段地分段治理，既不瞻前也不顾后。此外，还得横向地考虑到语文课与其他课程的关系，不能孤立起来只管自己，既不左顾也不右盼。"瞻前顾后"，"左顾右盼"，研究任何一门学科的课程结构都应如此，作为基础课程的语文学科更不能例外。

在探讨语文学科的课程结构之前,需要先明确几个问题。

1. 下一代需要什么样的语文能力

学校里设置语文课,目的是为了培养下一代,使他们在成年之后具备生活和工作在语文方面对他们提出的要求,也就是说,使他们具备生活和工作所需要的足够的语文能力。是什么样的语文能力呢?

"教育要面向现代化,面向世界,面向未来。"现代化的一个核心内容是科学化,一切方面都要科学化,语文教学要科学化;运用语言文字也要科学化。语言文字和科学的发展,和新的技术革命,首先是信息技术革命,发生了直接的联系;人们已经能够在千万里之外用自然的口头语言进行交际,处理工作,已经部分地能够用自然语言指挥机器,用自然语言对电子计算机发出指令已经不是遥远的事情;人类知识的增长越来越快,信息的传播越来越多,加上出版技术的迅速改进,相应的,各类书籍报刊的出版也将越来越快,越来越多,使人目不暇接,"汗牛充栋""浩如烟海"已经不是夸张说法了;无论传声技术、信息技术发展多么快,口头语言始终不可能取书面语言而代之,相反,对书面语言能力和效率的要求将会越来越高。在这里我们不妨想一下所谓"面向未来"。如果说,太远的未来是怎么个样子我们没有能力预见预想的话,那么20世纪末、21世纪初,也就是距今十五至二十年的这个近未来,我们多少是能够预见预想一些的。只用一个标志来说吧:那时候第五代电子计算机肯定会出世了,而第五代计算机的特点之一就是用自然语言而非程序语言来指挥,就是在我们这个国家,电子计算机肯定会成为工农业生产部门、管理部门的日用工具了,甚至会进入不少人的日常生活领域了。生活、工作,一切活动的节奏都很快,一切都要求高速度、高效率。今天进小学一年级的学生,那时候正好大学毕业;今天进初中一年级的孩子,那时候已接近30岁;今天进高中一年级的青年,那时候正是30岁出头,成为各项事业的生力军和骨干力量了,他们,这些大学毕业生,30岁上下的社会中坚,将需要什么样的语文能力呢?他们普遍需要的将是如历史上描写智力超常的"才子"们那种"出口成章"的能力,因为他们要用自然的口头语言处理工作,指挥机器干活;那种"一目十行,过目成诵"的阅读能力,因为他们需要读的东西太多了;那种"下笔千言,倚马可待"的写作能力,因为他们的时间很珍贵,必须在尽可能短的时间里写出他们生活和工作中需要写的东西。那时候社会上还需要有"低吟长啸"的诗人,"斟词酌句,反复推敲"的作家,或"婉约"或"豪放"或"典雅"或"诙谐"的语言大师,人们还需要文学。不过，处理生活和工作中的实际问题的敏捷准确的高效率的口头和书面语言能力，将成为每个人的需要。"假，大，空"的东西将被社会无情地淘汰。能用尽可能经济的语言材料传递尽可能多的信息，达到尽可能高的准确性和可理解性，收到尽可能强的表达效果，将被认为是写作的高手。

多少个世纪以来，地球上的各部落、各民族、各国家是在既互相竞争（以至争斗）又互相学习之中走过来，走到今天的。没有互相竞争，人类不会有今天的文明；没有互相学习，人类更不会有今天的文明。科学使得地球越变越小了，各民族、各国家的人们接触越来越多了，锁国主义成为历史陈迹了，既互相竞争又互相学习这种有趣的关系越来越发展了。下一代必须成为一个个了解世界的国际性的人，既有跟人家竞争的能力，又有向人家学习的能力。无论竞争或学习，语文都是不可少的工具，掌握运用语文的能力越高，竞争、学习的能力越强。从这个意义上说，单单掌握母语是不够的，还需要会些外语。（当然，母语是基础）

以上是对下一代需要什么样的语文能力的一个粗线条的描述。今天考虑语文教学，考虑语文的课程结构，不能不从这个摆在面前或者就要摆在面前的需要出发。教育的周期是长的，是为未来服务的，搞教学工作不能不往前看。当然不能脱离今天的实际，但是脑子里不能没有个未来，——未来的生活，未来的社会，未来的世界，未来的需要。无论如何，有一条是肯定无疑的：今天的和十几二十年后的年轻人所需要的语文能力和当年的秀才们、举人们、进士们、状元们所需要的语文能力大大不同了！这是我们探讨语文教学改革的时候必须时刻在念的！时至20世纪80年代，这句话似乎不需要说甚至不该再说了，然而又不能不说，因为传统实在太深厚了，举人、进士们和"迁客骚人"们的幽灵依旧不时地出现，在我们的周围游荡着，影响着我们的精神，甚至左右我们的思考。

2. 在语文学科内，知识和实践的关系应当是怎样的

在古代（不是说很古，只是说在19世纪末废科举兴新学之前，至多再往前推个把世纪，推到所谓"西学东渐"之前），各行各业的人，无论是种田的、做工的、驾车的、行船的、开矿的、炼铁的、行医的、画画儿的、唱戏的、作诗为文的等，能力都是主要凭经验获得的，即使拜师受业，也主要是从旁看着，学师傅的样儿，模仿、揣摩、体会，亦步亦趋，师傅耳提面命，稍加指点，然后由徒弟自己去摸索、实践。就凭着那套办法，各行各业都出了不少人才，有的达到了很高的境界，取得了很大的成就。只是速度慢、效率低，出人才出成就的数量少。到了现代，情

况大大改变了。

儿童从生活里接触了"数"这个东西，时常要用。"家里有三口人"，"喂了十只鸡，死了两只，剩下八只了"；"过节包饺子，每人二十个，三口人得六十个"；如此等等。在这样一些实践的基础上，一入学就有了一门课，开始教给孩子们有关"数"的系统的知识。加，减，乘，除；整数，小数，分数；乘方，开方；比例，正比，反比；等等，都够抽象的呀！孩子们学着并不多么难，因为多多少少有过些实践的基础，并且一边学着一边继续实践，算距离、算面积、算体积、算重量、算速度，等等。随即和别的学科结合起来，知识越学越多，实践的方面越来越广，能力越来越高，循环往复，不断前进。别的学科莫不如此。且不说物理、化学、植物、动物那些学科。就连画画儿，在孩子们从生活中东看看西看看，涂涂抹抹的实践基础上，很快就教给他们静物写生，什么光线、亮度、阴影、远近、大小、透视等这些基本知识，于是慢慢知道了怎样就有了立体感，画出个苹果来不再是平面的了，怎样就有了质感，不再都是光溜溜的了。唱歌、体操，也不例外。总之，方方面面都在遵循着一个路子：从知其然不知所以然的盲目实践取得一点感性知识，取得一些经验，在此基础上，通过适当途径，经过努力，达到理性知识，以之指导实践，提高实践的自觉性、准确性和质量水平，然后再认识、再实践，不断前进，不断提高。

唯独语文教育，走的不是这样一条道路。幼儿从两周岁左右口头语言就能听能说，并且相当完整了。经过四五年，没有一天不听许多话，说许多话，有了大量的实践，积累了丰富的经验，具备了充分的感性知识，比对数理化生哪样的实践都多，感性知识都多。可是进了小学，进了中学，始终不向孩子们提供系统的语言知识，始终走着模仿、体会、摸索的道路，直到中学毕业，怎么说，怎么读，怎么写，还是全凭经验办事，说不出个所以然。这是为什么呢？是语言这个客观事物没有规律可言，没有系统的知识可讲，还是它的规律太玄，不好认识，关于它的知识太难，无法学习？恐怕都不是，而是前边说的传统忽视知识教育的积弊在作怪。前边说过，连画画儿，唱歌儿那些艺术活动都有规律和知识可讲。讲了就有指导实践的作用嘛，为什么独独语言不行？实在需要从传统加于我们的忽视以至否定语言知识这个桎梏中解脱解脱了！要加紧研究有关说话、读书、写文章的科学的知识系统，把教学这些知识和指导运用这些知识与听、说、读、写的实践活动科学的组织起来。如果说，我们对这些知识研究得还不透彻，教学知识还不得法,那是对的;但是否定知识,认为提高语文能力根本不需要科学知识,甚至根本就没有科学知识之可言,这种认识是错误的,对于提高下一代所需要的语文能力是不利的,应当彻底改变。

3. 要不要学文学

任何人都不能没有一点文学生活(连盲人也要听音乐,听评书,聋子也要看戏,这道理我们这里就不多讲了)。从教育的角度说,文学教育的意义,大家多半是有所认识的。例如,好的文学作品能够陶冶人的性情,培养美好的情操,提高人们的精神境界,这都是大家常说的,也都相信的。其实还不止这些,如果说,人们的思维活动大体上可以区分为逻辑思维和形象思维的话,那么,文学,无论创作或欣赏,主要是诉之于形象思维的。需要联想力或想象力,需要一种源于生活实际而又超脱于生活现实的创造性的思维能力(事实上,绝不是只有文学家才有,才需要这种能力,政治家、科学家同样有,同样需要,正像文学家也不能不进行逻辑思维一样)。从这个意义上说,文学教育对于儿童和青少年的智力发展所起的作用是十分巨大的。似乎不止一位思想家和教育家说过这样的话:"很难说,莎士比亚和牛顿谁需要的想象力更多一些。"的确,莎士比亚塑造那些人物形象固然需要丰富的想象力,难道牛顿没有足够的想象力就能够发现万有引力吗?切不可认为学数学只需要逻辑思维。"0","∞",等等,许多数学观念是十分抽象,要求活跃的想象力才能理解的。人们已经在研究最高倍数的望远镜也看不到的宏观世界,最高倍数的显微镜也看不到的微观世界,没有足够的推理与想象高度结合的能力行吗?优秀的文学作品之所以能够让最伟大的政治家、军事家、科学家读得入迷(这类故事很多很多,这里不需举例了),绝不是这些"家"们向文学作品寻求消遣,而是文学作品里那些活跃的、创造性的思维活动因素跟这些"家"们的头脑是息息相通的。从教育的角度考虑,文学教育的意义和作用太重大了。

传统的语文教学严重忽视真正意义的文学教育,这种积弊同样一直影响到现在。目前的语文教材里有比例很不小的文学作品,但并不是用来进行文学教育,而是用来进行"读写训练"的,连古典文学作品也不例外。这样的语文教学、语文教材,实际上是一种互相掣肘、两败俱伤的做法。它既没有能力培养上文说的现在和未来的年轻一代所需要的那种说话、读书、写作的能力,因为它用的大部分材料是文学的,包括相当比例古典的,又不讲现代的科学语言知识,内容制约着方法,只能还是传统的那种低效率的摸索前进的路子;它也没有能力进行真正意义的文学教

育，因为交给它的任务是培养"读写能力"，"不能把语文课教成文学课"！

应当向儿童、少年、青年进行文学教育。并不要求人人，也不要求很多人成为文学作家，但是应当要求所有受过教育的人都能理解文学、欣赏文学，具有文学的鉴别能力，接受优秀文学作品在道德情操方面以及敏锐深入地观察社会生活的能力和丰富活跃的想象能力方面的感染、熏陶和启迪，也就是说，具备必要的文学素养。

文学教育的任务和前边说的那种语文教育的任务，能够"相辅相成""相得益彰"地、谐和地结合在一起吗？当"语文能力"和"文学素养"这两个概念都比较的朦胧、模糊的时候，结合是可能的，甚至是很容易的；当时代的进展、教育的方向使它们越来越明晰、确切的时候，结合的困难恐怕就越来越大了。

4. 怎样处理我国语文教学中两个特有的问题——汉字问题和文言文问题

我在多处多次讲过（口头上讲，书面上写），汉字这种文字体系有它的优越性，在可以预见的未来是不能废除，也废除不了的，因此必须教，必须教好（现在很不够好）。既在多处有文字的东西发表，这里就不再重复论证了。但是仅从教育的角度讲（撇开信息处理和国际文化交流那些问题不谈），初学阶段难，是一个不可小视的大问题。所谓"初学阶段"，我指的是学会1000字以内。在这个阶段内，认识不易，理解记忆不易，书写更是十分困难，所以教学进度很慢。1000是个约数，不是绝对数。把界线定在这里的一个重要理由是，用1000个左右的字所能组成的书面语言还是极简单的、极贫乏的，和五六周岁或六七周岁的儿童的口头语言能力差距很大。这种简单贫乏的书面语言所能提供的内容，远远低于儿童的口语能力、思维能力和求知愿望，远远不能满足儿童的需要。这对儿童的早期教育是极为不利的。而另一方面，汉字在学习上的有利因素，至少要到学会1000个字以上才能逐步发挥出来，真正学会、学好2000多个字，有利因素才会充分的得到发挥。这2000字以内，特别是1000字以内的这个初学阶段怎么办，是若干世纪以来，直到今天，所有从事教育工作的人殚精竭虑寻求解决办法的一个"老大难"问题。

1984年11月，我和一位年轻同志齐林在北京的一所小学和上海的两所小学作过一次测试。测试有两三项内容，这里只说主要的一项。我们从小学四年级用的"地理常识"课本中选出一课《首都北京》，从四年级"自然常识"课本中选出一课《水》，用汉语拼音写出来，拿给小学一年级和二年级的孩子们读（他们学过汉语拼音，但是没学过按词连写，所以我们也是按字拼音的）。给他们一刻钟左右的时间准备，然后指定学生读，他们都能读出来，只是流利程度有差别。然后提出问题要他们回答；都能答出来，并且很有兴趣、很活跃，表明他们读懂了、理解了，而且喜欢读。（测试是完全在"突然袭击"的情况下进行的。我们只先打招呼说，要到学校去，没说去干什么。到了学校之后才说明来意，把测试材料拿出来，请学校领导指定一个班，把任课老师请来，说明测试办法，并且就请任课教师去做，像平日作个小练习一样。这三所小学，只有一所是进行类似黑龙江"注音识字，提前读写"实验的。另外两所，一所是重点小学，一所是非重点小学，都是按常规进行教学，没做任何特殊实验。）作为抽样调查，抽样太少，测试方法也过于简单，记录更不详细，所以不足据以得出什么有力的结论。不过，至少提出了一个问题：目前的小学教育是不是把二年级的孩子能理解、能接受而且有兴趣的东西推迟了两年左右才教呢？如果的确有所推迟，是什么原因？是应当推迟，还是对孩子的能力估计不准？还是由于文字障碍？上边说过，我们不能根据这么一次测试得出什么结论。不过，联系一向所了解的有关情况，我们越发相信，汉字初学阶段的问题必须解决，能够解决，大有解决的余地。

必须在学龄初期从汉字的束缚中解脱出来，让孩子们接受更好的早期教育，更快地成长，同时又必须把汉字学好。——处理、解决这个矛盾是语文教学改革义不容辞的责任，并且是一件非同小可的大事。

关于文言文，近来《中学语文教学》月刊上展开了辩论，这是十分可喜的现象。这么个大问题，不论证清楚就那么朦朦胧胧、率由旧章地搞下去，实在不是办法。

我个人的意见是：文言文是客观存在，并且是大量的，是还有用处的遗产，不能抛掉，下一代不能全不接触，全不读。但是，必须把教学文言文的目的，也就是我们指望文言文为我们的下一代解决什么问题，它能够解决什么问题，进一步搞清楚。这里同样要看到今天，想到未来。文言文的处理，要有更合理的办法。关于这个问题，留在下一部分再谈。

下（续）

四、一个初步设想的粗线条的轮廓

以上一、二两部分对以往的语文教学，包括封建社会中后期以下的传统语文教学和废除科举、八股，兴办新学堂以下的现代语文教学，作了一个粗略的回顾，试图找出成就一直不大的积弊所在。三、四两部分打算试着在一、二的基础上向前看一看，探求一下改革之道。为此，前一期的三，先谈了谈为进行改革必须先明确的几个问题。这一期的四，也就是全文的最后一部分，"图穷匕首见"，"丑媳妇终于要见公婆"，不得不把一个极不成熟的、非常粗糙的设想"端出来"，交付"审阅鉴定"了。肯定不会"及格"的。不过，只要多少引起点注意，在春意盎然的池水中吹起小小的几圈皱纹，招来一些指谬正误的批评，我也将引为荣幸。特别因为我近年又重新分管外语方面的工作，同时兼在两所学校兼教点研究课，交了这份卷子之后，相当时间之内不再参与语文教学方面的事了。这份东西就算我学习语文教学二年级（1979至今）的期末考卷吧，以后等什么时候如果又进了三年级再说。

1. 要统筹规划

从基础教育阶段开始——幼儿教育，到小学教育、初中教育，再到普通高中教育和职业高中教育阶段，语文教学的全程应当统筹规划，有计划的一步紧接着一步地往前走。小学不知道幼儿园干了些什么，初中不知道小学干了些什么，高中不知道初中干了些什么；反过来说，幼儿园不知道小学要干什么，要求幼儿园作好什么准备，小学不知道初中要干什么，要求小学做好什么准备，初中不知道高中要干什么，要求初中作好什么准备；这种"铁路警察，各管一段"的情况是不能许可的。同时，横向的关系也在统筹兼顾的范围之内。随便举例来说，初中二年级的学生开始学平面几何了，那是运用推理、论证等逻辑思维形式最集中的一门课。几何课的开始无疑对语文课的某些方面有重要的助益，同时几何课也需要语文课给予配合。开始学植物学的形态分类无疑与语文课里学习语法之类的知识有许多共同处，配合得好可以收到相辅相成、相得益彰的功效。至于语文课与外语课，语文课与历史课，等等，需要和可能沟通，更加明显，毋庸论述。"邻居高打墙"，关起门来各干各的，绝非好办法。各科知识互相渗透、互相作用，不仅仅是科学知识高级阶段的事，从基础阶段就是如此。就教育工作而论，就应当统筹全局，采取合理有益的措施。

各个不同教学阶段的语文教学工作的规划要打通，同一教学阶段的各科教学工作的规划要打通。各种方式的分工是必要的，而多方面的协作是更加需要的。教育、教学都是有机的整体，纵横割裂成互不相干的许多小块块，不好。统筹规划主要是教育、教学领导部门的事，课程、教材、教学研究、设计者的事。不过，作为任何一个教学阶段的任何一门课程的教师，也需要具备这样的了解，并且努力使自己具备上下左右都能打通考虑所必需的准备。

本文是谈语文教学的。不过，笔者认为，打破"铁路警察，各管一段"的风气，做到上下左右统筹规划，是教育教学改革应当包括的重要内容之一。所以先把以上这个意思说了说，下边再集中谈语文。

2. 关于幼儿语言训练

幼教阶段，语言训练可以说是中心环节。不仅是语言本身的训练，连思维训练、知识教育、思想教育，都在其中。可以有专设的语言训练课，也可以同时还把语言训练和唱游课结合起来，寓语言训练于游戏之中。语言训练要与幼儿的思维能力相适应，同时又要通过语言训练来发展他的思维能力。例如，对幼儿来说，时间概念比空间概念难理解，难建立。"门后边""门外边"好懂；"昨天""明天"难些；"在很远很远的地方"，孩子似乎能够理解，能够想象，虽然他想到的"很远"还不够远，他更不会有"无限远"这个概念，但是"很久很久以前"，幼儿就很难理解，很难想象。抽象事物的概念不一定都难，实体事物的概念不一定都易。简单的类推、归纳、演绎这些思维形式，不大的幼儿就会使用（虽然有时候发生错误），他们同样运用这些思维形式学习语言，语言训练又会掉转头来提高他们正确使用这些思维形式的能力。心理语言学的知识对于进行幼儿语言训练是非常有用的。语言是人类知识结构中最低的，也就是最基本的一个层次，中层和高层都是以它为基础建立起来的；在智力发展的过程中，语言同样是最基本的工具和媒介，语言发展和智力发展的关系，在越低的教学阶段，关系越密切，在幼教阶段几乎是不可分的。似乎不必忙于教幼儿识字。教幼儿识些字并不十分困难；多花点力量，教他们多识些也是办得到的。然而，当他们所识的字和他们的语言还联系不起来的时候，和他们的生活知识还联系不起来的时候，并且也只能识还不能写的时候，用处是不大的。而识字要用相当多的时间、精力，势必分散了对语言训练的注意，挤掉了相当大的一部分进行语言训练的时间，其结果是于思维能力、智力的发展不利。用分散对语言训练的注意、挤掉一部分语言训练的时间为代价来换取识一批字这用处不大的成果，恐怕是得不偿失的。在识字的当时以及其后的一两年、两三年内，很可能看到早识字的"可喜"的成果，可是，如果进行更长、更细致一点的"跟踪考察"，得不偿失的后果也许会更明显地反映出来。（这里一直说的是汉字，如果适时地学学汉语拼音，那不在这里所谈的范围之内）

从 1979 年以来，我跑过不少地方，每到一处，但凡时间许可，总要访问一两所幼儿园，主要了解幼儿的语言活动和语言训练情况。在我家里以及左邻右舍，也常常留意幼儿的语言活动。就这样得到一鳞半爪的纯感性的印象，没有一点实践经验，更没有一点研究。凭这点感性接触，粗浅地认识到幼儿语言训练的极大的重要性。同时也感到，对幼儿语言训练问题，从理论到实际措施的设计、方案，如果不能说是个空白，至少可以说是个相当薄弱的环节。在这个问题上，从工作上讲，教育领导部门的忽视要负主要责任。从学术上讲，语言学界也有责任。本来，幼儿语言训练问题涉及教育学、心理学、语言学几个方面，需要大家通力合作，协同研究。近些年来，教育学工作者、心理学工作者，还有人注意到这个问题，也进行了一些研究。虽然人不多，做得还不够，而语言学界则绝少有人过问这个"算不上学术研究"的"小儿科"。

本文既谈语文教学改革，就不得不大声疾呼：加强幼儿语言训练的研究和实际措施，这是改革语文教学的重要内容之一。

我提不出具体方案，因为我缺少研究。前边说过，在今后相当时间内，我将不再过问语文教学的事。作为语言学工作者，我将在时间精力许可的限度内，从语言学（主要是心理语言学）的角度做一点学习研究工作，希望能间接地为幼儿语言研究多少尽点力，不知能否如愿。

3. "分进合击"的小学语文教学实验方案及其他

关于小学语文教学的改革，我有过一个设想的实验方案，在多处讲过，也写过，有兴趣的同志请参看收在拙著《语文教学论集》（福建教育出版社1981年版，今年秋季将出修订版）里的《需要加紧开展语文教学研究工作》（原载《语文学习丛刊》第二集，上海教育出版社1977年版①）和《普通话与语文教学》（原载1980年《第五次全国推广普通话教学成绩观摩会文件汇编》）。这里不再重复详讲，只扼要说说轮廓，补充说一点那些文章里没说到的问题。

设想的实验方案的基本意图是两条：第一，要让学龄儿童受到与他们的实际语言能力相当的，与他们的思维能力、智力水平以及求知愿望相适应的语文教育，不能落后于以上各项能力、水平和愿望太远。否则，不仅会降低儿童的学习兴趣，而且会严重压抑、妨害了儿童智力的成长和发展。第二，要从初学汉字的困难中解脱出来，不让它成为语文教育以及其他各科教育及时前进的障碍，同时又要把汉字学好，学够数，学扎实，写好。

办法是，小学语文课（课仍是一门）分三条线先后开始，分头前进，最后合拢。第一条线：从入学开始就利用汉语拼音提供与上述各项能力、水平、愿望相当的阅读材料（不再是从三几个字到十几个字、几十个字那种内容十分贫乏，远远落后于儿童实际的课文）。用这样的材料进行有计划的语言训练，阅读训练，写作训练。这条线从一年级上学期开始，直到四年级结束，贯彻始终。第二条线：从第二学期开始，进行识字教学，完全按照汉字的识字规律独立进行，不与第一条线结合。过早的结合，结果是互相制约、互相牵制，一起放慢速度，降低质量——为了迁就字不够用，只能提供短、浅、内容贫乏的课文；为了迁就课文内容的需要，学字不能按识字的规律进行。不去勉强"结合"，两条线却会自然的逐渐靠近、合拢，终至会合——识了若干字，其中有一些必然会与第一条线的材料中某些词重合，稍加指点就代进去了，识字日渐增多，重合的也愈多，于是自然而然的日渐靠拢、会合，谁也没有牵制谁，两不相伤。稍晚于第二条线开辟第三条线：写字教学。它不去理会第二条线，完全按照写字的规律进行，先练基本笔画点、横、撇、捺等，然后是简单的单体字，较复杂的单体字，简单的合体字，繁杂的合体字。同理，三、二两条线如果过早"结合"，也要互相制约，互相牵制，不去勉强"结合"，反而会自然地逐渐靠近，合拢，终至会合，谁也不干涉谁，两不相伤。（古人教识"赵、钱、孙、李"，教写"上大人，孔乙己"的办法，大体上就是这种道理）这样到了四年级，三条线总会师（三条线"分进"，实际上是包围"合击"），那时，阅读水平、写作水平、总的语言水平达到了多么高的高度，是不难想象的（大致可达相当于目前正常的初中一年级的程度），而字，识得够用了，并且写好了，肯定比现在大多数小学毕业生写得好，因为是按照写字的规律，扎扎实实，一步一步地练出来的。

需要设计一种比传统的毛笔制作、使用都简便，又比铅笔更适合书写汉字的特点的书写工具（现在使用炭精墨水的那种笔已经接近于这种需要，稍加改进即可）。根据书写汉字的特点和新的书写工具的特点，设计出一整套写字训练的程序（古人先教中楷，后教大楷、小楷，从描红入手，然后影写，用"米字格"纸仿写等，是使用毛笔的很合理的程序，可在那个基础上加以改进，革新）。

必须说明：如果小学语文教学在很少数学校试行这个实验方案，那么，语文以外各学科，如算术、音乐、美术、自然常识，等等，要同步前进。这样，儿童唱歌就不必再硬记歌词，而是用汉语拼音读熟歌词。算术的应用题、自然常识等都可以用汉语拼音提前到与儿童智力发展相适应的学期或年级，不必再为语文课所牵制，慢步前进了。前边第三部分介绍过我与齐林同志在北京、上海两处进行的测试，初

步证实,上述同步前进是可行的。这样同步进行的结果,小学用四年可以基本完成基础教育前段的任务。

小学仍用五年,最后一年全面整理,巩固,提高。小学毕业的质量水平将比现在高得多。

还需要说明:小学一年级阅读材料的起点应当与幼教语言训练的成果相衔接。由于以往幼教极不普及,对幼教语言训练缺少研究,现在对小学一年级(六周岁至七周岁)儿童的实际语言能力还只能是根据经验估计的,提不出经过科学实验分析所得的一个比较精确的、有幅度的、足为依据的标准。这正是我们急待进行的一个科研课题。

4. 从初中起,增设"文学"课

首先要指出,是"增设",不是如50年代试行过的"文学""汉语"分科,"语文"课还是语文课。

文学教育的重要性,前文第三部分论述过,不再重复。文学教育从小学就要通过语文课并且与音乐课、美术课配合进行,但还不需要单设文学课,语言文字教育直到小学毕业是基本的。

初中一年级开始增设的文学课,任务是指导学生阅读丰富的、优秀的文学作品,获得必要的文学知识,培养和提高文学素养,同时寓思想教育于其中,培养远大的理想抱负,高尚的趣味情操,并寓智力开发的目标于其中,培养活跃的逻辑思维能力和联想、想象等思维能力以至创造思维的能力。

文学阅读的量要相对地大一些,课内课外相结合。比如,一部《西游记》,课内介绍介绍这部小说,讲它一两回,其余让学生课外自由阅读,到适当时候可以组织集体述评、讨论、评议的文学欣赏活动。

阅读的范围要广,古今中外主要的优秀作品都要适当涉猎。

这里要说到文言文。历来选入语文教材的文言文,绝大多数是文学作品或者是取其具有文学性而入选的其他作品。《桃花源记》《醉翁亭记》《滕王阁序》《岳阳楼记》等是不折不扣的文艺散文。我国古代从来是"文史不分"的,《史记》《汉书》《三国志》等的"列传"以及一些战争记述等都寓于形象性,长于塑造人物形象。介绍哪些历史人物、历史事件,是历史课的特定任务,不是语文课的特定任务。语文教材用《鸿门宴》《赤壁之战》等作为课文是取其文学性而入选的,从历史教学的角度考虑,鸿门宴这个插曲也许并不是很必要的历史知识。《答司马谏议书》

是所谓"应用文"的一种——书信。然而选入语文教材并不是用它教给学生怎样写信,当然也不是用它来介绍"变法"之争,表示我们赞成王安石而反对司马光;选用王安石批驳司马光的信,只是由于王安石的信写得富有很强的感染力,"拗相公"的形象跃然纸上。《活板》不是科学论文或科普文章,它本来就是从《梦溪笔谈》这部"笔记小说"里选出来的。所有上述几类课文,用来解决前文第三部分所说的今天和今后青年们普遍需要的语文能力,它们的用处是不大的,甚至是无能为力的,然而作为文学作品,却都是我们文化遗产中的瑰宝,青年们应当读,应当读得比语文教材中现在已经大大增加了的分量还要多些。至于诗、词、戏曲、早期白话小说。其为文学作品更不待言,也需要读得多一些。就凭现在所谓占语文课文40%的文言文(包括诗以下这些),就要培养阅读浅近文言文的能力,接受我国辉煌的文化遗产。说句不大好听的话,多少有点"花小钱,说大话"的味道,这些应当统统编入增设的"文学"课教材中,并适当增加。文学课的任务如上述。不要再加给它什么"培养读写能力"之类的任务。文学课的任务是进行文学教育,不是进行听说读写训练的。把这两种任务并列,只能使这门课两不像,两不沾,两败俱伤。写到什么"大纲""规定"之类里很容易,看着好像也挺顺眼,但是实际上只是说说而已,做不到。这类只供"阅读欣赏"的"文章"最好少作。

至于说,读了不少好的文学作品,于提高读写能力有助益,那是不在话下的。多读些好的文学作品,是以开阔思路,活跃思想,蓄积丰富的语言材料,接触多样的、高明的运用语言的方式和技巧;当然于读写有益。但是,不要当作一个特定任务交给它。一交,这助益反而会降低。事物往往有诸如此类的辩证关系。其实,读数、理、化教材,读史、地教材,连学习外语,何尝于提高读写能力没有助益?不把提高读写能力作为任务交给这些课程,大家是从来没有异议的。各科之间要有横向的统筹规划,前边着重谈过。笔者不仅不否认,而且主张重视各学科之间的互相渗透,互相作用的关系。然而这与规定各学科的特定任务是两回事,不可混为一谈。各自的任务要明确,不可模模糊糊;相互之间的关系要心中有数,不可绝对的"自扫门前雪"。

5. 按照知识与实践的合理关系组织语文课

语文课的任务是培养前文第三部分提出的下一代所需要的语文能力,简言之,即"处理生活和工作中的实际问题的敏捷准确的高效率的口头和书面语言能力。"在那一

部分里又提出了在语文学科内恰当地处理知识和实际的关系的一些粗浅的看法。

根据以上两点,提出这样一个设想:经过了幼教和小学的语言训练和语文教学,十二岁左右的孩子们对语言已经具备了丰富的感性知识和足够的实践活动,进入初中之后,应当并且完全可以像其他各门学科一样,以系统的理性知识为先导并以知识系统为序,组织全部语文课。这样就可以打破若干世纪以来语文教学不科学、无定序、目标不明的杂乱无章的状态,使之有个章法,这章法是面向实际应用的,以科学知识为系统的,循序渐进最终切实完成本门学科所负担的任务的。

需要明确三点。

第一,不能把语文课搞成一门纯粹的知识课,而是以知识为先导以实践为主体并以实践能力的养成为依归的课。

第二,这里说的知识系统是指实际应用语言的知识系统,而不是纯粹的语言理论的知识系统。这一点需要稍稍加以申说。语言理论的知识系统是从小到大的:语素—词—词组—句子—句组—篇章;而实际应用语言却恰恰相反,是从大到小再回到整体的。例如,读一篇文章,是先通读全篇,得其大要,再逐段分解细读,然后揣摩推敲一些特别重要的、突出的,用法、提法新颖的词句,最后再通篇领略一番;绝对不会拿起一篇文章就一个语素一个语素地、一个词一个词地抠起来,接着再抠句子,一句一句地作语法分析,然后才念一段,马上又把这一段分析一番,如此等等,没有人这样读文章;构思一篇讲话或者为一篇文章打腹稿,也是从大到小然后再回过头来考虑考虑全篇。语文教学的知识系统既是实际应用语言的知识系统,就应当是从大到小再回到整体的这种系统。

第三,这里说的实践是把听、说、读、写融会在一起的,丰富多样的,面向实际应用,密切结合生活、学习、工作实际的,因而是生动的、饶有兴趣的,而不是指呆读死记以及无对象、无目的,搜索枯肠,硬"作"文章那类"实践"。

以上述各点为基础,得出如下的设想。

把基础教育的初中阶段和普通高中阶段联系起来考虑,可能是六年或者七年(依学制而定)。把这六年或七年划分为四个大的段落,每个段落一年半左右,用Ⅰ、Ⅱ、Ⅲ、Ⅳ表示。每个大段落划分为三个小段落,每个小段落大致是一个学期左右,分别用(一)(二)(三),〔一〕〔二〕〔三〕,(1)(2)(3),〔1〕〔2〕〔3〕表示。全部课程的组织安排如下:

Ⅰ—(一)讲授篇章知识,包括主题、思路、条理、层次、前后照应、首尾一贯等这些有关篇章的比较系统的知识;主要从积极方面讲应当如何,也从消极方面讲要避免什么;讲授知识要举实例,结合实际;实例既有口头的,也有书面的,书面的之中也要包括演讲词、辩护词,等等;实例可举典范的、知名的,也可举一般的以至学生自己的;教师讲授为主,穿插学生的讨论和评议。

Ⅰ—(二)(三)篇章实习,包括听、说、读、写四种活动。例如,教师朗读一篇文章,或者作一篇有准备的讲话,或者请别科教师或校外的人来做一次半小时左右的演讲,要求学生记下要点,然后要学生复述所记的要点,提交给全班讨论、评议。在班内举行课外读书(以文章为主,不以整本书为主)的口头汇报。就班上发生的、校内外发生的或报纸上报道的重要事件,要学生做有准备的演讲或无准备的即席讲话,举行辩论会。教师就班上或校内某事件命题,要求学生拟出叙述性或评论性的作文提纲。写结合实际的,有对象有目的的作文。——方式可以很多,例如教师节写信给本班某老师;写信给班主任建议本班举行什么活动;就社会上的某种风气或个别事件写文章给报社发表意见,等等。

对所有这些实习活动,着眼点主要都在篇章,在整体,至于遣词造句等,不属于重点要求。

Ⅱ—〔一〕讲授段的知识,包括:段在篇章中的地位,段的形成和要求,如统一性、完整性、逻辑性等。顺序可考虑以说明性段落领先,因为这种段是最基本、最集中、最典型的,一般地说,一个说明性段落就是一篇文章的具体而微,它要有个中心意思,要用发挥这个中心意思的各种手段,如描摹、举例、比较、比况、列举数据,引用有权威性的论断或评议,等等,要有结论。其次是记叙、描写性的段落,又其次是论证性段落。

讲授段的知识时要把Ⅰ的篇章知识拉过来,从篇章中提出段落来讲,避免总是孤立地讲段。

Ⅱ—〔二〕〔三〕段的实习

〔一〕的知识讲授应注意之点以及实习方式等,可参照Ⅰ的讲授和实习要领来设计,不具列。

Ⅲ—(1)词组和句子的知识

—(2)(3)词组和句子实习

要把Ⅱ的知识拉过来,甚至把Ⅰ也拉过来一些,要在段中讲词组和句子,避免孤立讲授、实习会流于枯燥,并且脱离实际应用。

其余参照 I、II 的要领处理，不具列。

IV—〔1〕词和语义，语体和风格的知识—〔2〕〔3〕实习

〔1〕可考虑延长一些，〔2〕〔3〕适当压缩一些。到了词和语义，已经细致入微了，知识的难度和实习的要求都比前三部分提高了。这时就可飞跃一步，提到语体、风格上来，再回到整体了。到了这一步，听、说、读、写的实际能力已经具备了进入高等教育所应具备的完整的基础，同时也具备了关于语言的系统知识。所有的知识都落实到实践中，而实践是在知识的先导下有条不紊地进行的。

从幼教到高中毕业，语文教学如果能这样一步一步进行下来，其成效可能会有比较显著的变化。

职业高中是十分重要的一翼，语文教学有其特点，但是职业教育还在新的成长之中，经验很少而情况相当复杂，本文没有来得及考虑这个侧面。是个不得已的缺陷，留待他日另行探讨。

有关语文教学研究的几个问题

近两年以来，特别是1978年3月吕叔湘先生提出语文教学存在问题以来，对于语文教学，社会各方面，当然首先是语文教育工作者非常重视。从那以后，就语文教学各方面的问题展开了广泛热烈的讨论，几乎可以说，讨论涉及语文教学的每个方面，从教学的目的任务到教材、教法，等等，都进行了相当充分的讨论。在某些问题上有不同的意见，大都进行了交流、探讨以至于辩论。经过这一次广泛深入的讨论，已经收获很多的成果。有些问题比较的明确了，有些问题虽然还不够明确，但问题之所以比较的清楚了。是不少地方、不少学校、不少教师进行了各种试验，进行了调查研究，这对于语文教学的改进起了很好的作用。

现在，进一步讨论研究改进语文教学，似乎应该在过去这一段取得成绩的基础上前进一步，提高一步。怎么前进，怎么提高，我没有很成熟的意见，只想到几个问题，提出来跟大家商量，向大家请教。

第一，关于过去、现在和未来。

要前进，不能不回顾一下过去，吸取过去的经验教训，以便更好地继续往前走。我所说的过去，既指近的过去，也就是建国后的三十年；也指比较远的过去，那就是从清末废科举、办学校到解放前的这一段；也指更远的过去，那就是两千年的封建社会。

我认为，回顾过去，非常重要的一点是进行实事求是的分析。认为过去的一切都好，无疵可指，可以拿来照用；或者认为过去的一切都非常坏，一无是处，这两种态度都是不适当的。咱们过去也有过这类的教训，吃过这样做的亏，大家都明白，不需要我多说。但是，现在是不是对过去的回顾已经足够的实事求是了呢？分析研究做得足够深入了呢？恐怕还不是。

比如，说到近的过去，建国后的三十年。是不是三十年来，我们的语文教学一点成绩都没有，一点可吸取的经验都没有，今天讲提高效率，讲科学化，是"白手起家"，"平地起楼台"呢？我认为不是的。三十年有不少的成就，积累了很多经验。倘若没有"四人帮"的干扰破坏，我们的成就还要大得多，经验还要多得多。

姑且举几个例子说一说。像小学的识字问题，这是两千年来一直试图解决而没有解决好的问题。因为汉字不是拼音文字，字数多，要一个一个地学，笔画复杂，造字法不太容易掌握，所以小孩子在开始学习阶段困难很大，汉字成了进一步学习语文的障碍。前人在这个问题上采取了一些办法，积累了一些经验，但始终没有根本解决问题。三十年来，在这个问题上我们至少已有说得出的三种经验。一种是所谓集中识字法，就是说在小学开始阶段，让小学生在比较短的时间里多认些字，以便进一步开展说话、阅读、写作训练。现在的集中识字法和历史上的"三、百、千"那种集中识字法是很有区别的。它运用了历史上的经验，又根据汉字的某些规律、学习的某些规律，使集中识字比较的科学了一些，不是像"三、百、千"那样不够科学的硬集中。另一种经验叫作分散识字法，这与清末办学校以后的那种分散识字也有所不同，表现在所谓分散是有计划、有步骤的，而不是全然放任自流，碰见什么算什么的那种分散识字。第三种经验叫集中与分散相结合，或者叫作小集中，试图把集中识字和分散识字两方面的长处结合起来。识字问题不是个小问题，取得的这些经验是非常重要的，这是三十年来的一项不可忽视的成就。虽然这些经验还不够完善，有待进一步试验研究。关于这个问题，我个人还有另外一种设想，在不少场合谈过，也有不少同志表示同意，或者加以呼应；然而这毕竟还是一种设想，没有在任何一个地方进行实地试验，不能说是一种经验，这里不再说它了。

又比如，我们现在一致认识到，在语文教学中忽视语言教育那一类的做法是不行的，完全不理会语文教学所应该、所能够承担的其他任务也是不符合实际，不完全妥善的，虽然究竟怎么样把语言教育同其他方面的教育很好地结合起来还有待于探讨研究，但至少我们有了这个共同的认识。建立起这样一个认识不是很简单的

事,应该看作是三十年来在这个问题上经过了不少曲折反复之后取得的很可贵的经验。

再比如,我们在语文教学中进行过大幅度改革的试验——汉语、文学分科。尽管做法本身有缺点,同时由于试行的时间很短,今天难于做出全面的总结,然而它在某些方面对我们今天的教学还在起着作用,不少人把那次分科的做法作为研究今后改革语文教学、教材的参考。这也不能不说是三十年中语文教学的一件大事。

再往大处说一点,虽然不完全是语文教学问题,但与语文教学关系密切,就是推广普通话的工作。许多有远见的语文工作者、教育工作者从五四前后就发起了所谓国语运动,但是搞了三十来年,取得的成效不大。而我们从50年代提出了推广普通话,很快就取得了显著的成绩。自然,由于当中有一段放松了这件事,特别是被"四人帮"干扰破坏了一通,现在的情况还是不能令人满意的,然而普通话在全国被接受为全民的共同语,在社会上流行相当广泛,在语文教学中成为教学的内容、要求之一,在社会生活中起了很大作用,这是历史上没有过的事。在这一点上,几乎可以说,我们走在现代世界先进国家的前边。不少国家一直到60年代才由于现代科学技术的发展开始重视所谓标准语问题,而我们这样一个人口众多、方言十分复杂的国家从50年代就开始了这项工作,并且取得了成就。

还有,我们国家的各兄弟民族既学习本民族语言文字,又学习口头的和书面的汉语普通话,这更是历史上前所未有的大事。这对于全国各民族的大团结,对于我们的社会主义革命和社会主义建设事业起的作用是十分巨大的。在这个问题上,"四人帮"造成的破坏非常严重。然而,即使如此,像今天全国各民族的语文教学这样超过历史上任何时期的发展,各民族语言这样广泛的交流,呈现出一片民族团结的景象,仍旧应当说是三十年来一个重大成就。这项工作的基础是有了的,去年成立了全国性的民族院校汉语教学研究会,现在许多民族地区在加强本民族的语文教学和汉语语文教学方面,进行了研究以至于采取了措施,有的地区出版了刊物,这项工作正在蓬勃开展起来。

要举例还可以举一些。就从这几点上,我们应该看到,三十年来,语文教学工作在党的领导下,在全国语文工作者和语文教育工作者共同努力下,有些时期是在艰苦的环境中坚持奋斗下,取得了非常巨大的成就,不看到这一点是不对的。

另一方面,三十年来,在语文教学工作中,也确实有些值得记取的教训。例如,在比较多的时候,我们对于语文教学中的思想政治教育问题,无论在理论上还是具体做法上都是不够恰当的。我始终认为，语文教学可能并且也应该重视思想教育。问题在于：什么叫思想教育，语文教学中应该和可以进行哪些思想教育，这种教育应当怎样进行，怎样和语文教学所必须完成的绝不能推脱的责任——培养和提高学生的语文能力正确的结合起来。这些问题必须处理好，而在过去的三十年之中，相当多的时候没有处理好。

再比如，语文教学工作，和其他各科教学工作一样，有涉及政治问题和政策问题的部分，而更多的是学术性问题。过去在不少时间里，没有把政治问题、政策问题和学术问题正确地区分开，往往把属于学术性问题的一些想法和做法当成了政治问题来对待。有时候影响了语文教学的试验工作，也有时候甚至伤害了人，挫伤了不少人的积极性。

又比如，语文教学工作，也像其他各科教学工作一样，需要进行不断地研究、试验和改进。可是，语文教学工作中为数并不很多的带有试验性的做法，几乎都是只进行了极短的时间，在没有取得经验，还得不出结论的情况下就被废止了，这使我们今天总结过去的经验和教训时遇到了困难。

如果再说到远一些或者更远的过去，我们的前人做过不少工作，取得过不少可贵的经验，但是由于那是旧时代，那些经验无疑具有或大或小的局限性。正确的分析那些经验和教训，取其可取，弃其当弃，需要进行深入研究。前若干年曾经有过、近两年似乎又来了一股风——仿佛过去的一切做法，包括像死记硬背等，统统是好的，今天拿来照用就可以解决问题。这种态度同历史的虚无主义，也就是否定历史上的一切经验，同样是不可取的。这一点，下面还要谈到，这里先简单提一下。

要研究进一步的改进，当然不能仅仅回顾过去，很重要的是要立足于现在——立足于现在的实际，包括我们经济发展的实际，科学技术发展的实际，教材水平的实际，教师水平的实际，学生水平的实际，等等。脱离了这些实际，或者对这些实际的认识很模糊，就不可能找出切实有效的改进办法。离开历史的发展，脱离当前的实际，提出一些这样那样的设想，这种设想的用意也许很好，道理也许说得过去，然而往往会成为或者接近于美好的"空想"。要充分掌握实际，必须认真地进行调查研究。

做教育工作的，立足于现在还不够。很重要的一点是不能不着眼于未来。教育工作不像种庄稼，可以春种秋收，当年见效。教育工作是为未来培养人才的。

而今天已经进入了电子时代的世界,发展变化之快,超过了历史上任何一个时期。在远古时代,几万年几千年不过进步那么一点,以后,几百年至少几十年才进步那么一点。现在可是大大不同了。我们有一句古老的成语,叫作"日新月异"。这个成语本来带有修辞上的所谓夸张手法的意味。今天,如果说它还有某些夸张成分的话,至少这个成分已经降低得很多很多了。没多少年以前,我们能够想象得出比如彩色电视机吗?我们能够想象得出人能够和机器对话吗?一只保险柜,不用钥匙,只要我对它说"开开",它就开开了;我说"关上",它就关上了。但是,它只听我的,你说它就不听。我在这里讲话,几千里以外,不仅可以听见,而且可以排出版来,印出来,几年以前我们能够想象吗?这些,由于我们目前科学技术落后,也许听起来还有些像科学幻想小说,然而这已不是小说,是现实了。我们做教育工作,不能不想到今天还坐在我们教室里的学生,至少说要三年五年之后,或者十年八年之后,甚至十几二十年之后,才到社会上去起作用。他们将要面临一个什么样的社会,什么样的世界,什么样的科学技术情况呢?那时,对于他们,在语文方面会提出什么要求呢?具备什么样的语文能力才能应付那时的生活和工作需要呢?当然,存在决定意识,生活在今天的现实中,不可能准确地想象遥远的未来。然而三年五年、十年八年之后的情况,我们还不是不能想象的。如果连想都不去想,那将是很可悲的,将会对不起下一代。做教育工作的,不论是定计划,还是编教材,还是搞教学工作,脑子里不能没有个"未来"。如果眼睛只看见当前,只看见我们的周围——短暂的时间、狭小的天地,那是远远不够的。

我的粗浅的认识是,要进一步改进语文教学,应该正确地回顾过去,立足于现在,着眼于未来。

第二,关于知识和技能。

语文课要培养语文技能,即听、说、读、写的技能,并不仅仅是教学生知道一些关于语文的知识。知识不等于技能,这个理解我认为是正确的,大家都明白,我不多说了。

那么,技能和知识有没有关系呢?回答是肯定的。具备某种知识,只要我们对这些知识的多少、深浅以及提供这些知识的时机等处理得当,对于培养技能并且加快培养技能是大有益处的。

再进一步说,知识与技能之间的关系不是那么简单的。有些知识一旦知道了,就可以立刻或者很快转化为技能，运用起来；有些知识就没有那么快，需要和其他有关的知识互相作用起来（比如数可以分成有理数、无理数，动植物可以分成若干部、门、纲、目、科、属、种，词可以分成动词、名词等若干类；在同一次分类中要用同一个标准；这一类和那一类之间往往既有明确的区别又有某些交错的情况；每一次分类之后，还可以再往下分，从而形成若干不同等级的类，等等。这些有关分类的知识，在学习者的头脑里互相作用，每一项知识就会变得更清晰，更活，更有用），并且与有关的实践互相作用起来，经过相当一段时间才能逐步转化为技能，从不熟练到比较熟练，到很熟练；有些知识甚至于在相当长的时间之内，见不出与技能发生什么直接联系，知识就是知识。然而这种知识是必要的，具备不具备这种知识对人的头脑影响很大。我在别处曾经举过一个例子，这里不妨再重复一遍。当年哥白尼指出，地球围绕太阳转，不是太阳围绕地球转，这在当时不仅仅是一种知识吗？它能和什么技能联系起来呢？然而，为了这种知识的建立，当时坚持真理的科学家牺牲过生命；当时的教会为扼杀这种知识不惜烧死人。这个事实本身就告诉我们知识的重要性，否则，何需乎为了这么一种知识进行那么残酷的斗争呢？一个人有没有、相信不相信这种知识，表明这个人头脑中科学的因素和迷信的因素在数量上和力量上的对比。就两个人来说，有没有、相信不相信这种知识，表明这两个人的脑袋相差了几个世纪。能说这样的知识是无用的吗？因此，过分简单地要求学到一些知识必须立即化为技能，否则这些知识就是不需要的，这种理解是有片面性的。现在，据我所知，否定语文知识，片面强调技能，把知识和技能分割开来甚至对立起来之风好像又盛行起来了。时至今日，仍旧有不少人请出曹雪芹来，说曹雪芹没有学过语法、修辞、逻辑，能写出不仅内容上而且语言上也那么好的小说，从而否定语言知识的必要性。这实在已经不再有说服力了。因为，照这样推论下去，根据我们古代工匠建造起来那么精美的建筑物，再加上大学土建系毕业生也未必能设计出赵州桥或虎丘塔这些事实，可以得出结论说，应当取消现代的建筑学；根据李时珍写出了《本草纲目》，而医学院药学系毕业生未必能写出一部中国药典这些事实，可以得出结论说，应当取消今天医学院的药学系，应当取消药物学。大家能接受这样的逻辑推理吗？忽视我们的祖先凭着他们在艰苦实践中积累起来的经验所取得的惊人成就，认为我们处处不如人，人家样样都比我们强，这是数典忘祖，自暴自弃。然而吃我们祖先的这些老本，请他们出来否定现代科学的必要性，显然也是不对的。轻视甚至否定语文知识的作用是片面的。造成这种认识的原因，也许是由于我们的语言科学还幼稚，不完备，没能解决实际运用中的问题，因而引起了一种近于"因噎废食"的想法；也许是积习很深，一时扭转不过来；也许是未经深思。倘若不是这几种情况，那么，这反映了一种怎样的思想状态，是应当认真思考一下的。

在哪一个教学阶段应该教哪些知识，这些知识应该怎样教法，这种种问题我们研究得很不够，还说不清楚。应该看到，这是语文教学不能更快改进，不能现代化、科学化的一个原因。我们要努力地做到这一点，把知识和技能的关系处理好，这是研究改进语文教学的重要课题之一。

第三，关于理论和实践

理论要与实践相结合。脱离实践的理论，或者没有理论指导的盲目的实践，都是不可取的。回顾过去，我们为理论而理论，脱离实践，这样的情况有过，我们应该引为殷鉴，决不能重复。然而，忽视理论，特别是在语文教学之中，认为学语文、教语文没有什么理论可言，说就是了，读就是了，写就是了，这种时候恐怕更多一些。大家知道，近一二十年或者二三十年以来，在世界上不少国家里，已经出了几种影响很大，并且实践也证明有相当效果的教学论。大家知道，所谓"应用语言学"，在世界许多国家是新起的、深受重视的一门"边缘科学"，而应用语言学的一个重要内容就是语言教育之学。相当系统的、有些新内容的教学论和应用语言学，在咱们这里，几乎还是一个空白。甚至连布鲁纳、皮亚杰、赞可夫等几个人的名字，咱们大多数人也才知道了不久，而人家的研究、实验已经进行了相当长的时间了。直到今天，如果谈几条语文教学的带理论性、原则性的经验或者做法，我们能够举出几条呢？还是得请我们的祖先来："书读百遍（或千遍），其义自见"，"读书破万卷，下笔如有神"，"为文有三多"，"熟读精思"，"拳不离手，曲不离口"，"多读多写"，等等。除了我们祖先留下的这几条之外，我们自己拿得出多少新的理论呢？这些条都是前人留给我们的可贵的经验，实践也曾经证明，这些确实是有效果的。但是，到今天还仅仅拿出这几条，来对付四个现代化对咱们教学工作提出的要求，够吗？我们现在的小学生、中学生，有那么多时间把一篇文章读百遍、千遍吗？我们的学生读书也要"破万卷"，但是，仅仅是唐宋八大家，仅仅是唐诗、宋词、元曲吗？不是，他们要读的书多了，要做的事情多了。"僧推月下门"，"僧敲月下门"；骑在驴背上，想起一句诗，赶紧记下投进口袋里，诸如此类，作为轶事来讲，鼓励学生们勤于思考，都是很好的材料。但是就凭这些来从事今天的语文教学，使它以快速的步伐赶上四个现代化建设的迫切要求，行吗？远远不够了。我们的任务应该是：对于现状取得充分的了解，对于过去做出恰当的分析研究，对于别人的经验、做法进行客观地、实事求是地分析判断，经过讨论、研究、试验，形成我们自己的，适合我们国家，适合我们中国的学生学习自己的语文的整套的或者不止一套两套的理论，用实践来检验这些理论，找出对我国最适用、最有效的途径来。

第四，关于智力发展与学习成绩。

过去曾经有过这样的说法："分、分、分，学生的命根。"那是当作笑话来说的，是讽刺性的。不幸，在今天，实际情况比那个笑话有过之而无不及。实际上，分数不仅在某种情况下并不足以反映学生的学习成绩，更重要的是，分数在不少情形下，不足以反映一个学生的智力水平。我举唱歌、唱戏做例子。两个人分别独唱一支歌，一般人听起来，觉得甲唱得好，乙不如甲。可是内行的人有时却认为乙大有培养前途，而甲不过如此而已，前途有限。唱戏也是这样。什么缘故呢？就是乙虽然在这次唱的时候表现不够好，或者反映出他所受的训练还不够，但是他有这方面的素质，有这方面的能力，他的前进潜力很大。而甲仅仅是模拟别人的唱法，刻板的唱出来，他不能利用自己的智力来发展他唱的能力。我们现在总是满足于学生能够对付我出的题目，能够背诵我教给他的知识，如果他没有做到，他就"不及格"。我丝毫没有否定测验、考试的作用的意思，也决不完全否定分数一定程度的反映学生的学习成绩和智力。但是如果只注意到分数，从教学工作来说，恐怕是很不够的。在语文教学中，这个问题相当突出，两个学生同样写了别字，扣同样多的分，其实，这个别字和另一个别字反映的实质并不完全相同。两个学生同样念错一个字，反映的实质也不完全一样。一个学生知道带草字头的字都与花草有关，带木字旁的字都与树木有关，带禾字旁的字都与农业或农作物有关。他根据这种知识来推断一些字的字义，有时会推错了；而另一个学生根本不会运用这种知识去推断新接触的字，或者只是由于没记住老师怎么教的而写错、念错了。这两个孩子的智力没有区别吗？只要根据他们写了或者念了同样的错字，就扣同样多的分数吗？我们常常说作文不好评分。为什么不好评分呢？原因是阅卷者的好恶不同，标准要求不同。但是这个标准里边没有包含从学生作文中看他的智力这个因素，也就是看他的头脑这个因素。假如把这个因素加进去，并且作为一个重要因素，而把个人好恶这个因素尽量降低，作文的评分实际上不应该那么难。我在一个地方举过一个例子：孔融小的时候去看他的一个长辈，在座的还有另外一个老头。谈了几句之后，他去拜访的那个长辈夸奖他善于对答，讲话很有条理。另外一个老头说："小时了了，大未必佳。"孔融立刻回答了一句："想公小时，必定了了。"这当然只是一个传说故事，还可能夹杂着吹嘘孔融聪明的意思。咱们不从别的角度考虑，只就智力这一点看，孔融小时候头脑是敏捷的，他会用"以子之矛，攻子之盾"的逻辑辩论方法，他的智力是高的。如果写这个故事的人是为孔融吹嘘，这个人懂得点什么叫作智力。我们很需要从这一类故事中得到一些启发：要训练孩子什么，鼓励孩子什么，要求孩子什么。假如说，一个人思想品质如何，知识能力如何，他的家庭、社会、生活经历等各方面对此产生影响的因素很多，因而一生的变化也很多。那么，就智力发展这一点来说，儿童时期、小学教育时期所起的作用，那可就大得多了。如果从小用刻板的、僵死的方式把小孩的头脑填得满满的，只要求他死记、死背一些东西，不让他那种虽然幼稚，但是富有生机的思维能力、想象能力去充分发展，使他的心智从小受到戕害，正如把一只小鸟关在笼子里，不让它飞，只喂它良好的食物一样，这样一段时间下来，它的肌肉要萎缩，机能要退化，再把它放出笼子去，它飞不动了。对少年、青年怎么教，怎么要求，怎么测验，怎么考试，是一门大学问。只为了考好分，能升级，能升学，而不重视培养、发展他们的智力，这是短视的做法，是对教育的前途、对下一代的成长极端不利的。语文教学中需要认真研究这个问题。

  上面说的四点是互相有联系的，总的一个意思是：在我们今天已有的可喜的基础上，研究语文教学的改进问题需要深入一步，提高一步。反反复复谈了多次的那些老问题，什么"文道关系""精讲多练"，等等，不是说不需要继续考虑，继续讨论，而是说，只在那个水平上，你说你的，我说我的，转来转去，在一些字面上下功夫，不够了。我所提的几点，仅仅是我自己听了许多同志的讲话，看了许多老师的教学，并在许多老师的经验交流的启发之下想到的。我只是作为问题提出来。如果的确还是几个值得考虑的问题，答案要靠大家提出来。提这样几个问题，一则供进一步研究语文教学问题时参考，再则向关心语文教学的同志们请教。

1980年3月

语文训练问题需要加紧研究

这里要谈的是语文训练,不是语文教学。各级学校的语文教学有几方面的任务,语文训练只是其中之一;语文训练也并不仅仅通过学校的语文课来进行,此外还有别的途径。

语言、文字是很重要的工具——是人们交流思想、组织集体生活、组织共同的生产劳动的工具,也是进行社会斗争的有力武器。这里要着重指出的是,基于这种根本的性质,语言、文字还是学习和教育的工具。掌握和运用语言、文字的能力是高是低,在相当大的程度上关系到学习和教育的效率和效果。

每个人从幼儿时候起,可以在生活中自然而然的学会说话,识字之后可以自然而然的学会读书、写文章,乍看起来,语文训练仿佛很容易,没有什么值得研究之处。其实,不然。尽管话是人人会说的,读和写是识字的人都会的,然而有学得快慢、精粗、优劣之分。学语言,学文字,都有规律可寻。弄清楚这些规律,有意识地、恰当地运用于语文训练,可以大大提高训练的效率,一是可以更快,二是可以更好;否则,反是。很需要把语文训练作为一个科学问题加以研究。

近年来,语文训练工作和语文训练研究工作,也像文化、科学、教育领域其他各项工作一样,受到"四人帮"严重的干扰和破坏。语文训练中有些方面,过去摸索出一些经验,没有很好的总结;有些方面的做法还停留在相当陈旧的水平上;有些方面还根本缺少办法。这种情况,与发展教育、科学,全面实现四个现代化的要求不相适应。关于语文训练问题的研究,需要加紧做起来。

迫切需要研究的问题之一是识字问题。

汉字,当前实际使用的究竟有多少个;其中最基本、最常用的有多少个,是哪些,这些字在语言中的活动情况如何;比较常用的,不常用的,很少用的,分别有多少个,是哪些,它们在语言中的活动情况如何:需要进行科学的统计和分析。以前做过一些这方面的工作,但不全面,不精确。现在有更科学的方法,有新的设备(如电子仪器),为进行这种统计、分析提供了更好的条件。统计、分析的结果,将为识字训练的安排、设计提出有力的根据,使识字训练带有较多的科学性、计划性,减少一些盲目性,从而大大提高其效率。

汉字有它的特点。从识字训练的角度看,有不利的方面,也有某些有利的因素。在这个问题上,应当实事求是。不能不承认学汉字有它的难处,也不应当夸大它的难处，无视它的易处。汉字不是拼音文字，要一个一个地学，一个一个地记，虽然经过简化，数量仍旧不少，笔画仍旧相当复杂，认、记、写都有难处，这对识字训练是不利的。然而，汉字的表意作用，尽管现在已有限度，毕竟还有可以利用之处。象形、会意的痕迹，有一部分仍有助于学习；不少偏旁对于认识、理解、记忆整个的字仍有一定的帮助。汉字，基本上是每一个字代表一个单音节的语素，非常容易构成对偶、排比之类的组合，构成整齐押韵的短语和句子。这个特点是我们所知道的任何其他语言、文字无法比拟的，对于识字训练大有用处，传统的识字训练曾经有意识的（虽然不够科学的）利用这个特点。汉语的构词法有它的规律，经过选择的一定数量的字，能够构成大批有用的词，这个特点也是很突出的。对于这些有利因素，我们有笼统的认识，但是从识字训练的角度进行具体、深入的分析很不够。如果经过研究，能够把有利的因素充分加以运用，把不利方面的影响尽量缩小，那对提高识字训练的效率必将大有作用。

小学教育阶段的识字训练和成人扫盲的识字训练，很不相同，应当分别针对其特点，研究最有效的途径和方法。

成人扫盲的识字训练，目的任务单纯，可以更充分地运用汉字的特点，集中、快速地进行。在这个问题上，传统的识字训练方法颇有可参考处，值得很好地加以研究。我们应该有批判的吸取其合理的部分，运用我们新的科学研究成果，予以改造和发展，使之适应我们的需要。

小学教育阶段，问题比较复杂。学龄儿童进入小学，不是单纯来识字的，虽然对于一个儿童来说，开始识字是他在发育、成长过程中的一件大事。进小学，为的是接受有计划的思想教育和知识教育，发展智力。识字，是为了掌握工具，是为进行这些教育服务的；这些教育又在一定程度上依靠识字训练的成果。这里存在着如何处理好这两个方面相互依存、相互促进的关系问题。六七岁儿童的口头语言能力，思维能力，接受思想教育和知识教育的要求，都已达到相当的水平，然而他们还是"文盲"，才开始识字，而学习汉字的难处，又主要集中在开始的阶段。这中间存在着矛盾。在这对矛盾之中，儿童的智力发展和学习要求是主要方面。只能想方设法解决识字问题，来适应智力发展和学习的需要，决不应压住智力发展和学习要求，去迁就识字不足的困难。处理好这种关系，解决好这种矛盾，在小学教育阶段具有关键性的意义。处理、解决得是好是差，关系到整个小学教育的进度和成效。这个问题值得花大力量搞一些科学研究和试验。

初学阶段的识字训练问题，我们已经摸索了上千年了。封建社会有一套以"三、百、千""上大人、孔乙己"为代表的做法，其后是"人手足刀尺"的做法，又其后是"大狗叫，小狗跳"的做法；新中国建立后，有了很大的发展改变，开始"开学了"的做法。这种种不同的做法包含着重要的理论问题和实际问题，值得好好的分析、批判、研究、总结。

这里试为概括，大体上似曾走过这样三种路子。入学之始先集中一段时间突击识字，只求识，不要求所识的字都能讲、能写、能用；在这个阶段中以识字为主，同时另外进行一种写字训练，不受识字进度的约束；结合识字相机进行有限的一点思想教育和知识教育；这样搞一段时间（比如半年、一年），认识相当一批字（比如一千至二千）之后，转而开展阅读，以思想教育和知识教育为主，结合着巩固和扩充识字。这是一路。一上来就以思想教育和知识教育为主，在初识之无的基础上就大量阅读，阅读中接触的字，只要求理解、记忆一小部分，大部分"囫囵吞枣"的念过去，懂多少算多少，基本上是听其自然的逐渐积累。这是另一路。把识字训练和思想教育、知识教育基本上拉齐，相互依存，相互制约，两方面的进度都放慢一些，但都要求"掌握"，基本上不容许"囫囵吞枣"，凡认识的字，都同时要求能读、能讲、能写，并且记住，随着识字量的增长，相应地逐步扩充阅读的内容、范围和数量。这是又一路。这三种路子分别是以一些什么样的理论为依据的？实际的效果如何？各有哪些利、弊？专就方法而论，是否存在取长补短，形成一种新的、比它们更科学、更全面、效率更高、效果更好的做法的可能性？

现在，我们有了一套汉语拼音字母，并且已经一定程度的推广、普及了。在这个新情况下，应当研究怎样充分运用这个工具为识字训练服务。如果经过研究、试验，探索出一套切实可行的办法，将使识字训练以至整个小学教育在进度和效率上发生相当大的变化。有这样一种设想：学龄儿童入学之始，用很短的一段时间学会拼音字母，此后，即以拼音字母为工具，开展有计划的语言训练和完全适应他们的智力发展和学习要求的、内容丰富多彩的阅读训练，改变以往初学阶段的读物由于受到汉字牵制而远远落后于儿童智力要求的状态，也改变以往初学阶段把精力全部倾注在很难对付的汉字上，以致忽视了十分重要的语言训练的状态；在适当的时候，在语言训练和阅读训练中，逐步有计划地引进汉字，从少到多，从简易到繁难，阅读材料从以拼音字母为主、汉字为辅，逐步到以汉字为主、

拼音字母为辅,再到全用汉字、拼音字母退而为纯粹的注音工具,在这个过程中,完全按照汉字本身的特点和规律,与阅读训练平行的但是分别的进行识字训练;认识了一定数量的汉字之后,有计划地按照汉字结构特点进行写字训练。这种设想的基本思路是:借助拼音字母开展语言训练和阅读训练,识汉字,写汉字。这三者各自按照本身的要求去进行,不互相干扰,不互相牵制,三途分进,逐步靠拢,终于达到胜利会师,完全结合在一起。估计采取这样的办法,用四年时间,可以从从容容地完成以往六年的工作,或者用稍多一点的时间达到比以往小学毕业生高得多的水平。当然,这还只是一种设想,有待研究,有一些显而易见的问题(比如,推广普通话问题等)有待解决,特别是有待实地试验。

无论是小学阶段还是中学阶段,语文学科之外的其他学科,实际上都与语文训练有关系,这也是一个值得研究的问题。语文训练为其他各门学科服务,其他学科又对语文训练起到很大的推动和协助作用。同一个时间内进行的各方面的教育是相辅相成的,而不是各自孤立、互不相干的。相互间的这种关系是客观存在的,不论你有没有意识到。变无意识的互相影响为有意识的互相配合,效果显然会更好。怎样配合,是值得作为一个重要题目来研究研究的。以往,编语文教材的不管别科教材是什么模样,编别科教材的不大理会语文教材是怎么编的,各搞各的,互不相谋;教学工作者亦然,你教你的,我教我的,小而至于你用你的简化字,我用我的繁体字,你说你的普通话,我用我的方言,你用你的拼音字母,我用我的直音,你搞你的语法、标点、书法,我认为那是无关宏旨的小节。这种"严格分工""各自为战"的状态,很需要打破一下。

另一个迫切需要研究的问题是逻辑、语法、修辞训练的问题。这个问题关系到培养阅读、写作能力的效率和效果。逻辑、语法、修辞训练搞得好,颇有助于培养提高阅读、写作能力的效率,培养得更快些、更好些;搞得差,至少是徒然耗费一些时间、精力,虽有若无,不起什么作用。

在我国,相当于我们现在所说的逻辑、语法、修辞的概念是古已有之的。属于逻辑、语法、修辞性质的专题研究,以及在语言训练中综合的运用这些研究的成果,有很久的历史。虽然有些做法并不是很自觉的,而且从不打出逻辑、语法、修辞这一类的旗号,不大讲这一类的理论知识。传统做法中有不少封建糟粕,里边也有某些合理的东西。这些东西是土生土长的,富有民族色彩,符合汉语、汉文的特点,经过长期实践,因而是行之有效的。对传统的做法仔细考察,具体分析，批判其错误的、陈腐落后的部分，参考其合理的、有用的部分，既不全盘接受，也不一股脑儿抛弃，这样对改进、提高逻辑、语法、修辞训练的方法、效率，会有一定的帮助。

19世纪末，在维新运动"学西方"的浪潮中搬来了西方的逻辑学、语法学，其后又搬来了人家的修辞学，并且相继把这些运用于语文训练。几十年中间，做法上有过一些变化。旧日的师范学校和部分高级中学曾经开设过逻辑课、语法课和修辞课；其后又多半取消了这些课，而把语法、修辞纳入"国文"课里，纳入的办法又有所不同，逻辑则多半不怎么理会了。新中国建立后，语法受到重视，语文课里一直或多或少的教些语法知识，也教点修辞知识，还有一度专设了汉语课，其中教了不少语法知识和一些修辞知识；逻辑，则只在不长的一段时间里附在语文课里教一点，没有专设过逻辑课，逻辑主要在大学哲学系里作为一门专业课教学。几十年搞下来，从语文训练的角度看，是否有些成效呢？有，但是不大。这个问题，值得花些力量好好总结一下。有了哪些成效？这些成效是怎样产生的？成效为什么不大？这几门"学"的本身存在什么问题？在语文训练中运用这些"学"的方法存在什么问题？如果能够把几十年的经验、教训准确地总结出来，那对于研究今后怎样改进，将是大有益处的。

从语文训练的角度看，并且是从对我们本国的学习者进行汉语文的训练这个角度看，逻辑、语法、修辞这三者的重要性是等同的呢，还是有所不同？如果有所不同，何者最重要？何者比较重要？就汉语而论，字词、语句、篇章的运用中，是涉及逻辑的问题比较多些，还是涉及语法的问题比较多些？在汉语、汉文的运用中，修辞与逻辑、修辞与语法分别有哪些关系？

理论联系实际，这是一个基本原则。就语文训练中的逻辑、语法、修辞训练而论，这个原则应当怎样体现？哪些基础理论知识是必要的？这些知识应当怎样教，怎样学，怎样联系实际？哪些理论知识在语文训练中是并不必要的，只要通过有目的、有计划地安排的作业就能熟练掌握？在这个问题上，以往有过哪些经验教训？传统的做法和现代科学在哪些方面存在着互相配合、综合运用的可能性？

逻辑、语法、修辞，作为三门不同的"学"，是完全应该分别进行研究的，它们分属于不同的科学研究领域。当然，在分别研究时也应该注意到彼此的关系。但是，从语文训练的需要着眼，它们是应当作为三门"学"来对待、处理呢，还

是应当充分结合起来，综合的加以运用？它们结合得起来吗？答案应当是肯定的。逻辑研究思维形式的规律，语法研究思维的物质材料——语言的规律，修辞研究语言运用和加工的手段，它们是近邻科目。问题只是怎样结合，怎样结合得好。以上这些问题都值得大力进行研究。

语文训练不单是课堂里的事，也不单是学校里的事。每个有文化的、能读能写的成年人如果仔细查看一下自己的语文能力，他将发现，他认识的字，掌握的词、成语、谚语，等等，能够熟练运用的表达形式，相当不小的一部分不是从语文课中、从学校里，而是从别的学科中、从自己的阅读活动中、从社会生活里的接触和实践中学到的。他还将发现，他说话的习惯和能力、读书的习惯和能力、写东西的习惯和能力之中，无论好的方面或者不大好的方面，大都能从语文课堂以外的其他接触和活动中找到对他有过影响、起过作用的来源。这样讲，不是要贬低学校语文课的重要性，而是要指出：对语文训练有重要影响的因素很多，这些因素客观存在着，实际起着重要作用，却往往不为人们所觉察和重视。只是把培养语文能力、提高下一代以至全社会的语文水平这样一件大事，整个的寄希望于学校的语文课，这种认识对语文训练是不利的。这个问题应当引起重视，应当加强这方面的研究。

比较迫切的有两个方面。

一是迫切需要为儿童、少年、青年以至成年的广大群众提供必要的工具书和读物。工具书有多种，单说字典、词书，需要就十分迫切。应当有分别适合小学生、中学生、教师、各级干部以及广大社会人士的，初级的、中级的、高级的，解决现代汉语问题的、解决古典语言问题的、专门解决虚词问题的、解决同义词问题的、解决外来语问题、科学术语问题、成语谚语典故问题的，等等，各种不同程度、不同类型、不同目的任务对象的词典、词书。为此，需要研究的问题很多。哪些是最急需的，比较急需的，以及词典编纂工作的若干原则问题、理论问题、具体问题，都有待深入研究。开展这方面的研究，几乎可以说是刻不容缓的。儿童、少年、青年、教师（首先是语文教师，也包括其他学科的教师）、语言文字工作者，都需要有一些语文训练方面的辅助读物，介绍有关语言、文字、逻辑、语法、修辞、阅读、写作的基础知识、基础理论，教和学的方法，实践活动的材料，等等。需要浅易的、通俗普及的，也需要一些专门性的，交流经验、探讨学术性问题的。这里边，也颇有一些有待研究的问题。还需要一些有助于提高语文能力的一般读物（其阅读目的和实际效果都不限于提高语文能力，这里是只从这个角度着眼）。这里边值得研究的问题恐怕更多些。从儿童到成年，人们阅读的需要和兴趣是很广泛的，但是人们有许多东西要学，有许多事要做，能够用于个人阅读的时间很有限；书籍很多、很杂，并不是任何书都适合任何人读的。这是涉及许多人的问题，并且是属于社会教育性质的一个大问题，很值得重视和研究。时常看见有的孩子抱着老厚的一大本古典的或外国的文学名著，急急忙忙、狼吞虎咽地往下读。是应当鼓励呢，还是应当劝阻？感到很为难。是不是应当多搞些选本、注释本、节缩本、改写本之类呢？有些文学名著，是不是不论谁，既读就必须读其原书，一字不可易呢？——比如，我国元、明有的小说中，"在门口坐着"写作"在门口坐地"，"孩子们"写作"孩子每"。是不是不论任何人，要读就只能照它原样去读，让他自己慢慢去悟出来：原来"坐地"不是"坐在地上"，而是"坐着"的意思，现在的"们"以前曾经写作"每"；如果他悟不出来，发生了误解，只好由他去？还是在某种普及本里可以或应当干脆把"地"改为"着"，把"每"改为"们"？诸如此类，值得研究探讨的问题很不少。在这个方面，国外有些做法值得有分析、有批判的参考参考。

再就是关系到语文训练的社会影响问题。社会上充满了语言、文字。首先，人们从早到晚不停地说话、交谈，有的是很郑重的，如电台上的广播；人们在工作中要看不少文件、材料；许多公共场所、商品、器材有书面的说明、指导或各种规定；人们经常阅读报纸、刊物和其他各种出版物；等等。所有这一些都在起着语文教师的作用，向儿童、少年、青年和全社会的人进行着语文训练。这个力量是十分强大的，所起的作用是十分深远的。怎样充分调动、运用这个力量，是一个很值得研究的问题。应当说明，那些工作的本身就要求正确的、有效率的运用语言、文字。比如报纸，语言、文字质量高低，对于是否能够很好地完成其宣传、战斗任务，关系很大，提高语文质量是它分内的事，并不是为了帮助语文教师进行语文训练。它们客观上所起的语文训练的作用只是个副产品。然而这个副产物很重要，很有价值。一切工作，凡是要用语言文字作为工具的，都应当努力提高语言文字的质量，首先为了更好地完成本身的任务，同时也就为儿童们、青少年们以至全社会提供了良好的学习语文的环境和无数个"教学能力很强的语文教师"。这个问题很值得重视，值得研究，并且采取一些切实可行的办法，群策群力地把它解决好。（这项工作，还有十分重要的推广普通话工作，建国后一度受到

重视，曾经取得了很好的成效。）

以上谈了三个方面的问题，也还只是举其大要。此外，如幼儿的语言训练问题，各级师范学校的语文训练问题，等等，有待研究的问题还很多，要出题目，还可以列出一长串。事情要一件一件地做，问题要一个一个地研究，性急不得。然而，也唯其要做的事情、要研究的问题多，就更需要抢时间，争速度，该研究的问题就应当赶紧着手，研究起来。

1977年8月

要重视接受与表达的训练

语文训练是为了培养语文能力。我常用"语文训练""语文能力"这些说法，不常用"阅读教学""写作教学""读写能力"这些说法。

语文训练，从语言是表达思想的工具这个角度来说，包括口头语言的训练和书面语言训练。从另外一个角度说，因为语言是交际的工具，而交际有两方，一方表达，一方接受，所以语文训练包括表达和接受两方面的训练。我们平时教学中常说的听、说、读、写这四种训练，其中说和写就属于表达一方面，听和读则属于接受一方面。进行语文训练，就应该把听、说、读、写都包括进去。学习外语常常提这四个字，但是学习本国语，却往往把口头语言的听、说丢了。在书面语言这一头，往往又特别重视写，把读放在次要地位。听、说、读、写四项各有其特点和规律，不能互相代替；四种能力又是相互依存、相互制约、相互促进的，不可割裂开来，有所偏废，顾此失彼。处理好四者的关系，是语文教学必须解决的一个重要问题。

听的能力在社会生活中的作用很重要。听讲课，听报告，听广播，看文艺演出，参加社交活动，搞财务、经济、贸易等工作，总之，学习，工作，交往，处处离不开听，都需要人们具有一定的听的能力。"一聋三分傻"这句俗话，也从反面说明听的能力的重要性。稍一留心就会发现听话的能力并不是人人都一样的，有人善于听，有人不善于听。比如几个人同时听一个人讲话，有的能够敏锐的理解讲话的内容，准确地抓住重点，回去能够向别人复述出来，这就表示，他听的能力比较强；有的人不能充分理解讲话的内容，所得的印象比较朦胧，不得要领，复述不出来，甚至听完以后，了无痕迹。听的能力同人的其他能力一样，是在活动中形成和发展起来的，因而，是可以训练的。不少老师已经注意到这个问题，而且还摸索出来一些训练的方法，比如听写或听后复述，等等。这种听的能力的训练，不仅极有利于阅读能力的提高，而且由于讲话的人是在连续说出一个又一个的音节，因而训练听的能力可以促使思维的敏捷。再有，要想充分理解讲话的内容，必须集中注意，这就又培养了学生的注意力。所以，听的能力的训练，作用很大，不容忽视。

再谈"说"。在我国长期封建社会里，人们只重视书面语言的训练，忽视口头语言的训练。孔子那时有"言语"科，内容已不可考。大概春秋战国时，口头语言的运用还比较受到重视，因为国与国之间的交涉很多，外交活动家必须有口才，而且要机智敏捷。春秋三传里记载了许多人物的对话。不仅纵横家，诸子百家都是能说会道的。《孟子》《庄子》《荀子》《韩非子》等，无不记载了大量的谈话和辩论。以后，封建统治阶级搞科举考试，特别重视文章，连所谓"策问"也是笔答，不是当面口试。读书人都是靠"几篇文章定终身"。相沿成习，许多年以来，人们对写一直是最关心的。当前，由于林彪、"四人帮"对教育的干扰破坏，许多青年写的能力很差，社会上更加重视了书面语言的培养。其实，如果仔细观察一下，青年的口头表达能力又怎样呢？就我所见，许多青年口头语言十分贫乏，很不规范，甚至粗野。他们何止是书面语言能力差啊！

有一种错觉，以为口头语言很容易掌握：从小就会说话嘛！并且，对听说的重要性也缺乏认识。实际上，以说话作为工作的主要手段的很多，如教师、演员、外事人员、工厂里的外勤人员等，决不比以写文章为主要工作手段的少。尤其是教师，他不仅用说话来进行工作，而且他的口头语言对他教育过的那些满天下的桃李弟子的一生都会产生影响的，口头语言的用处和重要性决不低于书面语言。

不仅如此，现代化传声技术的发展，电子计算机的运用，要求对口头语言的训练给予足够的重视。这里还涉及推广普通话的问题。五十年代刚提出这个问题的时刻，有的人不理解推广普通话的重要性。当时，最有说服力的是部队同志举的例子：战士来自五湖四海，排队传个口令，由于语言不统一，越传越走样，传到最后就不知所云了，如果打起仗来，这还得了吗？现在，这个例子已经不够了。今天已经不是嘴对耳朵说话，而是在空中、在地下、在海里，人对机器说话。机器只能听一种标准的规范的话。这就要求人们学好普通话，接受口头语言的训练。以前，我们说，一些现代化国家的新闻记者和作家，已经不多用钢笔和墨水，而是人手一架打字机。现在，甚至连打字机都不依赖，而是人手一个小小的录音机，这边说话，那边就排印出来了。没有"出口成章"的训练行吗？到现在还忽视口头语言，这是对语文训练缺乏现代化的眼光。所谓"现代化"，不光是指科学技术、经济发展水平等方面的问题，也包括社会科学、文化发展水平等方面的问题。它涉及的方面很广，需要一步一步地去做。至少，我们现在的认识要跟上去。再拿封建科举考试的眼光来看待语文训练，这种认识就太陈旧了！

我这样说，丝毫没有降低书面语言重要性的意思。我只是想着重指出，应当全面地考虑语文训练，处理好听、说、读、写四个方面的关系，万不可再像过去那样忽视口头语言了。

上面提到语文训练包括接受训练和表达训练两个方面。下面专就表达训练谈一些我的看法。表达训练包括口头的，即说的训练和书面的，即写的训练。它区别于接受的训练，即听和读的训练。

表达训练的标准，简言之，就是三个字：对、快、好。

第一是"对"。对，就是合乎事理，合乎规范。

现在，语言不合事理的现象很多。比如，某医院里的黑板报上写着："积极行动起来，不随地吐痰！"前句的"积极行动"和后句的"不……"是互相矛盾的。某报纸一幅照片的说明写着："在老舍夫人画家胡絜青的家里，她兴奋地和来访记者交谈。""她"指谁？原来就是指老舍的夫人。可是给人的却像是另外某个人。这类的话，不留心就过去了。稍想一想，是不合事理、不合规范的，让人理解起来发生困难，甚至引起误解。学生在谈话和作文中类似的这种现象更多了，我们在进行表达训练时，一定要注意防止和纠正。

第二是"快"。表达要讲速度。不论是说，是写，都要有一定的速度。首先，要反应快。有的学生反应迟钝。很简单的问题，呆了半天还回答不出来。不是不知道答案的内容，而是说不清楚。说出来又拖沓累赘，支离破碎，"啊""嗯"，"这个，这个"之类的赘语很多。写，也是这样，很简单的意思，涂来改去的写不清楚，这都是表达训练不足的反映。要又对又快，做到接近于"出口成章，下笔成文"。

第三是"好"。好，一就是适度，就是繁简、详略等都合适；二是得体，就是注意到对象、场合，做到恰如其分；三是动听，就是做到让人爱听，爱看，有感染力和说服力。

对、快、好，前两项可以定出训练的规格、标准，而且要有数量指标。好，具体的规格、指标比较难定，但是也能提出若干原则，也是能衡量的，不是不可捉摸的。规格标准怎么定？还是要从调查入手。要了解从幼儿到青年语言能力的发展途径、规律。过去，我们对这方面缺乏研究，要加紧补上这一课。比如，两岁半的幼儿一般会运用哪些词汇，哪些句式，哪些思维形式？三岁？四岁？……十五岁？某个阶段容易在哪些方面发生困难？诸如此类，都是可以找出条理来的。摸到了规律，规格、标准就好定了。

在表达训练中，处理好思想内容与语言表达的关系是个值得重视的问题。

说一篇话或者写一篇作文，无非四种情况：思想内容和语言都好，思想内容和语言都不好，思想内容好而语言不好，思想内容不好而语言好。前两种情况好办。后两种情况怎么办？这个问题在评分的时候最容易显示出来。是不是只要思想内容好，即使语言很不行也应当评给好分数？或者思想内容不好，即使语言很好也只能给坏分数？或者相反，不管思想内容怎样，完全按照语言的优劣评分？或者把两方面"结合"起来，"综合平衡"一下，给一个折中的分数？这几种办法恐怕都是值得斟酌的。表达训练不是文学创作实习，评价一篇表达练习和文学批评不是一回事。另一方面，对于学生在表达练习中反映出来的思想状态是不能不予理睬的。这里很值得注意的一点是，所谓思想内容，指的是所反映的真实的思想，而不是仅仅指用了些什么词句。评分是次要的事，要根据语文训练的要求进行正确的指导。

表达训练要处理好三个关系：一、口头与书面的关系；二、模仿与创作的关系；三、局部与整体的关系。这几个方面都有阶段性。口头能力发展在前，书面能力发展在后；开始学习时模仿较多，幼儿学习语言纯粹是模仿，有了一定的基础之后逐步自己创作；先掌握局部，逐渐掌握整体。但是三者又都有反复性，不是一次完成的。口头语言成型早，但是语言的内容、语言的组织都在不断地变化发展，口头和书面一直在互相起着作用。会说——会写——会说得更多一些——会写得更多一些，如此循环反复，逐步提高。学前期的儿童阶段，要把口头语言训练作为主要的训练，在口头语言的训练中渗透进去必要的知识教育和思想教育。进入小学以后，逐渐增加书面训练，但是口头训练在整个普通教育中要一直受到重视。模仿与创作的训练，局部与整体的训练，也是这样。

三种关系，每组之间的两个方面既是有区别的，又是互相作用、互相包容的。

口头语言里有书面语言，书面语言里有口头语言；模仿中包含创造（大家对着一只杯子写生，画出来的各不相同，每个人画的都包含着他的个性在内），创造中包含着模仿（所谓创造常常是某种过去见过的东西的再现）；局部组成了整体，局部又有它的完整性。

口头、书面，模仿、创造，局部、整体——六者互相结合，可以产生多种多样的训练方式。当然，某一个阶段要有适当的重点，着重进行某一种或某几种训练；但是，几个方面要一直有计划地搭配好，不应抓住一个方面，偏废其他方面。没有重点或者有所偏废，都会影响训练的效果。

1979 年 3 月

怎样对待语文知识

这里说的"语文知识"主要指有关文字、词汇、语法、逻辑、词章这些方面的基础知识。

语文教学中究竟应当怎样对待、处理这些知识呢？这里作为一个问题提出来，供关心语文教学的同志们考虑、探讨。

先回顾一下历史。我国古代有相当发达的文字学、训诂学，稍后有声韵学。但是，这些"学"主要是少数专门家的研究对象，在蒙馆、学塾中以至在中级和高级的府学、州学、太学中并不教这些知识，虽然在教学工作中以各种方式多多少少运用一点这种知识，比如，从小练习对对子，里边就包含着词汇、语法、逻辑、声韵的因素，读经、习文，里边有文字、训诂、词章的因素。清末兴办学校以后的"国文"课，也不教那些知识，主要是读文章、做文章。20 世纪 30 年代前后，有人试图在"国文"课里教一些知识，面不广，时间不长，成效不大，又逐渐停止了。新中国成立后，50 年代试验过汉语、文学分科教学，汉语课里系统地教那些知识，但是整个试验只持续了两年左右就被废止了。此后只在语文课里很少的夹一点那些知识，有的老师教，有的不大教，有个时期完全不教。一直到现在还是这种状态。通观若干世纪以来我国的语文教育，总的趋势是不提倡教知识的。

那么，是靠什么办法培养年轻人的语言能力呢？用咱们现在的字眼来说，就是靠实践。开头背诵"三、百、千"，写仿影，临字帖，对对子，接着，大量背诵

"四书"、"五经"、古文古诗，大量做文章，其下焉者读"闱墨"、习八股。十年寒窗，就是干这些事。理论上叫作"熟读精思""勤学苦练""书读百遍，其义自见"，只要"读书破万卷"，就会"下笔如有神""熟读唐诗三百首，不会作诗也会吟"。这个办法当然不会收不到效果；从读写中学读写，道理上是很说得过去的。历史上不少杰出的诗人、作家以及一般学通了的人也就是这么学出来的。这套办法有深厚的传统，很有说服力，大家对它很习惯。

近二十年来，语文教学中流行几种说法。比如："语文课是实践课，技能课，不是知识课。""不要把语文课教成政治课或者文学课，也不要把语文课教成单纯的语文知识课。""语文知识是辅助性的，是为培养读写能力服务的。""必须把知识化为技能。"被普遍接受的教学语文的有效办法、经验或者说规律，是"精讲多练"和"多读多写"。"精讲"主要指老师的教法，学生的学法归纳起来就是"多读、多写、多练"。这些说法显然都有道理，虽然个别说法还可以再斟酌斟酌，说得更准确、严密些，比如，第一个说法把"实践、技能"和"知识"对立起来，第二个说法的"单纯的语文知识"稍微费解一点，还需要再推敲一下。同样显然，所有这些说法都和前边说的传统经验有些渊源关系，虽然或多或少的加入了一些新的概念。

大概可以得出这样一个看法：除了个别的很短的时期之外，除了少数的学校和教师、少数的研究者之外，我国从古及今历来的语文教学工作中是不大重视或者很不重视以至排斥教学语文知识的。

当前，我们正在从各个方面、各种角度探索改进语文教学的途径。怎样正确、妥善地对待、处理语文知识，也应当在探索之列。

应当深入的研究传统的做法和看法，看看其中有哪些合理的、行之有效的经验，需要很好地继承、充实和发扬；也要看看其中有哪些局限、不足和缺陷，有待我们去补充、突破以至改造、创新。

一种做法行之若干世纪而不衰，这个事实本身是值得重视的。无疑，它有合理的、可取的因素，所以人们才抓住它不放；无疑，这里边也有多年来形成了习惯势力的因素，所以人们习惯于它，不能或者不容易突破它；无疑，由于上述两方面的情况，使得语文教学领域缺乏研究、探索的风气，以致任何新的做法都很难引起熟悉老路的一些人的重视，很难得到充分的研究、实践，常常只能停留在幼稚、不成熟、不完善的状态，因而一时不易奏效，人们对它感到生疏、别扭以至怀疑。研究中要把传统中的不同因素找出来，区别开，实事求是地、恰如其分地做出论断，提出办法，不能混杂一起，迷失在错综复杂的现象之中。

需要深入研究知识和技能之间的关系。理论必须联系实际，不能为知识而知识；有用的知识是必要的，不能排斥知识，不能满足于"习惯成自然"，仅知其然不知其所以然的技能。有的技能就是来源于生活实践，几乎不需要求之于任何理性认识，至少就一般人（非专门家）是如此；有的技能要求某些知识为其向导，至少，具备不具备某些知识对于所形成的技能有影响，产生精粗、高下、快慢的区别。了解汽车的构造、原理这些知识的人和对此一无所知的人在学习和掌握驾驶技术时的情况总是不会一样的。有的知识，一旦获得了，立即或者很快就能转化为技能，付诸实践；有的知识，获得之后还需要有个相当的过程，在与其他知识相互作用之下，在不断地实践之中，才能逐步形成准确、熟练的技能；有的知识，甚至很难看到它形成某项具体的技能，然而具备或者不具备这项知识使人对有关事物的认识、理解、态度有所不同，因而也很难说它对于人的实践是无关的。总之，情况是复杂的，不宜简单化，不宜执其一端，不及其余。需要一般的研究这些问题，更需要具体的研究各项语文知识和语文技能相互关系的诸多实际问题。这样，就能更自觉地设计出方案，采取有效的办法，加快知识到技能的转化过程，使它们相互为用，相互促进。

研究这个问题需要加上现代化这个观念。所谓现代化，笼统、粗浅地说，大概有大面积、高效率这么几个特点。"僧推月下门——僧敲月下门"，骑在驴背上沉思默想，"十载寒窗"，"铁砚磨穿"，作为轶事来讲，作为黾勉后学之说，都不失为美谈；认真那么做，却是不符实际的了。"生活的旋律"要快多了！语文教学中，究竟什么办法能够加快点速度呢？

培养严密思考的能力，培养认识事物的能力，培养学生自己发现问题、解决问题的能力，都应当列在教学工作的任务表之中。这也与正确、妥善地对待和处理知识的问题有密切的关系。

还应当指出一个现象。建国三十年来，通俗普及的语文知识书（文字的、语音的、词汇的、语法的等）出版了许多，每出一本，印数都很大。我没有统计数，不过，可以断言，远远超过了历史上任何一个时期。读者呢？绝大多数是离开了学校、走上了工作岗位的人。在学校里不大学这些东西，出了学校再去补这些东西，这里边有没有一点矛盾呢？很值得思考一下。可是，不论在学校里或者出了学校，学了这些东西据说一般感到用处又不大。这，也值得思考一下。印数很大，用处不大，这个矛盾更值得思考一下。

《语文教学》公开出版，编辑部嘱写稿。无以为贺，提出这么个问题，一则向同志们请教，同时也作为一个祝愿，盼望这份新刊物带领大家多研究些问题，并且取得好的成果。

1980年1月

第三节 阅读教学

品读提示

在阅读教学方面，本书选择了《要重视阅读教育和阅读教育研究》《谈语文教学中的阅读问题》《读是写的基础》《谈谈单元教学》《关于精讲及其他》等五篇文章。阅读教学一直以来都是语文教育中的一个重要板块，张志公在《要重视阅读教育和阅读教育研究》一文中认为阅读教育是一个很重要的问题，对中学生的课外阅读，一是要提供机会，二是要保证时间，三是要给予指导。提供机会，主要指要提供好书，提供充足的图书，使他们能拿到书看。并认为阅读在学生中产生了怎样的效果，对于学生的思想品德、智力开发，产生了怎样的作用等方面需要加强阅读教育研究。听、说、读、写是什么关系？如何提高学生的阅读能力？一直是语文教师关注的重要论题，张志公在《谈语文教学中的阅读问题》一文中认为语言包括表达就是"说"和"写"，接受就是"听"或者"读"。听、说（即口头语言），读、写（即书面语言），这四者之间既有区别又有联系，是不能相互代替的。在语文训练中，这四个方面都应该重视，某一个方面的能力的提高，对另三个方面能力的提高都有促进的作用。并进一步认为阅读能力，包括三个方面的因素，即理解、记忆和速度。阅读，首先要读懂，并且能够记得，进而还要读得快，这才算是有较高的阅读能力。关于阅读教学的方式方法方面，张志公在《读是写的基础》一文中认为读指的是：朗读、精读、熟读。多读既指学生自己读，也涉及教师怎样讲，怎样指导学生读。提高语言能力必须以朗读、精读、熟读、多读为基础。在这篇文章中，张志公还提出学生作文评判的三个标准，首先，必须有正确的、值得写的意思；其次，必须有丰富的语言材料——记得足够的字、词、成语、习惯语，掌握足够的句

子格式；再次，必须有活泼而严密的思路，会用多种多样的表达方式和方法。在《谈谈单元教学》一文中，张志公就单元教学的界定、单元的组成、单元与单元之间、单元教学的作用等方面谈了自己的看法，并认为在一个教学阶段或一个教育阶段中编组若干教学单元，一要根据语文知识、能力进展的规律，二要根据教学规律，三要考虑到不同阶段的学生的学习心理之类的因素。单元教学体现教学的科学性，也体现教学的艺术性。精讲一直是语文教学最基本的教学方式，张志公在《关于精讲及其他》一文中认为精讲的"精"，是质量概念，不是数量概念，讲什么，讲得多或少、详或略、深或浅，都要恰到好处。怎么才叫恰到好处，即一切要从实际从出发，实事求是，讲求实效，也就是说要看是什么文章，对什么人讲，文章中有什么东西可讲并且必须讲，以及学生需要讲些什么而定。

要重视阅读教育和阅读教育研究

评书活动揭晓了，很好。你们搞的这一活动很适时，也很有意义，可以说，这件事功德无量，你们要总结经验，发出呼吁，让全社会都来重视、支持，使这个活动起到推动作用。

阅读教育是一个很重要的问题。近年来，国际上一些发达国家都很重视这个问题。据我所知，国外有一个机构叫作"国际阅读教育研究会"，他们曾通过香港中文大学一位教授，转给我一封信，询问我们内地有没有类似这样的机构，很想跟我们建立联系。你看，阅读教育已经成为一个专门研究课题，还建立了国际专门机构，不正说明它重要吗？

对中学生的课外阅读，一是要提供机会，二是要保证时间，三是要给予指导。提供机会，主要指要提供好书，提供充足的图书，使他们能拿到书看。日本的中学，鼓励每个班自己办一个小图书室，书籍有捐赠的，有大家集资买的，有从校内外图书馆借来的。学生推举出管理员，自己管理。这个办法很好。记得在"文革"以前，我们有些学校也这么做过，应该恢复和提倡。至于如何保证学生有阅读时间，我还想多说几句。从现在学校的状况看，学生课外阅读时间很难保证。作业那么多，负担那么重，课外和课内没有多大区别，学生根本顾不上看课外书，甚至连课本也很少认真地看。这样搞，只会使我们的孩子越学越蠢。教师负担也太重。各方面的负担，业务负担、家务负担、经济负担，弄得教师没有时间看书，也没有钱买书，这是个很大的问题。教师不看书，怎么能指导学生看书？我看，在学生中开展课外阅读，也得为教师读书创造些条件。上海育才中学的校长段力佩有魄力，他就不让教师搞题海战术那一套，很重视学生的课外活动、课外阅读。几个月前，我到石家庄一所中学参观。这个学校建立了一个很大的学生阅览室，墙壁上挂着一幅醒目的条幅"无知比贫穷更可怕"，大家要都这样办学就好了。把读书风气树立起来，孩子们的智力、能力才能得到充分的发展。读书指导也很重要。中学生的分辨能力还比较差，读什么书，怎样读书，教师要给予指导，报刊也有责任做些引导工作。我希望《语文教学通讯》这次开展评书活动，不要评出好书，发完奖就算完，要做些追踪调查工作。譬如，学生究竟喜欢哪些书？这些书好在什么地方？可以发表学生的读书心得，也可以请获奖作者写文章，谈一谈他写某一本书的经过，总结、介绍一点经验。课外阅读在学生中产生了怎样的效果，对于学生的思想品德、智力开发，产生了怎样的作用？都可以搞一点典型调查。当然，这些工作都让一个刊物承担有困难，有关部门、学术团体，大家都来关心，那情况就大有可观了。

我念中学时，还真读了不少的书呢。那时，老师规定我们要读的书，有梁启超的《饮冰室文集》，有史学专著《古史辨》，还有杜威、罗素等人的著作。新旧文学作品，更不必说了，只要能拿到，总要一读为快。当时，我们还接触了大量的报纸杂志，有《生活》《生活周刊》《东方》《新中华》《世界知识》《科学画报》，还有《国学周刊》《西风》《英文周报》，等等。正像鲁迅说的，我们的头脑就像被古今中外各种马队践踏了一遍。这固然有背上了古老鬼魂的不利的一面，但不可否认，也有给了我们多方面知识的积极的一面，说实话，至今我还在吃这些老本。因此，我希望今天的中学生，阅读面也要尽可能的宽一点，不要只读某一学科的书，要广读博览，兼收并蓄。不过，现在广泛阅读也确有实际困难。据别人统计，现在一年的图书出版量，几乎等于过去两千年出版物的总和，期刊、丛书、专著多得简直目不暇给。这样，阅读能力低就不行。国外在研究如何速读，知道该读哪些书，怎样读得快，又能抓住重点，获取知识。我们也要研究这个问题。有些书详读、细读，有些书完全可以略读、跳着读。读得多了，自己就会摸出一套读书方法来。出丛书是个好办法，现在有人在编辑出版《小学生文库》，不妨也搞一点中学生的课外阅读丛书。譬如最低限度要读哪些书，放宽一点可以读哪些书，有一个基本的东西，学生读起来就方便些，也便于指导。今天，我们为青少年提供的良好读物太少了，社会科学方面的普及读物更少。过去，林汉达先生编著的几本历史故事集，既传播了历史知识，又有文学性、故事性，是很好的普及读物，却长期没有再印行。听说最近重印了。像这样的书，要介绍给学生读。我国有丰富的文化遗产，单是优秀的古典文学作品就有许多。像《三国演义》《水浒》《西游记》，让中学生人人都去看原著，确实也有困难。那么，为什么不可以搞一点节选本呢？包括五四以来的名著，像茅盾的《子夜》、巴金的激流三部曲《家》《春》《秋》，都可以搞一些适合中学生阅读的节选本。否则，再过些年，像"三个臭皮匠，顶个诸葛亮""半路上杀出个程咬金"等一些成语，他们就不知道是怎么回事了。国外很重视这个工作，有《希腊故事集》《莎士比亚戏剧故事集》等，人家注意做普及工作。我看，要提高全民族的文化水平，不搞这个东西不行。

谈语文教学中的阅读问题

语言是交际工具。在人和人的交际中，有表达的一方，有接受的一方。表达，包括"说"和"写"；接受，就是"听"或者"读"。听、说（即口头语言），读、写（即书面语言），这四者之间既有区别又有联系，它们各有各的特点，不能相互代替。在语文训练中，这四个方面都应该重视，某一个方面的能力的提高，对另三个方面能力的提高都有促进的作用。但是，我们往往注重书面语言而忽视口头语言的训练；在书面语言的训练中又特别重视"写"而忽视"读"的训练。

这里不去全面的讨论听、说、读、写四者之间的辩证关系，只就"读"这个方面谈几点不成熟的看法。

在语文教学中，有一种倾向，就是特别重视写作教学，认为语文教学的目的就是为了提高学生的写作能力，把阅读能力的培养作为提高写作水平的手段，把阅读看成写作的附庸。写的训练是很重要的。但是，把普通教育阶段的语文训练理解为以写为主，而写又是以命题作文为主，恐怕是很值得商讨的。

从现实情况看，社会上写作不通的现象很多，中学生写不了一封信是很平常的事，就连报纸杂志发表的文章里，事理不合、语言不通顺的事例也是屡见不鲜的。大家因而认为语文教学应该着力解决一下写作问题。这样，就引起了两个错觉。一是觉得读比写容易；二是觉得写比读更有用。其实，读并不容易。真正读懂一本书，读懂一篇文章，并不是轻而易举的事。有的人，书是读了一些，不一定得其要领，读的效率不一定高。而读的能力差的人，可以推断他的写的水平也不会高。再从读和写的用处来说，写文章、写信、写个便条，固然是生活、工作中常常用到的；读书、读报、读文件和读其他种种书面材料，则几乎是生活、工作中每天都少不了的。一个干部如果读不懂党的文件，怎么在工作中贯彻执行党的方针政策呢？一个技术人员，读不懂国内和国外的先进技术的资料，或者读得很慢，效率很低，怎么在设计中运用引进先进技术呢？语文教师是搞语文工作的，请想一想，你是读的多，还是写的多？如果从需要来说，教师们读的不是太多而是太少，实在还应该再多读一些。可以说，只要不是文盲，人人都有读的要求，有些识字不多的老人要看报，了解国内外大事，但是他不写；小孩子也总要看小人书，一边识字一边读，他更不写。这样一比，就很难说读比写容易，或者说写比读更有用。

人们为什么要读书呢？为什么随着文化水平的提高，人们阅读的范围越来越大，对于阅读能力的提高越来越有迫切感呢？

人们要从阅读中吸收思想营养，不断提高认识，懂得越来越多、越来越深的重要的道理作为生活、工作的准则。人们要从阅读中吸收精神营养，知道许多古今中外的可敬可爱、可歌可泣的人和事，得到美好的形象，陶冶高尚的情操，不断丰富自己的精神世界，明是非，别善恶，看清前进的方向，得到向上的力量。人们还要从阅读中学习丰富的社会常识和自然常识。学习这些知识，不仅是做好各项工作所不可缺少的，简直是做一个现代人所不可缺少的。一个人缺乏了必要的常识，在生活和工作中就免不了要遭遇困难，以至闹出笑话，甚至造成损失。此外，阅读正当的读物还可以作为丰富生活内容的正当休息。有时候，读一本好书和看一部好电影一样，也有娱乐的作用。工作累了，读两首好诗，找一本好的小说读一段，这和会唱的人唱两支歌，会弹琴的人弹两个曲子一样，能够得到精神上的享受……这些都是常有的事。日积月累，在消闲中，获得多方面有用的知识。

阅读的上述几种要求，有的，语文课可以承担比较多的任务去满足，比如，吸收精神营养；有的，语文课只能承担比例不大的一部分任务，相当多的任务要由其他课程来负担。比如，吸收思想营养，学习丰富的社会常识和自然常识。语文课有一项特定的、无可推脱的责任，就是教给学生阅读的方法，进行种种有计划的阅读训练，以培养学生具有比较高的阅读能力。我们常说，学生读书读得多的，语言一般比较丰富，语文能力一般提高得比较快。但是，他们往往是不自觉地得到这些益处的。因此，我们的任务就是要找出提高阅读能力的规律性的东西，在语文课里自觉地掌握运用这些规律，采取科学的办法，因势而利导，使学生不仅从语文课提供的那些阅读材料中获得益处，并且从教师指导阅读这些材料的过程中受到启发，逐渐培养起正确的阅读态度，养成良好的阅读习惯，掌握有效的阅读方法，从而大大提高阅读能力，可以离开教师自己去读，读的效果同样也好。学生获得了这种能力，将是终身受用的。

所谓阅读能力，包括三个方面的因素，即理解、记忆和速度。阅读，首先要读懂，并且能够记得，进而还要读得快。这才算是有较高的阅读能力。

先谈理解的能力。在不同的阶段，理解的过程是不一样的。小孩子开始读简单的东西，是一个字一个字地读，有不认识的字，卡住了，就要问大人。不认识字，意思就读不懂了。稍大一些，认的字多了，看书就囫囵吞枣起来。常听说某二三年级的小学生能读大厚本的小说。其实，他并不是每个字都认识，每句话都理解。他急于要知道故事的主要情节，于是就把不认识的字、不大懂的句子跳过去，甚至整段整段地跳过去。稍大一些，识字更多了一点，知识也更多了一点，于是读书的时候会顺着上下文猜了。这时候，读书能够懂得多一些，然而并非处处都是读懂的，很多地方是猜出来的，当然有猜对了的，也有猜错了的。再大一些，理解的过程又不一样。比如，看一篇文章，先读一遍，得其大要，再读，才知道文字结构层次的安排，又读，才能体会哪些词、句子用得准确、生动，从而对全文的理解也就又加深了一步，也就是说，理解的全过程是从大到小，从整体到局部，又从小到大，从局部到整体，走这么一个来回。像如上所说学生由低年级到高年级的理解过程，只是一个很粗的轮廓，应该作为科学研究的题目，搞得很清楚，这对我们指导学生的阅读会提供科学的依据。如果掌握了学生在理解过程中的一些规律，让学生读的东西又适当的话，我们在指导时，只要在紧要的地方"点"一下就可以了。一般来说，应该是一"点"就透的。"点"是个传统的好经验。古书上常有圈点、评点，就是在重要的地方或者写得好的地方，每个字旁边圈上圈、点上点，或者说上一两句评语，这些圈、点、评，常能使读者豁然开朗，理解有了一定的深度，并且留下深刻的印象。我们提倡教学要精讲，所谓精，也就是类乎在必要的地方点一点的办法。这样做，是符合客观实际和客观需要的。选给学生读的文章，绝大部分是学生自己读得懂的。读不懂的，只是个别篇的个别地方。另外，有些地方，懂是懂了，但是懂得的不够深，领会得泛一些。只有这些地方，才需要老师点一下。有的老师，非要把教材嚼烂了喂给学生吃不可，这是大大低估了学生的理解能力。教师的任务是经过调查，比较确切、充分地掌握不同阶段的学生理解能力的发展情况和发展规律，因势而利导，使自己的教学符合于学生的理解能力，并且有助于提高他们的理解能力。

再说记忆问题。读过的东西应当能记住，至少，记住主要内容。否则，一边读一边忘，读得再多也没有用。记忆能力的发展也有它的规律，也是能训练的。人在什么阶段对什么内容容易记住，也可以做些调查和实验。笼统地说，小时候记忆力好，不够确切。我们观察一下学生，似乎在小学高年级到初中阶段记忆力最强。再小一点，往往是记得快忘得也快，记忆不牢固。同志们请想一想，你对小学二三年级以前的事、读过的东西，现在记忆还清楚吗？高中以上，记忆力一般是差一些了，不太容易记住。年龄因素之外，凡是自己理解了的、体会了的特别是受到触动的事，容易记住，并且记得久远，这是我们每个人都可以举出很多例子的。每个大人都能想得起小时候某几件印象最深的事和长大之后某些印象最深的事。这里，又提供了精讲的一个理由。讲得精，有启发性，留下余地让学生自己思索，自己想明白了、体会了、受到触动了，于是他就记住了。教师倾盆大雨地讲，仿佛讲得很深很透，其结果，学生的印象反而很浅，因为这不是他自己动脑筋想出来的。又比如，跟学生的实际语言有点距离的（如文言文）反而容易记，跟学生的实际语言没有距离或距离很小的（如白话文）反而比较难记。不是教师讲的越多越容易记住，在这两个问题上，有明显的辩证关系。再比如，符合语言的某些特点的东西容易记，传统的大量的启蒙书是利用汉语单音节为主因而容易构成齐整、押韵的语句这个特点来编写的，使人读起来上口，并且容易记住。现在我们主要教白话文，并且也不用整齐、押韵那种办法了，那么，是不是还应当研究汉语有无其他有助于背诵、记忆的特点，可以或应当在语文教学中加以利用呢？总之，记忆有记忆的规律，也有待我们去深入研究。

最后谈谈速度问题。在写作和阅读的训练中，速度都是必要的。阅读速度的快慢是效率高低的一个重要标志。阅读既快而印象又清晰深刻，这种能力非常有用。这种能力是可以训练的，天生的"过目成诵"的"神童"是不存在的。在赶超世界先进水平的今天，速度问题就显得更重要了。比如，完成一个科研项目，需要阅读若干份参考资料，有的人一个月可以读完，而且对资料的内容掌握得很好，另一个去读却要两个月，阅读的速度不是直接影响着工作的进程吗？在阅读教学中，应该要求一定的速度。要采取各种训练办法，提高学生的阅读速度，可以限定一定的时间读一篇文章，然后复述文章的大意，或写出提纲；有的文章要求在一定的时间内

粗读，有的则要求在一定的时间内细读，等等。首先，也需要做很多实地调查研究，要摸清现状。要研究出最快的可能性，比如，读某种内容的东西（知识性的、文艺性的、政治性的，等等）每小时能读多少字，某种人每个阶段的平均速度，等等；要摸清楚影响速度的各种因素。阅读速度作为一个科研项目，是一个不小的题目。

培养、提高学生的阅读能力，远不止要研究以上几个方面的问题。这里只是举例式的谈一些粗浅的想法，向老师们请教。要拿出具体可行的办法，必须经过调查研究，经过多次的科学试验。如果能对自己所教的五十个或一百个学生作一些调查，进行一些试验，大概是可以得出一些符合实际的数据的，反复多做几次，不难得出一些规律性的东西，用这些规律去指导教学，又可以发现新的问题，再调查，再试验，这样周而复始，我们的阅读教学工作一定能在实践中日臻完善。

读是写的基础

有些中学毕业生写作水平不够，不能适应参加社会工作或者升入高等学校继续学习的需要。社会各方面对这件事很关心，教育工作者也很重视，于是在语文课里增加作文次数，要学生多写。

多写，这是完全必要的。不过，写必须以读为基础；没有正确的、充分的读作基础，光写还是不行的。

读，指的是朗读，精读，熟读，多读；既指学生自己读，也涉及教师怎样讲，怎样指导学生读。

提高语言能力必须以朗读、精读、熟读、多读为基础，这可以说是古今中外一条共同的经验。

朱熹要求学生从小养成正确朗读的习惯，"要读得字字响亮，不可误一字，不可少一字，不可多一字，不可倒一字。……要多诵数遍，自然上口，久远不忘。古人云：'读书千遍，其义自见'，谓读得熟则不解说自晓其义也。"他还要求读书必须逐字逐句透彻理解，进而深入体会，反复揣摩。欧阳修说"为文有三多"，第一就是"多读"，然后才是"多作，多商量"。鲁迅说："文章怎样作，我说不出来，因为自己的作文，是由于多看和练习，此外并无心得或方法的。"英国诗人密尔顿非常重视朗读，他说，从读的情况最容易看出读的人是否真正理解了所读的作品。丹麦语言学家耶斯培森认为学习语言需要背诵，常常背诵才能使所学的词语、句子在记忆里生根。

应该使学生养成大声朗读的习惯。从前,走过私塾、蒙馆的附近,总会听见孩子们呜里哇啦读书的声音,现在,那种声音不大听得见了。在这个问题上,前人的作法是有可参考的。一篇文章,读出声音来,读出抑扬顿挫、语调神情来,比单用眼睛看,所得的印象要深刻得多,对于文章的思想感情,领会得要透彻得多,从中受到的感染要强得多。朗读得多了,时间久了,优秀作品中经过加工锤炼的语言会跟自己的口头语言沟通起来,丰富自己的口头语言,提高口头表达的能力,养成良好的语言习惯,这些,必然会在自己的书面语言——写作中反映出来。

朗读,应该有基本的要求,进一步的要求,较高的要求。基本的要求是读音准确,句读清晰,不错不漏;进一步的要求是正确地读出抑扬顿挫、语调神情;较高的要求是显示出文章的风格神采。首先要抓紧基本要求,不能好高骛远。有一位老师要学生读苏轼的"大江东去"词,学生把羽扇纶巾的"纶"〔guān〕字读成〔lún〕,把"浪淘尽千古风流人物"读成"浪淘——尽千古——风流人物",此外还有别的错误,教师都没有指出,纠正,倒是批评他没有读出这首词的豪放气概。这样做,恐怕是不合适的。反之,达到了基本要求就认为满意,不肯提高一步来要求,恐怕也不妥当。一字不苟的精读和略观大意的泛读,是相辅相成,不可偏废的。但是,精读恐怕应该列为主要方面,而泛读则是辅助的。精读就是全面、细致、透彻地理解。读懂了,读熟了,文章里的东西——语言的应用和语言所表达的思想、知识,才能真正为自己所有。写文章的时候,想到一个意思而找不出一个合适的词来表达,或者找到一个词而用得不对,往往是由于读书遇见这个词的时候没有充分理解。造句谋篇的问题也大致类此。中小学学生读书不求甚解的习惯相当普遍。他们常常抱着大部头的小说急急忙忙、囫囵吞枣地看下去,知道了故事的梗概就拉倒;有些学生,开学的时候领到新发的语文课本,一天之内就匆匆看完一遍,仿佛篇篇都懂,于是老师上课讲解就不耐烦听了。针对这些情况,更有着重强调一下精读的必要。

说到精读,最容易想到确切的理解每个实词和成语典故的意义。这是对的,但是还不够。虚词的作用是不容忽视的。为什么这个地方用"往往",那个地方用"常常";为什么这里说"即使……也……",不说"虽然……可是……";为什么一个地方说"是吗",另一个地方说"是不是呢",还有一个地方说"是吧":这些值得推敲推敲。句子的格式也应当注意。毛主席《改造我们的学习》第二节一开头说

"但是我们还是有缺点的,而且还有很大的缺点"。为什么不简单些,只说:"但是我们的学习还有很大的缺点"?在这里用"……而且……"这个句子,跟全篇主题思想的表达有什么关系?单句、复句,短句、长句,整齐排比的句子、参差错落的句子,口语化的句子、文言气的句子,合乎固有习惯的句子、"欧化"的句子:这些,都可能有值得思考的地方。句子和句子的联系,段落和段落的联系,整篇的条理层次:这些,更应当细心解析一番。有些文章里的有些话,不但要充分理解它字面上的意思,还应当理会它含蓄的意思。叶圣陶先生《黄山三天》开头说:"我游黄山只有三天,真用得上'窥豹一斑'那个成语。可是我还是要写这篇简略的游记,目的在劝人家去游。"一个中学生至少应当看得懂,这里边含蓄着一个意思:黄山是个非常值得一游的地方。并且应当体会出,这样说法比用上两个抽象的形容词,例如"十分美丽"之类,有什么好处。

  既说精读,当然要求细致。可是细致不等于烦琐。所谓确切理解实词和成语典故的意义,不一定要把一个个的词语抓出来,下个定义,抽象地解释一番。有人叫学生解释"干脆"这个词,这真有点难为人。当然,下定义、加解释、用术语,不是不可以,有时候也必要,问题在善于区别。当用则用,可不用则不用,总不要离开读懂文章、举一反三这个目的。

  既说精读,当然也要求深入。可是深入不等于牵强附会,故作高深。它要求根据文章的意旨和学生的实际水平讲得恰如其分。如果每字每句每段都去挖掘字面后边的微言大义,并且不考虑学生的接受能力,往往会把明明白白的文章闹得玄奥难解,那对正确理解文章的语言和思想是有害而无益的。

  熟读的作用大家都清楚,这里就不去多说了。

  这里需要再回过头去说说读和写的关系。要写得好,大致需要具备三个条件。

  首先,必须有正确的、值得写的意思。否则,无法硬写,硬写也写不好。

  其次,必须有丰富的语言材料——记得足够的字、词、成语、习惯语,掌握足够的句子格式。否则,有点什么好意思也写不出来,写不通畅。

  再其次,必须有活泼而严密的思路,会用多种多样的表达方式和方法。否则,只会说一句一句的正确的话,写不成一篇有组织、有条理、有力量、有味道的文章。

  怎样才能具备这些条件呢?生活实践、劳动实践、革命斗争的实践是重要的,然而不能单靠那个,特别是中小学学生,年龄、生活范围都只有那么大,直接的实践经验总是有限的。提高思想,开阔眼界,丰富知识,不能不靠多读和仔细认真地读。讲点语言知识,写作方法也是必要的,但那不能从根本上解决语言材料和表达能力的问题。记得的词语少,见过的句子和章法少,或者见过不少可是印象甚浅,脑子里了无痕迹,那样,背熟两本语法书、三本写作方法也写不成好文章。办法还是得多读,仔细认真地读。

只有多读,仔细认真地读才能保证打好写的基础。

大家常说,要学唱戏就得张口唱,光念表演术的书,不登台不开口,一辈子也学不会唱戏。这话完全正确。不过,我想补上一条:念了表演术,自己张了口,然而不听别人唱戏,不看别人表演,或者听的看的不多,或者听得看得不认真,还是唱不了戏。同样,要学写文章就得动手写,多多地写,这里也得加上一条:首先,还得读,多多地读,仔细认真地读。

因此,我想,为了提高学生写的能力,首先要抓住读的训练。至于怎样抓,读的训练和写的训练各用多少力量,两者怎样配合,等等,那些具体的教学工作问题,都得根据实际情况去考虑研究。

1962 年

谈谈单元教学

中学语文按单元编教材并进行教学,在我国已经有相当长的历史了。在这些方面,语文界的同志们已经进行了一系列的探索研究,积累了丰富的经验,发表了很好的意见。对单元教学问题,本文不打算做全面的论述,仅就以下几个问题谈一些不成熟的看法,纠正于语文界的前辈和同道。

一、什么是单元教学

教学任何一门学科,包括语文学科,教学既有连续性、循环性,又有阶段性(每个阶段解决一定的问题,完成一定的任务,达到一定的目的)。在教学过程中,如果忽视连续性和循环性,只注意阶段性,就会把教学搞得七零八落,不成为一个有机整体;如果只注意连续性和循环性,不重视阶段性,整个教学会成为囫囵一块。总之,在教学过程中,三方面要相辅相成,互相作用,互相配合。这种情形在中国或外国,在中国古代或近代,一些学者和教师并不是没有注意到,但是不很自觉,在处理上往往只是不很科学罢了。例如传统的语文教学，它有启蒙阶段，先学"三""百""千"，进一步读经，进而作文章，而在启蒙阶段，先念《百家姓》，然后是《千字文》和《三字经》，也有一定的阶段性。所以古人在编书和教学时并不是完全忽视这三性，只是不很自觉，往往凭经验办事，处理上不大科学。近几十年来，语文工作者和教师在编排教材和教学时，有意识的注意以上三性，按照由浅入深、由易到难的原则，分单元编选教材，按单元进行教学，使教学成为有机的整体。

关于语文教学的连续性和循环性的问题，大家已经发表了很多意见，就不多说了，这里仅就阶段性的问题，简略的谈一些意见。所谓阶段性，就是在一定时间内，完成一定的教学任务。阶段有大阶段和小阶段之分。比如，普通教育阶段，专业教育阶段，这些就是大的阶段，在普通教育阶段中，又有学前教育阶段，小学阶段，初、高中阶段，这就是较小一些的阶段，一个学期，一个学年，是更小一些的阶段，如此等等。单元教学则是教学过程中最小的一个教学阶段。这个阶段虽小，但毕竟还是个阶段，有它特定的目的，完成特定的任务。正因为如此，它有一定的内容，有一定的组织结构。

二、单元的组成

单元组成有多种形式，不是只有一种模式。我们常见的有以下几种：

（一）把体裁相同或相近的几篇课文组织成单元。这种单元可以指导学生在一段时间内比较集中地学习几篇体裁相同或相近，而写法又各有特点的课文，从而使学生在读写的某一两个方面得到提高。现行通用语文课本，大多是根据听、说、读、写的要求，按文章的体裁来组织单元的。

（二）课文加知识短文组成单元。从语文教学来说，这种单元可能同时指导学生集中读一批某一类型的课文，理解这一类课文的某些重要特点，学习有关的必要的知识，从而在阅读或写作说话的某一方面或两个方面，培养学生一定的技能以至于能力。例如，现行通用教材初中第六册第三单元，选入三篇议论文（《放下包袱，开动机器》《论"同甘共苦"》《"友邦惊诧"论》）。通过这一单元的教学，着重使学生懂得有关立论和驳论的知识。在这一单元的后边，编写了《立论和驳论》的知识短文，让学生进一步掌握立论和驳论的有关知识。

（三）以知识为主，以文章为辅组成单元。这种单元可以教给学生一个方面的某一个内容的知识，同时给他们提供读、写、说的实际例证。天津新华中学语文教改试验方案的单元编排基本上属于这种类型。每个单元的第一篇文章就是知识短文，然后编选若干篇课文与之配合。例如初中第一册第一单元是这样编排的；第一篇是知识短文——把握事件，归纳中心；把握顺序，划分段落。紧接着编选五篇课文，即《一件小事》《老山界》《清贫》《挺进报》《同志的信任》。

（四）以语文知识为主组成单元。用这种方式组织的单元，可以使学生比较透彻、比较全面地掌握某一方面的知识，在某一方面形成技能。我国50年代编写的汉语课本，就是以知识为主组织单元的。最近福建省福州三中编写的语文试验教材，初中第一册第一单元也是以知识为主来组织的。这一单元围绕字、词的有关知识，编写了四篇知识短文，即《字的构成》《词的构成》《词组的构成》《词的称呼》。

（五）运用比较的方法组织单元。在组编单元时，可以有意识地就读或写或说的某一方面进行比较，也可以就某一类型的文章与另一类型的文章进行比较，还可以就某一类型的知识，与另一类型的知识进行比较。通过比较，加深学生对学过的东西或新学的东西的理解，使他们对所要讲授的东西理解得更鲜明、更深刻、更容易吸收，进而形成分析、比较的能力。这种单元也可以叫作混合单元。比较的内容可以是不同的写作方法，不同体裁的文章，不同风格的文章，不同内容的知识。例如，全国通用语文教材初中第五册（1964年版）第二单元就是这样一个混合单元。这个单元一共有三篇课文，即，毛泽东同志的词《蝶恋花·游仙（赠李淑一）》、叶圣陶同志的散文《五月卅一日急雨中》、王愿坚同志的小说《粮食的故事》。这几篇课文，思想内容相近，但体裁不同，写法又各有特色。编排这一单元的目的，就是要求老师讲授时，采用比较的方法，让学生了解类似的主题，可以采用不同的体裁和不同的写法来表现，从而在读写能力方面得到提高。

（六）按作家的作品组织单元。这样组织可以使学生对某一个作家不同时期的作品或某一个时期的作品有比较全面或比较透彻的了解。例如，现行全国通用教材高中第三册，安排了鲁迅先生30年代写的两篇文章。一篇是《为了忘却的记念》，另一篇是《"丧家的""资本家的乏走狗"》。通过这两篇课文的学习，除让学生学习一些写作方法外，还让学生比较全面的了解这一时期鲁迅先生的政治态度和创作思想。

（七）按年代组织单元。这样组织可以让学生比较系统的学习一些课文，对不同时期的文章有比较系统的了解。现行通用语文教材高中各册的文言文，基本上是按照时代先后的顺序编排的。

此外还可以有别种方式的单元。不论单元组成有多少样式，都有其共同性：（一）不管按哪种方式组织单元，一定要有明确的目的。（二）一定要把文章、知识几种东西综合起来，使知识和技能有机地统一在一起，提供新的知识、材料，训练，培养学生的语文能力。（三）单元组成一定要瞻前顾后。每个单元只是一系列单元中的一个，在一系列单元中起一定的作用，它是总体中的局部，既有独立性，又有前后相互依存性，不可偏废。所以，组织单元要有总体观念，共同达到一定的目的，完成一定的教学任务。这样整个教学才是科学的、统一的。

三、单元与单元之间

以相连的两个单元来说，它们之间的关系应该是这样的：第一个单元所学的知识、技能和能力要迁移到第二个单元，第二个单元不是把已学过的东西简单的再现一次，而是从那些知识与能力中引申出新的知识，使学过的知识、能力，得以巩固、加深和发展。在这些知识与能力中，可以以其中的一项为主要目的，也可以以其中的两项为主要目的。总之，它们之间是继承的关系，迁移的关系，而不是简单地、机械的再现。例如，现行全国通用教材初中一册的第二和第三单元之间，基本上具有这样的关系。这两个单元都是记叙文，是这一册的教学重点，但要求不同。第二单元侧重记事，写了有关的人。这一单元有三篇课文：《老山界》《一件珍贵的衬衫》《"红军鞋"》。第三单元侧重记人，写了有关的事。这一单元有三篇课文：《草地晚餐》《生的伟大，死的光荣》《人民的勤务员》。编选这两个单元的目的，不仅让学生在思想上受到教育，而且着重让学生学习记叙文的基本要素和记事、写人的一些方法。第二单元着重让学生学习以某一事物为线索记叙事物的方法，同时初步学习写人的一些方法。第三单元着重让学生学习通过人物的言行表现人物性格和品质的方法，同时进一步学习一些记事的方法。

每个单元也要同后边的单元有联系，要考虑到以下的单元，或者从知识上，或者从训练的技能与能力上，为后边的单元打下基础，为后边的单元做些准备工作。可以使后边紧跟着的单元，产生这样打基础的关系，也可以从这一单元同后边紧跟着的一个单元，分别从不同方面共同为更后边的一个单元打基础、做准备。总之，一个单元要同前边的单元有联系，也要同后边的单元有联系，不能是悬空的，而应该同前后有这样或那样的联系。例如，北京景山学校编选的几个说明文单元，彼此之间的联系就比较紧密。第一单元有两篇课文：《雄伟的人民大会堂》《向沙漠进军》。这一单元主要让学生初步学习说明文的特点，学习由表及里地把握被说明事物的本质，用数字、比喻等方法来说明事物等，为提高学生阅读和写作说明文打下基础。第二单元有三篇课文：《中国石拱桥》《景山学校简介》《一间屋子》。这一单元主要让学生继续提高阅读说明文的能力，要求学生运用已学过的说明文知识，同时借鉴所学的课文，克服中心不突出、方位顺序混乱的毛病，提高说明文的写作能力。第三单元是一篇知识短文和作文题。结合已学过的说明文，向学生比较系统地阐述有关说明文的知识，通过写作文，让学生运用已学过的写作方法。

还有一种情况，要是某一方面的教学内容涉及的面比较多，组织一两个单元不能完成教学任务时，可以编排若干个单元进行教学。例如，辽宁鞍山十五中学欧阳黛娜老师编写的初一阅读教材就属于这种情况。这一册的第三单元着重培养学生的记叙能力，为了便于教学，一共组织了五个小单元。具体安排如下：一单元：怎样写一件事；课文六篇:《老山界》《小橘灯》《社戏》等；二单元：怎样写一个人；课文四篇:《梁生宝买稻种》《分马》等；三单元：怎样写一段生活；课文两篇:《从百草园到三味书屋》《风筝》；四单元：怎样记叙一个地点；课文两篇:《第比利斯地下印刷所》《雄伟的人民大会堂》；五单元：怎样记叙一种感情；课文两篇:《春》《瑞雪图》。

四、单元教学的作用

单元教学运用得好，可以有下列几种作用：

（一）按照单元进行教学使一个阶段（一个月、半学期、一学期、一学年）的教学确实能够成为一个整体，教学效果会显著提高。采用单元教学，可以避免一些不必要的重复，又不遗漏重要的环节，还可以起到由已知到未知，以新知巩固旧知，用旧知来推动新知等符合认识规律、符合能力发展规律的作用。

（二）采用单元教学，可以使学生由浅入深、由简到繁，循序渐进地学习课文和有关的语文知识。

（三）采用单元教学，可以使学生每学一个单元，就必定有所得，从而提高学习的积极性和严肃性。学生学了一个单元，一定会感到知识和能力有所增长，如果少学一个单元就会感到一定的缺憾，再学下去会或多或少地感到困难。这样就可以改变大家常说的"语文课是橡皮课，学与不学没有多大关系"的状况。这里顺便指出一点：如果要求每上一节语文课，每读一篇课文，每作一次作文，必须有显著的收获，有较大的提高，就语文课的规律来说不是很现实的。但是，每学一个单元使学生感到有所得，则是可能的、现实的。

组织单元进行教学，有两种做法可取，一种做法是，先就一个阶段（比如说，

一个学期）的教学，做出计划，根据这一学期的教学目的、任务、要求，设计出几个单元，然后根据计划，选材料，组单元。另一种做法是，根据一个学期的教学目的、任务、要求，先把材料、内容选出汇集起来，做一番分类和排队的工作，根据实际情况，把这些材料组织成若干单元进行教学。但有一种情况是不许可的：既不是根据教学计划组元，又不是根据实际材料组元，而是带有盲目性、随意性，把几种东西牵强的硬凑成单元，或者没有明确目的地随便凑单元。这种为单元而单元的做法不会产生积极的效果。

单元教学是一个很值得研究的课题。单元的大小，单元内部的结构，单元间的相互关系；教学的哪些内容宜于连续组织几个单元，一步一步地、一个方面一个方面地进行教学，哪些内容只要组织一个单元大略教学一次就行，哪些内容宜于每隔一段组织一个单元，反复加深几次，在什么情况下需要有一个缓冲性的、调剂性的单元，避免直线前进可能产生的单调感或沉重感，在什么情况下需要有一个加强性的单元，把教学的深度和难度显著地提高一步，换言之，怎样运用单元的配合使教学带有一种节奏感。所有这一切，都是大有文章可做的。在一个教学阶段或一个教育阶段中编组若干教学单元，一要根据语文知识、能力进展的规律，二要根据教学规律，三要考虑到不同阶段的学生的学习心理之类的因素。单元教学体现教学的科学性，也体现教学的艺术性。对于单元教学，我们有过不少朴素的经验，这些经验是可贵的，为了提高教学效率，有必要以那些朴素的经验为基础进行一些理论的探索，这将是一件很有意义的工作，也是一件饶有兴趣的工作。

关于精讲及其他

今天讲讲关于阅读教学和写作教学的几个问题。这是扬州市语文教研站的同志出的题目，我接受了这个"命题作文"。

培养学生的语文能力不仅指读和写，还包括口头语言的训练。口头语言的训练很重要，可是，在我国，若干世纪以来一直被忽视。这是我们传统的语文教学经验中有所偏废的一面。关于这个问题，我在别处多次讲过，这里只再提一下，不准备多谈。

一、关于精讲

精讲的"精"，是质量概念，不是数量概念。精讲这个问题，主要是由于教白话文才产生的。从前教文言文，教师一句一句串讲，学生听懂了，就得了，基本上没有讲得精不精的问题。白话文，学生大部分看得懂，该怎么教？建国之初，教师们觉得不好办，讨论过一阵。学习了苏联的做法，讲白话文，特别是文学作品，侧重分析。逐渐，不只白话的文学作品，连文言文、非文学作品，也注重分析。传统的经验（主要指封建社会的传统经验，也包括办新学堂之后几十年间的"国文"教学经验）不讲究对文章做多少分析。文章的中心思想、结构、写法，等等，主要靠学的人自己去体味，"只能意会，不可言传"。这自然不行，当老师应当会"言传"，就是说给学生一点启发，让他们体味得更好一些。怎么"言传"效果最好呢？于是有了"精讲"问题。精，就是恰到好处。讲什么，讲得多或少，详或略，深或浅，都要恰到好处。怎么才叫恰到好处？没有一个公式，一切要从实际出发，实事求是，讲求实效，也就是说要看是什么文章，对什么人讲，文章中有什么东西可讲并且必须讲，以及学生需要讲些什么而定。

　　精讲问题早就提出来了，现在又来谈精讲，也因为以前有过讲得不精的经验，一般说来，教师讲的多、少之间往往是偏多，深、浅之间往往是偏深。所谓"发掘"思想因素，"发掘"语言因素，等等，实在都不免有刻意求深之嫌。我对"发掘"这个说法是有保留的。我认为，只有在一篇文章写得不怎么好，语言不够明白，意思不够显豁的情况下，才需要别人去"发掘"。否则一切都是明明白白，何须乎"发掘"才能懂呢？不需要发掘而去"发掘"，那不是刻意求深吗？其实，刻意求深，往往反而失之于浅。随便举个例子，《红楼梦》里讲到薛家开"当铺"，有人说它是残酷剥削和压榨劳动人民血汗的，这似乎讲得深了，其实不然。劳动人民有什么值钱的东西拿得进薛家那种大官商开的大当铺去呢？几件破衣服，一送上柜台，朝奉会看也不看，就给摔得老远。到薛家的大当铺去当东西的，只能是家道中落的人家，或者是那些等着放外任的小京官，日子等久了，吃用不够，才寻些东西去典当。进那种当铺的门，总得拿得出一两件首饰、古董之类或者还像点样的衣服、器用之类，才能押点钱回来。那种当铺是大鱼吃小鱼、大官商吃破落户的。住在大观园里的邢岫烟就当过东西，她也不是劳动人民。又如贾宝玉，倘说他是个王孙公子，而所有的王孙公子都是"天下乌鸦一般黑"，所以贾宝玉同贾琏、贾珍等都是一丘之貉，那当然失之于浅，不对；倘说他是什么"反封建战士"，和贾珍、贾琏以至他的老子贾政是"水火不相容"，恐怕同样也失之于浅。贾宝玉和贾珍、贾琏之流是有区别的，说成毫无区别不对的；然而他们之间也确实有王孙公子的某些共同性，说成势不两立怕也不符合实际，至少，贾宝玉也是衣来伸手、饭来张口，且不说他也干过些丑事，只是曹雪芹对他客气些，写得含蓄些就是了。这里,我有意举一两个课本以外的例子,说着更方便些。总之,讲文章要实事实是,平实朴素,不要"刻意求深"。在多、少之间,一般来说,教师对学生估计过低,不需要分析的地方也分析来分析去,讲得偏多。你觉得"发掘"得"深"了,学生得到的东西反而会失之于浅;你觉得讲仔细点会使学生领会得多些,而事实上由于你没有留下余地让学生自己去想,他们所得反而会少。深、浅,多、少之间的这种关系,很值得认真对待。

有的文章也可以多讲一点,讲得仔细一点,那是为了起示范作用。让学生知道文章该怎么读法,不要一概不求甚解,如走马看花,如过眼云烟。叶圣陶先生说过,讲是为了不讲,这话很有道理。有的课文多讲一点,是作为举例,让学生能够举一反三,学会自己用心去读。学生读的能力高了,老师更可以少讲以至不讲了。等到毕业离开学校,离开老师,学生自己就会看、会讲,不必处处依赖老师。

讲的方式也不止一种。逐句、逐段的解说,然后概括出段落大意、主题思想以及运用语言的艺术,等等,这是一种讲法。有时候,只需在关键的地方点一点,教师不讲或不全讲,留有余地,让学生自己去思考、去体味,这又是一种讲法。传统经验忽视口头语言训练,这是不好的一面,开头已说过;但是也有好的地方,比如对文章的评点,就很值得我们借鉴。评得好的,只在关键的地方评上一句。恰到好处,对读的人很有启发作用。所谓"点"就是加圈加点以引起读者注意,也包括在某一字或某一句下边或旁边写上几个字,比如在某处写上"伏一笔",后边某处写上"回应前文",等等;有时候只写一个字,如"妙",让读者自己去揣摩。善于"点",是一种很好的教学艺术。点得得当,有启发性,学生应该是一点就透的。这样,不仅节省了许多话、许多时间,而且学生的学习兴趣会提高,积极性会调动起来,更愿意学习语文,因为,他自己动了脑子,自己解决了问题,感到有所得。谈到精讲,我在许多场合提倡过这个"点"字,我愿意再把这个字推荐一下。

二、关于读和写的关系

有人认为阅读是基础,有人主张以写作为中心,也有人提倡读写结合,并且分别按照各自的主张在进行着某些实验。我认为所有这些实验都是好的,都应当提倡。我无意于评论这些说法。而且,不等着看看实验的结果就凭主观的想法来发表评论,也是很不妥当的。这里,我只说我对读与写的关系的几点粗浅的看法。

在语文教学中,培养写的能力是目的,培养读的能力也是目的。写有训练写的方法,以提高写的能力;读也有训练读的方法,以提高读的能力。读与写,无疑有密切的关系，两者互相影响，互相促进，但毕竟不是一回事。

在以八股取士的时代，很多人读书就是为了写文章，应科考。许多读书人专门找"闱墨""墨卷"来读，揣摩人家是怎样中了举人、进士的，以便自己去模仿，找到捷径。如果今天还以为读就是为了写，试问：读报纸的通讯是不是为了当记者，读小说是不是为了当作家呢？很少需要写文章的人还读不读书呢？这道理不是很明白吗。《人民日报》的社论，我们每个人都读，但是我们并不写社论；毛主席诗词，我们每个人都读，不少的能背诵，可是我们之中只有很少数人写诗。教师备课要读不少书，从事某一工作的人也需要读与他专业有关的许多书。请老师们计算一下，你每天、每周、每月、每年要读多少东西？在同一个时间里，你写多少东西？做语文工作的尚且是读的远比写的多，何况做其他工作的人！读书可以提高思想认识，增长见闻，汲取精神食粮。对任何人来说，读的能力是十分重要的。不能认为只要识了字就会读。读，并不是件很容易的事；读得好，更不简单。人与人之间，读的能力是大有高低之分的。在语文教学中，训练读的能力，本身是个目的。一个人理解得好，理解得快，记得牢，说明他读的能力高。我们搞四个现代化，科技工作者需要看很多参考资料。同样一份资料，三天读完而且记住的人总比十天读完而记不清楚的对工作有利吧！

写，当然也是目的。这一点，大家都同意，不待多说。读与写既要配合，又要分别处理，不能混为一谈。分、合之间，关系要处理好。有内在联系的两个事物，把它们截然分割开来，认为互不相干，固然不对；把各有特点的事物不加区别，纳入一个模子里，也不行。互有关联的事物，应当结合处理，但是结合要适当，否则，不适当的"结合"会造成互相牵制，互相干扰。当合者合，当分者分，分中有合，合中有分，读与写的关系怕也要做如是观。

写作水平的提高，要靠多方面的配合，如：观察力的提高，思想的提高，知识的积累，语言的不断丰富，等等。这些都同读有联系。读可以促进写，"读书破万卷，下笔如有神"，说的就是多读对写的帮助。反过来，写也可以促进读。自己有了写的体会，自然就提高了理解、欣赏的能力。语言训练首先是技能的训练，提高技能要靠反复实践，必须有一定的量，少了不行。但是，也应该有个限度。否则，老师学生都紧张，疲于奔命，不但对健康不利，而且会限制学生智力的发展，最终降低语文训练的效率。

1979 年 6 月

第四节　写作教学

品读提示

在写作教学方面，本书选择了《重视提高学生写作能力的问题》《谈作文教学的几个问题》《谈练习写作》《写作教学要注重实用性》《对象和目的》等五篇文章。作文教学一直是语文教学的"老大难"问题，张志公在《重视提高学生写作能力的问题》一文中认为作文教学是需要改进的，主要的原则应该是密切地结合阅读教学，因为只有把语言的运用（写作）建立在语言的吸收（阅读）的基础上，才能收到最大的效果。要提高学生的写作能力，语文课应该从三个方面入手：阅读教学中的语言教学，语言知识的教学和作文教学。这三个方面是密切相关的，不能有所偏废。作文教学涉及多方面的问题，张志公在《谈作文教学的几个问题》一文中就写作教学中培养什么样的写作能力、解决什么问题、主要应当注意什么、关于命题、关于批改与评分等方面做出了非常详细的论述，有许多真知灼见的观点值得参考与借鉴。写作练习对学生作文能力的提高有重要意义，在《谈练习写作》一文中，张志公对一篇总结进行分析，总结出了该篇文章的三个优点：短、实、有特点有个性，继而强调写作练习应该在两个方面下功夫：第一是文章的篇章结构方面，第二是语言使用的准确性和模糊性，并号召做好两种写作练习，第一是写片段，第二是写一篇文章要反复改。注重作文的实用性，一直是张志公的一个重要主张，在《写作教学要注重实用性》一文中，张志公先生认为在学校里，花在写作教学上的时间和精力那么多，离开学校后写作能力不能满足学习、工作和生活的需要，很重要的原因就是对写作教学的实用性重视不够。因此张志公提出写作教学需要注重实用，一方面要非常重视写作的实用性，不要为写而写，不做游戏笔墨；另一方面就是在写一些应用文章时，也要注重语言的表达艺术。在《对象和目的》一文中，张志公认为一切应用性文章都是写给特定的对象，为了处理特定的问题，达到特定的目的，因此写作教学中的写作训练，需要明确对象和目的，当这些内容明确了的时候，写这篇文章的内容、方法、技巧就已经解决了一大半了。

重视提高学生写作能力的问题

怎样提高学生的写作能力,是目前社会各方面普遍关心的一个问题。中学毕业的学生连一封普通的信都写不通,一张简单的便条都写不明白,经常听见有人对这种现象表示焦虑。社会上这样关心中学生的写作能力是有充分理由的,中学毕业生大部分要就业,需要经常动手写点东西。能不能写得文从字顺,清楚明白,直接影响到他们的工作。希望中学教育能够做到使所有的毕业生基本上达到文理通顺,这个要求是正当的。

怎样做才能有效地提高学生的写作能力呢?对于这样一个相当复杂的问题,显然不可能由任何一个人三言两语地提出一条简单的答案。这里想就关系到培养学生写作能力的几个方面提出几个问题来向同志们请教,希望引起大家研究讨论,共同得出一些切实可行的办法来。

一

首先需要明确一个问题:怎么叫写作能力高,怎么叫写作能力低。具体些说,对于一个中学毕业生的一篇一般性的文章(不是文艺创作)应该怎样要求,写得怎么样算是好,怎么样算是不好。

好是没有止境的。我想,一篇好文章应该合乎这样四点要求:(一)有内容,有主题,清清楚楚地看得出作者说了些什么,为什么要说这些话。从内容和主题表现出来的思想感情是否是正确的、健康的。(二)有条理,就是说,文章的内容是经过组织安排的,材料是经过选择的。先说什么,后说什么,哪里多说,哪里少说,看得出有计划,有目的;这一部分和那一部分,有联系,有照应。说一件事,原原本本,脉络分明;说个道理,有原因,有结果,有根据,有论断。(三)用词大致妥帖,造句一般通顺,标点用得正确。(四)字迹清楚,清晰醒目;如果写的是处理事务的所谓"应用文",格式合乎一般的习惯。学生能够写出这样的文章来,大致就可以说具备了合格的写作能力;写出来的文章达不到这样的标准,就是写作能力偏低;如果离这个标准很远,那就是写作能力太低。

学生要具备些什么条件才能在写作方面达到这样的标准呢?要写出来的文章有正确的内容,有明确的主题,一个根本的条件是具备一定的思想水平——明白事理、辨别是非的能力和必要的知识——社会生活的知识和文化科学的知识。要写一件事情而自己对这件事情知道得很少,或者是辨别不出它的是非曲直,写出来的文章就不可能有充实的内容、正确的思想、健康的感情、明确的主题。

要写出来的文章有条理，一个根本的条件是具备一定的逻辑思维能力。事物本身有它的条理，我们必须具备分析综合等逻辑思维的能力，才能在自己的头脑里正确地把事物的条理反映出来，然后根据自己写作的目的选择、组织、安排，表现为文章的条理。自己对事物的认识稀里糊涂，也就是平常说的思路不清，而希望写出有条有理的文章来，那是根本不可能的。

要写出来的文章用词妥帖，造句通顺，标点正确，显然要求具备一定的语言能力——占有足够的词汇，掌握基本的语法规律，能够运用一般的修辞技巧。

形式上的要求比较容易，只要勤写、常练、严肃认真，不苟且，不偷懒，就能养成良好的习惯。

具备必要的思想水平和知识基础，具备一定的逻辑思维能力和语言能力——这是使写作能力达到合格标准的基本条件。要提高学生的写作能力，就得从这几个方面入手。为此，语文课的教学负有重要的责任，而有关的课程，各种教育手段的协同努力，也是十分重要的。下面打算就这些问题谈一点个人的浅见。

二

中学的各门学科中，在培养学生写作能力方面，语文科自然负有特别重大的责任。

几年来，我们中学的语文教学有不少的改进，在提高学生的思想觉悟和语言水平方面有很大的成绩，但是，缺点还是有的。

对于语言教育重视不够，这是我们语文教学的主要缺点之一。语文科里边的阅读教学，无论是用前几年的语文课本那样的综合性的教材，或者是用现在的纯粹文学作品的教材，或者再作进一步修订的其他形式的教材，也无论是像前几年那样不单设汉语课，或者是像现在这样单设一门汉语课，都必须担负两方面的任务：思想教育的任务和语言教育的任务。

向学生进行语言教育，最主要的工作有三个方面：（一）指导学生对具体的、有典范性的语言教材进行观察、分析、欣赏、模仿、创造性地学习；（二）教给学生有关语言规律的科学知识；（三）指导学生实际运用语言——说话和写作。这三方面的工作可以综合地进行，也可以分开来进行（当然也还要互相配合）。不论分开还是综合，第（一）方面的工作是根本的，因为，如果第（一）方面的工作做得不够，语言知识将成为架空的抽象概念，运用语言也必然缺少根基。第（一）方面的工作，显然要在阅读课里进行。

阅读教学中重视语言教学，不但能够有效地提高学生的写作能力，同时也能更好地完成思想教育的任务。很明显，学生对作品的语言分析得越清楚，体味得越细致，对作品的思想内容才理解得越准确，受到的感染教育也才越深刻。

我们的阅读教学在这方面必须大大地加强。我们不能用过多的时间离开作品本身来讲解作家的生平、时代背景、文学理论、作品的意义等。作问答，或者要求学生作口头的或书面的叙述或评论，我们不能只注意学生的答案在事实或见解方面是否正确，同时也要注意学生的语言是否通顺。考虑阅读课的语言教学，注意面不能太窄。不能只注意词语的解释，更重要的是采取积极的办法把作品的词汇变成学生自己的能够熟练运用的词汇。必须注意作品语言的语法分析，因为有些比较复杂的句子，不作语法分析就难于使学生透彻理解，或者虽然能够大致理解而自己不能正确地写出那样的句子。必须具体的分析作品的语言艺术，并且教给学生学习运用那些修辞方法。作品的结构、组织、条理、层次、内在的逻辑性等，应该使学生充分的理解，并且能够在自己的写作中注意到这些方面。阅读教学中能够做好上述的这些工作，再加上适当的作文练习和必要的语言科学知识的教学，我想，学生的写作能力一定会迅速地提高。

作文教学也是需要改进的。主要的原则应该是密切地结合阅读教学，因为只有把语言的运用（写作）建筑在语言的吸收（阅读）的基础上，才能收到最大的效果。命题作文是可用的，但不能只有这一种方式，要考虑作文方式的多样性。这个多样性同样也要在密切结合阅读教学中去实现。必须让学生多开口，勤动手，这也得密切结合阅读教学。

研究作文教学的方法是一项迫切需要进行的工作。虽然像上面说的，作文教学必须结合阅读教学来进行，但是怎样结合法呢？怎样指导学生练习作文效果才最好呢？必须总结我们以往的经验，吸收传统的、外来的有效经验，进一步创造新的、更好的方法。

无论是把语文作为一门功课或者是分为文学（或阅读）和汉语两门功课，教给学生一些有关语言规律的科学知识都是完全必要的。系统的科学知识可以提高学生在阅读课（以及其他功课）中学习语言的效率，可以提高学生正确运用语言的自觉性。有没有这种自觉性对于学生在校以至终生语文能力的发展都是十分重要的。当然，这种科学知识必须是简明扼要、合乎学生的接受能力的，必须是密切结合学生的语言实际的，必须是用丰富多样的练习作业来提出和巩固的。

中国现代著名语文教育人物 张志公

研究汉语教学问题，也是一项迫切需要进行的工作。对于中学学生，哪些语法知识是必要的？哪些知识，用什么方式教学，是符合学生的接受能力的？什么样的练习作业效果最好？这些问题，我们以往研究得很少，可是要使汉语教学收到应有的效果，这些问题必须很好地解决。

总起来说，要提高学生的写作能力，语文课应该从三个方面入手：阅读教学中的语言教学、语言知识的教学和作文教学。这三个方面是密切相关的，不能有所偏废。在目前，特别需要着重提出的是第一个方面，因为，正像前边说过的，结合阅读教学进行语言教学，这是提高学生写作能力的带有根本性的工作。可是有些同志不这样看，在阅读教学中放松甚至完全忽视了语言教学，而指望语言知识的教学（汉语教学）能够单独把提高学生写作能力的任务担当起来；当发现汉语教学不能单独担任这个任务的时候，又认为汉语教学无用，忽视了它，转而单独求之于作文教学。我们认为：掌握丰富的语言材料（通过阅读教学）是写作的根本；材料必须用科学知识去驾驭，才能发挥最大的效用，所以要学习语言规律（通过汉语教学）；有了材料，而且能够科学的驾驭它，还必须有计划有步骤地勤写多练，所以要练习作文（通过作文教学）。要有效地提高学生的写作能力，必须明确这三方面的相互关系，这在今天说来是特别重要的。

三

对于学生写作能力的发展，除去学校语文科的教学内容和教学方法具有最重大的影响之外，还有影响很大而往往被人忽视的两方面，这里需要谈一谈。

一个是各科教学的影响，一个是环境的影响，或者说社会影响。

各科教学对于学生写作能力的发展，有非常重大的影响。各科教学都向学生进行思想教育，同时充实学生的科学知识，培养学生的认识能力和思维能力，丰富学生的词汇，发展学生的语言，这些正是提高学生写作能力的根本大计。举例来说，我们不能设想学习数学跟写作无关。作计算题、证明题，这些经常不断的练习，培养了学生分析事物、论证问题的能力，而这种能力正是写作中极端需要的。任何一门功课，学生都时常要用口头的或书面的方式回答问题。这其实都是最生动的作文练习。学生回答问题的时候，要有正确的内容，同时他也会考虑怎样安排材料，怎样叙述事实，描写事物，论证道理，发表意见。在这中间他就很自然地考虑到用些什么词，用些什么句子。这种锻炼，实际上对于发展语言能力起了很大的作用。

不能不承认，目前在别的学科的教学中，学生运用语言的情况可以说是普遍的被忽视的。学生在课堂上回答问题的时候，用词不当，语句不通，说的话断断续续不能连贯，甚至语无伦次，这种情形并不少见，然而教师很少指出来，更不要说去纠正指导了。学生的书面作业，很少因为文理不通得到不好的分数，至于不点或乱点标点、错字漏字、字迹潦草，更是视为小节，不闻不问。教师不注意自己的语言——包括口头的讲述、板书、学生作业上的评语等，也是并不少见的情形。这些对学生当然会有很不好的影响。

系统地、集中地进行语言教育，这当然是语文科的任务。但是不能认为别的学科的教师如果也注意到学生的语言问题就是越俎代庖。语言是学习一切知识的工具，学生语言能力的高低，直接影响到他学习各门功课的效果。任何一门学科的教师在他的教学中适当地注意到学生的语言情况，不仅帮助了语言教学，并且是于本门学科的教学非常有益的。

社会影响是另一个值得重视的问题。学生们每天都生活在"语文环境"之中。学校的各式各样的布告、通知（教导处的、图书馆的、食堂的、运动场的等），学生们很喜欢念的小说、报章杂志，电影院、戏院的说明（说明书、字幕），电车、公共汽车上的牌告、广播词等，都在无形之中向学生进行着语言教育。这些地方使用语言的情况怎样，对学生不能没有影响。当然，学校的语文教育应该使学生既有学习范例的能力，又有辨识和拒绝不良影响的能力。但是，如果社会方面多提供一些语言运用得好的范例，减少一些错误混乱的现象，对于青年学生不是更好吗？

"重视祖国语言的纯洁和健康"的号召，曾经引起社会上的普遍重视，几年来，书籍报刊以及社会上各个方面在运用语言上都有了不少的改进和提高。但是，改进还不够，而且近一两年来这方面的重视多少又有些松懈，某些文艺工作者、机关团体的文书工作者，学习语文的热情似乎又低落一些了。

当我们以非常关切的心情注意到中学生写作能力不够高这个重要问题的时候，我们不能不希望学校里各科教学中都适当地注意到发展学生的语言能力这个问题，也希望社会上各个有关方面重温一下1951年6月6日的《人民日报》的社论和1956年2月6日国务院关于推广普通话的指示，把促进语言规范化的任务很好地担当起来。

四

为了提高青年学生的写作能力，还有几个方面的工作要做。

首先，我们很希望作家同志们多为青年学生写些适合于精读的作品。供给学生

课内或者课外阅读的作品，特别是选作教材的，不仅思想内容必须健康，富于教育意义，语言也必须纯洁，可以作为学习的楷模。如果作品里方言太多，不合乎现代汉语普通话的规范，那对于学生的语言教育是有不好的影响的。从长篇作品里节选一段给学生阅读，这是一个办法，但不是最好的办法。学生需要多读一些短小精悍的作品。

青年学生们渴望文学家和语言学家为他们写一些通俗浅显的、切合实用的，讲解文学知识、写作知识、语言知识（包括语音、词汇、语法各方面）的书籍。现在还没有适合于中学生阅读的语文刊物。《中学生》里边登载一点语文知识，但是太少了。要使学生掌握一些与提高写作能力有关的知识。光靠课堂里的工作是不够的，还要为学生们准备丰富多样的课外读物，使他们能够自己在课外进修，帮助他们在生活中不断地受到锻炼。

很需要替青年学生们编出几种切合实用的词典——普通词典、同义词典、成语词典等。学会使用工具书，这是中学生的一项重要工作。一个不会使用词典的学生，他的阅读能力和写作能力的提高要受到很大的限制。现在我们有几种新编的小字典，可以用，但是很不够。希望有关的部门把这项工作做起来；在新的词典还没有编印出来之前，教师们应该先教给学生好好地利用现有的字典。

必须指出，适于作为范文精读的作品，通俗地介绍文学知识、写作知识、语言知识的书籍，各种切合实用的字典，这些也是目前广大的工人农民和在职干部迫切需要的，希望编写出版这类读物的工作得到足够的重视。

1958 年 1 月

谈作文教学的几个问题

培养什么样的写作能力

讨论中学的作文教学，首先要明确中学语文教学就应当培养学生具备什么样的写作能力。

中学毕业生有相当大的一部分要走上工作岗位，去参加工业、农业、文化教育等社会主义建设事业。他们在工作和生活中时常需要动手写点什么，比如写个工作报告、经验介绍，以及读书心得、信札日记等。他们天天要用笔作为工作和生活的工具。那么，中学的语文教学就应当培养学生具备日后在工作和生活中动笔的能力。中学毕业生还有一部分要升入高等学校去学习专门的科学技术。在学习中，他们更是常常要动笔——写写读书日记，写写实验报告，写写论文，等等。那么，中学的语文教学就应当培养学生具备进一步学习专门知识的时候所需要的一般写作能力。

总起来说，中学语文教学所要培养的，是一个青年在工作、学习和生活中必须具备的一般的写作能力，也就是内容正确、文从字顺、条理清楚、明晰确切，能够如实地表达自己的有用的知识见闻、健康的思想感情的能力，而不是专门从事写作的文学家的文艺创作能力，虽然也不应当排斥少数中学毕业生日后从事文艺创作活动的可能性，并且应当注意发现具有这方面才能的学生，给予必要的指导。

解决什么问题

要培养上述那样的写作能力，需要解决几个什么问题呢？我们知道，无论写什么文章，要写得好，先决的条件是具有正确的思想认识，丰富的生活经验、知识见闻，相当的思维能力。在学校里向学生进行思想政治教育、劳动教育、道德品质教育、各科知识教育、思维的训练，都与培养学生的写作能力有关。决不能把一个人的写作能力，从思想修养、经验学识之中孤立出来；那么，也就决不能把作文教学从各方面的教育之中孤立出来。不过，思想修养、经验学识、思维训练等并不能代替写作能力，各方面的教育也不能代替作文教学。作文教学必须在与各方面的教育密切结合的前提之下，解决与写作能力直接有关的若干特定的问题。在这些问题之中，我认为有三个是最关紧要的。

首先是态度和习惯问题。在写作这件事情上，不少中学生有两种不好的态度和习惯。一是怕作文，至少是不爱作文；一是写文章马虎草率，不严肃，不细心。

为什么会有这样的态度和习惯呢？应当到教学工作中探查原因。"作文太难，不知道写什么，也不知道怎样写。"这是很多中学生常常说的话。这个话值得重视。我觉得命题作文这个办法之中大有值得研究的问题，批改作文的办法也很值得推敲。老师出的题目叫学生没话说，或者不知从何说起，憋了半天，好容易憋出一篇来，又让老师画了大堆的红杠子，批了些"不简洁""不生动""中心不突出"之类的评语。这一次是这样，下一次还是这样，总摸不到什么门道。这样下去，学生对作文哪能不怕！我以为，在作文这件事情上，教师万万不能做"难服侍的婆婆"，也不能老做"医生"，而是要做"园丁"。他不光注意到剪莠除草，更注意到按时施肥浇水，帮助幼苗迅速地发育成长。只有这样，学生对作文才会不怕，才会喜欢。"作文永远得不了一百分，也不至于不及格。"这是中学生常说的另一句话。我觉得这句话也很值得分析。这句话反映出，在作文这件事情上，我们缺少明确的尺度，要求也不严格。如果有明确的尺度，并且严格地运用它，那就可以有一百分，也一定有不及格。"一百分"并不意味着尽善尽美了，到头了，只是意味着，写到这个样子，已经符合这个阶段所定尺度的最高一头的要求。"不及格"也不意味着一无是处，只是意味着，这样还达不到这个阶段所定尺度的最低一头的要求。有了明确的尺度，而且严格的运用它，学生才会严肃认真地对待作文，改变马虎潦草的态度和习惯。

第二是思路问题。今天的青少年，思想原是非常活跃的。我们这些中年老年的人回想一下自己小时候的情况，就更会感到今天的孩子们是多么生气蓬勃，敏捷机智，比自己小时候真不知高明几倍。可是，说来奇怪，一到作文的时候，不少中学生好像头脑变得迟钝起来，文思很枯涩，也不大有条理了。于是写出来的文章往往是干干巴巴的那么几句，铺陈不开，发挥不畅，甚至于前言不搭后语，连个通顺条贯都做不到。什么道理呢？我想，还得到作文教学工作中去寻找原因。最重要的一点是，必须打破"做"文章的观念，学生的思路才能开展起来。必须在命题、批改、指导等各项具体工作中采取适当的办法，使学生习惯于如实地、自然地"写"出自己的所见、所闻、所思、所感，而不是对着一个无所见、无所闻，或者虽有见闻而无所思，无所感的题目，挖空心思的硬"做"，也不是把自己的所见，所闻，所思，所感，硬"装"进什么"突出中心"，"前后对比"，"倒叙、插叙"种种框子里去。只有当学生习惯于如实地、自然地写的时候，他的思路才能打开，才能得到锻炼。只有让学生的思路得到充分的开拓，变得越来越加活泼而缜密，他的写作能力才会更好更快地发展起来。

有个初中学生写《暑假里的一天》，文章的开头说：这一天天气很好，他一大早就起来，先到户外做了早操，然后回到屋里，拿起一本《唐诗三百首》来，正读到杜甫的绝句"两个黄鹂鸣翠柳"的时候，两个小朋友跑来找他了。我几乎可以断定，这位同学是在做文章，因为《唐诗三百首》里根本没有杜甫这首绝句。不要以为这样随便说说是件容易的事。完全可以设想，他"做"这个开头是相当费劲的。费这种劲，并不起开拓思路的作用，正相反，倒有束缚思路的开展的作用。中学生作文，没有多少艺术虚构的问题，因为中学的作文课不是艺术创作实习，即使说，也应当锻炼锻炼学生的想象能力，那也得有个分寸——无论如何，写暑假里自己某一天的生活，这里边没有虚构的余地。我们今天的学生，绝大多数的品质都是好的，并不习惯于说谎。那么，为什么他在作文的时候喜欢虚构呢？很值得我们从作文命题和指导方面深入思考一下。

有一本作文本上有这样的批语："描写不生动。"又有一本作文本上有这样鼓励学生的批语："这篇文章，对比的手法用得好。"我不知道，这两个学生下次作文的时候会不会为了怎样写得生动点或者再用一用对比手法而伤脑筋，甚而竟至也去虚构点对比或者别的什么材料。

我以为，鼓励学生说实实在在的话，不鼓励说空话，说现成话，更不允许说假话；不在内容方面提出过高的要求，比如强调必须"中心突出""说得全面"，等等；不在技巧方面多所挑剔或者多所约束，有计划地做一些构思练习，比如，出个题目，要全班学生思考片刻之后，指定几个说说各自打算怎样写法。这样，可能于开拓学生的思路有些好处。

应当重视学生作文的内容，以及从那些内容之中反映出的思想认识上的问题。好的，应当鼓励；有错误的，应当帮助、教育。应当，也有可能通过作文练习来加深学生在某些方面的思想认识。在作文教学中，这些都不容忽视。我们不能满足于学生在不论什么文章的结尾，总是加上那么几句跟内容不见得有联系的"冠冕堂皇"的话。我们更不能在有意无意之间替学生的作文制造出框子。如果那样，对于提高学生的思想，开拓学生的思路，培养学生的写作能力，是没有好处的；对于确切了解学生的思想实际，从而有效地进行教育，也将是不利的。

第三个是基本功问题。字、句、篇章的训练，是写作的基本功。作文教学必须解决这个问题。这一点，大家近来都比较重视了（虽然也许有的还做得不够或者不恰当），这里不再多说。

把上边说的意思总起来，是不是可以这样看：提高学生的写作能力，要抓紧两个方面，一是基本功方面；一是"功夫在诗外"所说的那种诗外的功夫，包括思想水平，活泼而缜密的思路，正确的学习态度，良好的习惯，等等。这两个方面是根本的，至于写作的方法技巧，等等，当然也需要训练，然而相对地讲，那是比较次要的，枝节的。现在大家都很重视培养学生的写作能力，这是必要的，可是我有一个感觉：有的教师似乎在枝枝节节的方面用力过多（比如大讲什么顺叙、倒叙、插叙、形容、比喻、夸张、衬托和对比、开头和结尾，等等），而对根本的方面考虑得很少，或者，请恕我用个不恭的说法，有些舍本逐末。舍本逐末的结果至少会是事倍功半，甚至于更坏。

要解决态度和习惯问题，思路问题，基本功问题，不能专靠作文课。培养学生的写作能力,是语文教学中各项工作共同担负的一项任务,而阅读教学是这各项工作的中心。没有良好的生活习惯和适当的饮食营养,单靠体育锻炼并不能保证身体健康、强壮,虽然体育锻炼是很重要的;同样,没有良好的阅读教学作基础,单靠作文课并不能达到提高学生写作能力的目的,虽然作文教学决不容忽视。

主要应当注意什么

中学的作文教学主要是指导学生解决写什么的问题呢?还是解决怎么写的问题?中学的作文教学主要解决学生应当写什么内容、什么范围之内的事情等问题呢?还是主要解决学生在有了需要写的事物之后怎样整理思路,怎样用语言文字把自己的思想表达出来这个问题?就是说,主要解决认识事物的问题,还是解决反映事物的问题?当然,这二者密切相连,不能截然分开,这里是说"主要",就是说,教学重点应当放在哪一方面。

要回答这个问题,应当先看一看工作和生活中实际写作的情况。

完成了一项工作任务,想写个总结。有没有"写什么"的问题?显然没有。要写的就是完成任务的经过,取得的成绩,有些什么经验教训,等等;这些,都是事实,无须等到提笔写总结的时候临时设想。当然需要善于分析,善于概括,才能把成绩肯定下来,才能提出经验教训。那是思想问题,对事物的认识问题。如果不会写总结,或者写得不好,原因不出两端:或者是思想不对头,思路不清楚,对于做过的事情理不出头绪,作不出评价,或者是语文的基本功不够,遣词造句都没有把握,也就是不知道"怎么写"。总之,不存在"写什么"的问题。生活里有件什么事情需要写封信给别人,这时候有没有"写什么"的问题?显然也没有。既然要写信,当然是有事情需要写,决不会把信纸铺在桌子上才去想"写什么呢"。也有时候,只是由于跟家人或者朋友很久不通信,有些想念,于是要写封信问候一声,报报平安,并没有什么特殊的事情要写。那么,把这个意思写出来就对了,这就是应当写的那个"什么",无须乎到写信的时候编造个什么事情来写。

这就是说,一个青年离开学校走上工作岗位之后,当他提起笔来要写东西的时候,经常遭遇的不是"写什么"的问题。如果没有什么事情,没有什么意思要写,他干脆就不会提起笔来,因为到那时候,再也没有语文老师要他交作文了,无事可写,何必去搜索枯肠呢?他经常会遇到的问题倒是有了要写的事情而不知道"怎么写"。升入高等学校的学生也一样。做了一次实验,要写份报告。这时候并没有"写什么"的问题。实验报告写不好,也是由于不知道"怎么写"。

如果中学生在毕业后写作的实际确是这样，那么，中学的作文教学就应当着重指导学生解决"怎么写"这个问题，至少要为他们解决这个问题打好必要的、结实的基础。

讨论作文教学，需要先明确这一点。因为我感到，我们的作文教学在指导"写什么"这方面花的力气比较多，而在指导"怎么写"这方面花的力气太少。——这主要表现在命题上，其次也表现在批改上，下边都会谈到。学生将来不常遇到的问题，我们拼命去搞；学生将来会有困难的地方，我们偏不多管。这种现象，不知是否可以认为反映出作文教学有某些脱离实际的问题存在。

需要补充两点意思。第一，这里所谓"怎么写"，并不完全指写作技巧之类的问题，而首先是指思路问题和语文的基本功问题。不知道"怎么写"，就是已经有了要写的意思，而不能把这意思很好地安排组织起来，不能很确切地用语言文字把它表达出来。第二，为了锻炼学生的观察能力和想象能力，适当地在"写什么"这个方面加以指导，还是必要的，而且"写什么"和"怎么写"也有密切的联系。问题在于，必须根据中学作文教学的任务，针对青年在工作和生活中的写作实际，把作文教学所要解决的主要问题搞清楚，不能主次不分，重点不明。

关于命题

出一个题目，叫学生照题目的意思写成一篇文章，这叫"命题作文"。命题作文在我国有长久的历史，现在仍然是作文教学中一个重要的，乃至主要的方式。

传统的命题作文，如果运用得当，对于锻炼学生的构思和想象能力有一些作用。但是，这种方式包含着相当严重的毛病。第一，老师所命之题，学生不一定有话说，那就得没话找话，硬"做"文章。姑且无论八股文时代那种从四书五经里随便抓一句话甚至一两个字作为题目的办法，就说二三十年前流行的一些题目吧，很多都是这一类的。1935年左右，清华大学招生考试出过《梦游清华园》的题目。要是学生从来没有想象过清华园里是什么样子，坐在考场里临时去"做梦"，那可够受的。不仅如此，有时候出的题目还很不好懂，得揣摩一番才能摸到"题旨"，这叫作"审题"。如果审题审错了、审偏了，写出文章来就会"走题"，这是写文章呢，还是打哑谜？第二，即使出的题目还平实，不怎么难为人，仍旧有可题，那就是：要求学生无对象、无目的地写文章。比如，《论为学之道》，像这样的题目，一个高中学生不至于完全没话说。可是，为什么要写这篇文章？写给谁看？解决什么问题？命题的人不管这些。韩愈写过《师说》和《进学解》，他是有为而发的；教科书里有时候也选彭端淑的一篇《为学》，那是写给他的孩子们看的，原题就是《为学一首示子侄》。此刻要学生来谈为学之道，是以谁为对象？以什么为目的？这些都不管。于是学生只好用"夫人生天地之间"开场，把自己所懂得的有关为学的道理扯一扯，敷衍成篇。

以上两个问题合起来，可以这么说：传统的命题作文的办法，如果运用得不当，里边就有很坏的东西：使写作神秘化，让学生视写作为畏途；另一方面，又把写作庸俗化，形成学生一种无对象、无目的，为写作而写作，视写作为文字游戏的态度。这跟封建社会的教育思想和培养目标是连在一起的，而跟我们的语言观点和语言教育观点恰相对立。我们认为语言文字是一种工具，写文章不是一件难事，然而是一件严肃的事。我们反对无病呻吟，反对为写作而写作。我们所要培养的能力是正确的运用语言文字，作为生活和学习的工具，为社会主义建设事业服务的工具。近十年来，命题作文的办法有了很大的改进，突出地表现在注意联系学生的生活实际和思想实际，绝少有人再出那种云里来雾里去的题目了。只是在另一个问题上注意得还不够，那就是写作的对象和目的问题。比如，北京的老师时常出"北海"之类的题目，这当然可以。不过，为什么要写北海？写给谁看？还是不大管。我认为，不管不好。写北海可以有各种写法，要看写作的对象和目的来定。自己游了北海，游得很愉快，想写篇日记，是一个写法；游北海有所见，有所感，想写篇文章在《少年报》《青年报》，或者学校的墙报发表，另是一个写法；跟友好的国家的小朋友通信，向他介绍一下北海的景物，又是一个写法。如果我们出"北海"这个题目的时候，这样明确一下写作的对象和目的，我相信，这次作文将不是枯燥的，而是有趣的；不是困难的，而是容易的；不是憋着学生想话说，而是确确实实地在锻炼他的思路。我曾经发现，尽管北海是个熟地方，而学生还是对着《北海》这个题目发愣。本来嘛，既无对象，又无目的，叫他从何处说起？换言之，他不知道该"写什么"。其结果，学生只好硬憋出一些话来说说，并不能在"怎么写"的方面受到有益的锻炼。

近年把以来，有些教师感到过去常出的题目有点一般化，容易引导学生说些照例的话，于是多多少少又出现了一种苗头，想把题目出得"文艺性"一点。有的教师出了"路""窗"之类的题目，并且得到另外一些教师的赞赏。我觉得，这很值得警惕。"文艺性"的，能够锻炼学生某种想象能力的题目，偶尔出一次，未始不可。然而，要是老出这种题目，那是有问题的。"审题"的说法，近来也常被提起。

如果说，我们现在讲的"审题"，意思正是要学生先明确写这篇文章的对象和目的，那我赞成。如果"审题"的意思是要学生把题目看清楚了再写，不要粗心大意，驴唇不对马嘴地瞎说，我也赞成。如果"审题"的意思跟从前差不多，还是指题目出得"深"，甚至出得"玄"，出得"绝"，得让学生去揣摩老师出这个题目的用意，那我是不赞成的。为什么不把题目出得一看就明白，还得让学生去"审"呢？练习作文，最好是让学生心中先有个"什么"要写，然后着重去考虑"怎么写法"，着重注意把语言写通，不要让他去搜索枯肠。试想，我们的学生毕业之后，哪里还会有什么题目让他去"审"？他在工作和生活中要写东西的时候，不是写别人出给他的题目，而是写他自己知道的事情或者自己的思想感情，等写好以后，由自己给文章安上个题目。那么，为什么要花很大力气去教给他一套终生用不着的"审题"的本领，而不用这份精力教给他终生要用的"怎么写"的本领呢？

那么，到底应当怎样命题？第一，无对象、无目的的那种作文题目，可以出，但是不宜于多；有对象、有目的的写作，应当作为训练的重点。前者就是只出个"北海""我的邻居""为什么早起"之类的题目，不确定写给谁、为什么写，也就是一般所说的命题作文。这种办法可以用，因为能够进行有关记叙、描写、议论和布局、谋篇的一般训练；不宜于多用，因为这种作文比较难，往往使学生不知道从哪儿说起，而作得多了，容易养成为作文而作文、敷衍虚构、矫揉造作，甚至形式主义的写作态度和习惯。后者不是仅仅写出几个字作题目，而是根据一种实际情况，明确一种具体目的，让学生去写文章。下边举几个例子。

1. 有一个没到过北京的亲戚最近要来北京，并且要到学校来看你。写一段文章。告诉他下了火车之后怎样找到你的学校。注意把学校所在的街道和学校门口的情形写清楚，使他根据你的说明很容易找到地方。

2. 写一篇文章向学校的墙报投稿，介绍西郊动物园（或者你最近去过的其他公园）近来有些什么新的景色，劝同学们在星期日去游览。

3. 弟弟（或者妹妹，或者邻居家的孩子）爱淘气，不用功。写一个你所认识的刻苦努力、品质和学习都好的同学，作为榜样，劝你弟弟向他学习。

4. 写你某一天的生活和学习的情况，向外国的少年报刊投稿，让外国的少年们知道我们社会主义中国中学生的学习生活。

5. 你喜欢读小说吗？有人很不赞成读小说，理由是：读小说只是知道些故事，对思想和学习没有什么帮助；读小说容易入迷，以致影响学习，甚至妨碍健康。你

同意吗？如果你同意，写篇文章支持他；如果你不同意，反驳他。

出这类的题目，天地是非常广阔的。写人，写物，记景，记事，说理，辩论，小而至于日常生活的琐事，大而至于国际和国内的大事，凡属学生接触到的，能理解的，都有题目可出，并且是有趣味的和有意义的。这样的题目，不难作，因为对象和目的明确，有话说；有趣味，因为确确实实地触及学生的生活和思想；有好处，因为能使学生感觉到周围的事物样样都值得观察，值得思考，久而久之，会培养成良好的观察和思考的习惯，使思路趋向于活泼而缜密；有意义，因为这是在确实的训练学生把语言文字和写作当作生活、学习和工作的工具来掌握，运用。适当地采用这种方式，可以破除学生怕作文的心理和为作文而作文，硬"做"文章的习惯。

其次，需要正确的处理模仿和创造的关系。模仿，是学习的必经之路。不仅初入学的孩子爱模仿，中学生，大学生，以至早已离开学校的成年人，都在有意无意之间模仿自己认为好的事物。创造，也是一个必然的活动。两个人比着同一个葫芦画瓢，照着同一只猫画虎，画出来决不会完全一样，每个人画的都有自己的个性在内。并且，创造是目的，模仿正是为了创造。模仿既是必然的，就应当有意识地指导学生正确地模仿，而不要让模仿活动自流，因为自流就要产生流弊。模仿既然只是个学习过程，不是目的，就不能以教学生会模仿为满足，而要不断地从模仿之中跳出来，把学到的好东西化为自己的，在自己的创造活动中去活用。教过鲁迅先生的《一件小事》，教师往往也给学生出个"一件小事"的作文题；教过朱自清先生的《春》，有的教师就出了个"夏"。这样命题未始不可，但是要有选择，有节制，不能太多。更重要的是，要有指导，最好跟前边说的对象和目的问题联系起来考虑，不能流于纯粹形式上的抄袭。

关于批改和评分

要不要"精批细改"，这是个有争论的问题。我认为，应当精批细改。不过，必须加个说明："精""细"云云，不是从数量上说的，而是从质量上说的。——解决问题、对学生确有帮助的批改就是"精批细改"，不在于教师在学生作文本上写的字数多少。草率马虎，信手拈来，随便抓几个错字改一改，随便批上一句不痛不痒的评语，诸如"通顺""中心意思很好"之类，这自然不是精批细改；为批改而批改，吹毛求疵，烦琐支离，红字连篇，学生看都看不明白，这样的批改，教师苦则苦矣，"细"则未必，"精"尤其谈不到。只有针对作文里重要的优点、缺点、错误，切中肯綮，要言不烦，富有启发性，能收举一反三的功效的批改，才是精细批改。

　　批什么？我想，三类东西需要批。第一，作文里有突出的优点，必须让学生意识到，自觉地去巩固和进一步发扬的，或者有严重的缺点（包括思想认识上的问题），必须让学生认识清楚，自觉地去纠正的，要批。第二，全文在结构组织方面的重要毛病，例如前后不连贯，结构混乱，自相矛盾，等等，要批。这种问题是重要的，不能放过；然而不能由教师越俎代庖。替学生重做，只能批出来，要他自己去考虑。第三，重要的修改，而学生可能意会不出修改的道理的，要用旁批说明。如果这三种情况都没有，我看就可以不批。为批而批，硬"做"文章，于教师是件苦事，批出来的必然不痛不痒，于学生毫无益处。这种事情，何必去做？

　　改什么？当然是把错的改对，把不好的改好。这里有两个问题值得注意。第一，确是错的才改，确是很不好的才改。可此可彼的，宁可不改。古人说，"辞达而已矣。"定尺度，不要不切实际的高，运用既定尺度，则应当严格，严肃，一丝不苟。有关基本功方面的，宜于从严，错字连篇、文理不通、语无伦次的现象，不能容许；有关方法技巧方面的，宜于从宽。教师尤其不能凭主观好恶办事。有的教师喜欢简洁朴素，见到作文里多用了个形容词就给删去，"因为""所以"之类的虚词，尽量不留，略微长些的句子，总要想法改短。也有的教师恰恰相反，总觉得学生作文"干巴""幼稚"，总想替他添补些东西，搞得"丰富"些，"美"些。这些，我看都是吃力不讨好的做法。第二，拿起一篇作文，得先通读一遍，对它有个看法，然后动手改。如果这篇作文里基本的语言错误还很多，那就可以着重从正误方面来改，好坏问题先不多管，但求通顺而已；如果本来已经相当通顺，那就可以在一些紧要去处多推敲一下，把一些说得平常的话改得好一些，有力一些。如果不太麻烦，把正误方面的修改和好坏方面的修改，或者说把"改正"和"润饰"区别开，让学生也能知道，比如用墨笔改正，用红笔润饰，我想会有好处。一个学生如果看见自己的作文本上黑字很多，他会注意一下，"原来我的作文里还有许多不通的地方！"如果他看见有一些红字，他会有兴趣来比一比，看看老师改的比自己的原话好在哪里。为了使修改有明显的重点，能针对学生的主要问题，对学生多有些帮助，我觉得最好先批后改。先批，使自己明确地抓住了这篇作文的特点，下笔修改就会心中有数，这比眉毛胡子一把抓的改了一通之后再想批语的办法要好些。

　　修改的详略不一定篇篇一样。问题比较少的作文可以通篇细改；问题比较多的可以通篇粗改，局部细改，就是说，某一两段逐字逐句地修改，别的段落就只大致通顺一下，不细改；问题太多的甚至可以只改一段，其余各段都不改，至多用旁批指一指重要的问题。局部细改，学生可以把这一段的修改情形仔细看看，揣摩揣摩；问题多而通篇细改，势必红字（或黑字）满纸，而面目全非，学生想揣摩揣摩也无从下手，就只好往抽屉里一塞了事。

应当养成学生自己修改作文的习惯。两种作文特别适宜于发还自改，改后再交。一种是写得潦草马虎，不太用心的作文：卷面很乱，有许多不当有的错别字，不当有的病句和不合事理的话。这种作文不能接受，可以批一下，用符号指出那些不应有的错误，发还自改。一种是写得好的作文：文字清通，没有什么错误，并且有一定的意境，只是发挥得不畅，或者还有某些缺点。这种作文可以用批语建议一些改进的办法，发还自改，这样倒可以使学生得到更大的启发，受到更多的锻炼，因而提高进步得更快。对于基础好、喜欢作文的学生，这比替他修改更能满足他的需要。有些作文，可以三番两次地发还自改。间或可以这样办：学生交了作文，先搁起来，搁上一两个月再发还学生自己去检查，修改。学生自己发现了一两月前作文里有某些错误和缺点，自己修改了，而老师肯定了他的修改的时候，学生将会清楚地看到自己的进步，增强学习的信心，并且巩固了学习的收获。

这里可以连带考虑一下评分问题。给作文评分是件难事。我了解，教师为了给每篇作文画个公允的分数，花费的时间是很不少的。学生呢？拿到作文本把分数一看就完事。得了个好分数，满意了；得了个坏分数，叹口气而已，反正事已如此，无可奈何了。总之，教师花在评分上的时间不能取得多少积极的功效。不仅如此，如果一个学生连着得好分数，当然也可能提高了积极性，更高地要求自己，但是产生骄傲自满情绪，至少产生放心之感的可能性，也是不小的。如果一个学生连着得坏分数，当然也可能激起发愤努力，迎头赶上的思想，可是打击了信心，或者产生了不在乎的情绪，这种可能性也是有的。因此，有些学生的作文可以不每次评分。发还自改的作文，可以等到改回来再评；不用功的学生，甚至评他一两次坏分数之后再也不评，一直留到学期末尾总评。没得分，学生就认为没完事，没过关。他还得加油。

当面批改是个好办法。现在班大，学生多，经常这样做有困难。每个学生每学期轮上一次，应该办得到。就这么一回，尤其是在自己反复修改两次之后，效果会是很大的。

把学生写得好的和写得不好的一两篇作文拿到堂上作示范批改，能对全班学生有启发作用，间或用一用这个办法，也会收到良好的效果。

在批改作文的问题上，特别用得上"因势利导"这个原则。无论是批，是改，都不能离开学生的实际，又不能没有个明确的方向和准则。针对实际；就是"因势"；合乎正确的方向和准则，才能"利导"。真正做到因势利导，教师能少做许多无谓的工作，节省不少的时间精力，而于学生则大有裨益。"以身作则"是批改作文中另一个重要原则。教师写的字工整，一笔一画，一个标点都不苟且，决不写不通的句子，不说似是而非的或者虚应故事的话，这对学生有极大的示范作用。反之，如果教师自己在这些地方马虎随便，而要求学生严肃认真，那怎么能办得到呢！

上边说的一些办法，未必都好，有的甚至不对头。还过得去的，请参考；不对的，请指正，至少不去理它。千万不要不加选择地"全盘接受，照搬照用"。我之所以敢于把一些很不成熟的看法提出来，只是基于这么一种想法：要改进作文教学，第一要好好研究些问题，第二在方式方法方面多动脑筋，多想办法——总之，不能一味地抱着一些老框框办事。传统的做法中有好经验，例如精批细改和当面批改等，要吸取；有的有毛病，例如命题作文的某些方面，要分辨；更需要根据教学目的，针对实际情况，多创造些新的经验。这个想法，倒是愿意提供同志们多加考虑。说到最根本处，要提高学生的写作能力，还得从阅读教学入手，从基本训练入手。阅读教学搞得好，基本训练搞得好，学生一定会具有较好的表达能力，作文教学的根本问题就可以迎刃而解了。

1962年

谈练习写作

今天，谈一谈写作练习问题。这里印发了《首都钢铁公司职工教育开展情况和一些作法》的总结。这篇总结写得很不错，在大的方面，即文风方面（而不是在细微的、遣词造句或写作技巧方面），有许多可喜的和非常值得提倡的东西。

我想，要练习写作，首先要从大的方面着眼，从这方面着眼，可以促使我们对写作的一些具体问题考虑得更深入一些。

大的方面是指的什么呢？

第一个优点是"短"。"短"在写作上是非常值得重视和提倡的。写文章只有

做到"要言不烦",没废话,才能短。当然,如果讲的问题很多,需要那么长,那就不能叫长了,因为有那么多事情要讲嘛。所谓文章臭长,是指内容浅薄,废话连篇的那种文章。

一般地说,学写作大概要经历这样几个过程。初学写作的同志,开始阶段总是苦于没有话说,拿北京话来说就是"没词儿"。这反映出思路还打不开,写作能力不高,缺乏锻炼,所以写起文章来铺陈不开,需要发挥的东西也发挥不出来。在这个阶段,最好大胆地、放手地写,对于写作不要畏惧,头脑里不要有框框,先放开再说(古人也有这样的主张)。这样做一个时期,手就逐渐地放开了,也就有话可说了,而且总觉得想说的话很多。到了这个阶段,许多人往往又不知如何下手,对于哪些话必须说,哪些话不必说,拿不准主意。这时候就需要锻炼把文章写得简要、精炼。所以,对于写作的要求,不能一概而论,要看练习写作的人,处在哪一个阶段,具体情况如何。

在座的同志们大概参加工作已多年了,而且常常写些东西吧?因此,我觉得你们当中的绝大多数同志是能放开写了。目前,你们需要在"要言不烦"、不说废话上多下功夫。

以上是从写作一般情况来说的。其次,还有特殊的情况,就是刚刚经历了"十年动乱",帮八股泛滥。帮八股的特点之一就是文章又臭又长,废话连篇,总是洋洋洒洒的大块文章,但却没有什么真实的内容。这种流毒还很厉害,需要继续肃清。爱写与内容不相称的长文章,这种通病需要不断地克服、纠正。

再说,就是为了适应现代化的需要,我们也必须练习写短文章。现代化的特点是什么呢?就是事事讲科学,讲效率,讲速度。现在大家都在紧张地工作,用音乐的术语来说,是生活的旋律越来越快,所以用在写文章、看文章上面的时间越短越好。像托尔斯泰的几部巨著,一部就是上、中、下三厚册,上百万字,这种巨著现在趋于减少。并不是人们的创作力不行了,而是时代的需求不同了。

前几天,北京语言学会请陈原同志做了题为《语言与社会生活》的学术报告。他讲道:随着社会生活的现代化,符号使用得越来越多,以往要用一段话表示的意思,现在往往只用一个符号来表示。他举了几个很有意思的例子,我看对我们写作也同样有启发。他说,过去皇宫的午门前竖立着这样一个牌子:"文武百官,在此下马。"虽然只有八个字,并不太多,但总得一个字一个字地辨认吧,总得费点事,好在是骑马,要是坐汽车,还没弄清是怎么回事就闯过去了。不久前,我们在公路旁还可看到一些写着字的牌子，意思是告诉驾驶员，进入标界以后，汽车只能以每小时多少多少公里的速度行驶。这也得看明白才行吧。现在不少公路已改为高速公路，汽车在高速公路上开得很快，一小时要行驶上百公里，车像飞一样的就过去了。如果再用什么"文武百官，在此下马"那一类告示或其他以文字说明的办法来指示车辆就不行了。因此，就得用一些社会约定的符号来表示。为什么呢？就是要适应高速度的要求，要快。在高速度的要求下，要简明，让人一看立即就能做出反应，明白是什么意思。

写文章也不例外，要做到"短"而内容精，有说服力，并富有文采，是很不容易的，但这是时代向我们提出的要求。所以，我主张我们进行写作练习时，要练习写短文章，这是一个要点。我们印发的这个总结，就比较精，比较短，基本做到了"要言不烦"，这种文风值得提倡。但也还有不够精练的地方。比如总结的最后一段是说工作差距的，我以为就没有必要。因为这是经验总结，这里不必表示谦虚。像这样的结尾，差不多的文章都有，简直成了套子，有点一般化，没有实在内容，我看写不写都一样，这是我的一点看法，提请大家参考。这是第一点。

第二优点是"实"。这篇总结写得很朴实，不虚，不空，完全用事实和数据说话。

现代化的一个重要标志是数量化。在欧洲，十六、七世纪标志着进入现代社会的一些人物，如伽利略，他们的重要贡献就是提出了数、量的观念。古代，数和量的观念不强，什么都糊里糊涂，模模糊糊。我读古书的时候就有这样一种感觉。很多应该用数字说明的地方，没有数字，而有数字的地方，数字又不甚可靠。比如历史上在记载战争时，一说就是"斩首级几十万"。我很怀疑。以古时的国力、人口和那种比较原始的武器，会有那样大的伤亡？我想，这种数字可能是经过夸大的估计数吧？现代社会不同了，随着科学技术的发展，有的东西真是差之毫厘，谬以千里，马马虎虎不行，没有数的观点更不行。特别是搞现代化，科学化，没有精确的数据是很难得出科学的结论的。不仅搞自然科学，搞技术是如此，即使是研究社会科学，也是如此。教育学、法律学、社会学等都需要用数据说明问题，更不用说研究经济学之类的了。用数据说话同用事实说话，可以说是现代化的要求。

但是，我们在使用数据时必须注意几个问题。第一，数据要准确，必须真实可信。第二，使用的数据要经过认真的选择，就是要求选用最能说明问题的数据,而不是数字越多越好。数字过多,又不能说明问题,不仅使人眼花缭乱,而且会把问题弄得很糊涂。第三,对有的数字要进行必要的分析。首钢总结中的数字,我核对过一遍,凡是有总数又有分解开的数字的地方,把分解的数字加起来,和总数是相符的,这说明各项数字是经过核实的,是有依据的。不过有的地方的数字还看不太清楚。这也可能是我不熟悉情况造成的。比如,在总结如何解决教育经费的一节中说:教育经费由公司管理费列支,按工资总额的百分之一掌握使用;各厂矿支出的费用则列入本单位生产成本。后面又说道:把这些款项加起来,平均每个职工全年的教育费大约为10元左右。如果根据这两个基数推算一下,似乎有点问题。因为一个职工全年平均的教育费是10元。而10元又仅只占职工工资总额的百分之一,因此,每个职工全年平均工资总额就是1000元,每月平均工资总额则为83元强。据说,我国的工资平均总额是每月65—70元,首钢的工资有那么高吗?我不清楚,所以有点疑惑。但总的来说,这篇总结写得还是很实的。这是第二个优点。这里,我还要强调一下,实,不虚,不空,用事实和数据说话,这种文风是特别值得提倡的。过去,受传统的影响,无论写什么文章,对数字都是重视不够的。最习惯的是抒发点感情,空发点议论。60年代,我曾给参加函授学习的几百位同志出过一个作文题目《北京》,结果收回的作业全部都是抒情散文,一篇例外都没有。如什么《北京车站的钟声》呀,《天安门前的华表》呀,《东西长安街的灯柱》呀,竟没有一篇用事实或数据来说明问题的。比如说北京海拔有多高,气候怎样,雨量多少,等等,没有一篇写这样的内容。无论是历史的,地理的,无论是科学技术和生产方面的,文化教育方面的,用点数字说明的,一概没有。当然,首都是容易引起人们的感情活动的,抒发抒发也是可以的。但总得多样化嘛。可是人们特别不喜欢用事实和数据说话,总喜欢发点空论,发抒点不怎么真实的情感。这是我们若干世纪以来的老传统,一直影响到现在。流传最久、最广的所谓"脍炙人口"的好文章,不就是《桃花源记》《醉翁亭记》,还有《师说》《进学解》《六国论》等那些名篇吗?都是写景,抒情,发议论的。有点科学内容的文章是不大能"脍炙人口"的。"十年动乱",不仅没有改变这个不好的传统,反而朝"假、大、空"的方向恶性发展了。不真切的抒情是最容易用来装腔作势吓唬人,或者堆砌辞藻哗众取宠的。所以,我今天特别强调写文章要"实",要用事实和数据说话。

第三个优点是"有特点,有个性,不一般化"。我们读过印发的这篇总结就会感到，这个单位是比较大的。因为大，办业余教育有些问题就不好解决，比如领导体制怎么建立，用什么形式办学，教育经费如何解决，师资如何配备，等等。这篇总结回答了这些问题，写得有理有据，所以是有特点的，不是一般化的。大家知道，我们过去在写作上有个通病，就是一般化。无论写什么东西，都是一种模式，一个调子，甚至是一种语言。这种风气在"十年动乱"期间，更是大有发展。特别是应用文，像总结、报告之类，如果把里边的人名、地名、单位名称等专有名词换掉的话，这篇和那篇就都差不多是一个样了。这是一个相当大的问题，是文风问题。一般化，实际上是思想僵化的反映。思想僵化，就不能发现新的情况，解决新的问题。这对现代化建设，极为不利。

总之，我觉得，这篇总结的确写得不错。它写得"短"，写得"实"，写得"有特点，有个性，不一般化"。当然，如果能在"短"的基础上更精炼一些，在"实"的基础上使数字更准确一些，去掉那个"一般化"的结尾，就更完美了。

下面谈谈写作练习问题。

在职工作的同志练习写作，主要应该练习写短小的文章，写实实在在的，有特点、有个性、不一般化的文章。不一定是写总结，写什么都要这样。抒情散文尽可能少写。因为就大多数同志的工作性质讲，应用抒情散文的地方很少。当然，读一些抒情散文也可以。散文在语言上是很讲究的，读一些可以帮助我们积累一些语言材料，揣摩揣摩别人是怎样运用语言的。在写得短这个方面，我国古代散文很有特色。王安石的《读孟尝君传》只有88个字，可是写出了王安石对孟尝君的一些看法和对历史的一些见解。语言精练，结构严谨。不论你是否同意他的见解，你不能不佩服他用那么短的篇幅就鲜明地表述了他的意见。其他一些名篇，往往也只有几百字或一两千字，就能记叙清楚，描写生动而感人。这是很不容易的。但是因此大家就都去写抒情散文，我觉得也没有必要。对于古代的东西，我们应该取其可取，弃其当弃才好。我主张继承古代散文使用语言简约、精炼，构思行文严整、缜密这些特点，而不要单纯地去学写景、抒情这种写法。我之所以要特别强调这个问题，是因为我们过去有这么一个传统，直到现在影响还很深。比如，1977年大学招考，我收集了一下各省、市的语文试题，作文大都是抒情散文题目。在我们实际生活中，在工作中，这类文体的用处很小，常常要写的是工作性、科学性的东西。因此，练习写作，首先要从工作出发，写些实在的东西，而不是从兴趣出发或因袭传统去写些不着边际的抒情散文。

其次，练习写作要注意在两个方面下些功夫。

第一，练习写作时首先要通观全篇，在铺陈事实、说明论证方面，认真推敲，在结构方面要周密思考，不说做到天衣无缝，但缝不要太多、太大，起码要保持思路连贯一致，材料和观点统一。叙事要清清楚楚，分析论证要合情合理，恰如其分，做到言之成理，持之有据，不夸大，不掩饰，让人一看就清楚明白。拿我们印发的总结来看，有的地方还值得进一步推敲。如在"党委重视，加强了领导"一节分析情况时指出："我公司6万多名职工中，1968年以后进厂的新工人约占64%。这些青工名义上是初中或高中毕业生，但绝大多数的实际文化程度只相当于小学或初中，再加上文化程度较低的一部分老工人，文化水平在初中以下的职工约占职工总数的84%。技术人员只占职工总数的4%多一点，其中约有一半还是中专程度。干部的业务知识、管理工作水平也很低。"而总结的前言部分却是这样写的："职工教育工作的开展，有力地促进了企业管理水平和生产水平的提高。"接着，列举了一系列的例子："1979年全公司钢、铁、坯、材等12种主要产品产量，全部完成或超额完成国家下达的生产任务，八种产品达到优质水平，精矿粉、铸造生铁获得国务院颁发的质量金牌奖。30项可比技术经济指标全部超过了1978年创造的历史最好水平，其中16项指标夺得国内同行业的冠军。精矿品位、高炉利用系数、入炉焦比、转炉利用系数、平均炉龄和钢铁料消耗等6项指标进入世界先进行列。"

另一处说：但首都钢铁公司"文化革命"前业余教育搞得不错，是有底子的，然而，"在林彪、'四人帮'横行时期，我公司的职工学校被解散，公司教育处也被撤销。1978年初，党委决定恢复教育处"，职工教育才又上马。把这几处联系起来看，不免令人产生这样的疑问：职工文化技术低，职工业余教育才恢复了一年多，就能收到那么大的效果，使生产水平有那么大的提高吗？生产水平提高肯定是事实，列举的那些事例都是有根据的。问题在于，生产水平的大幅度提高是不是仅仅由于职工业余教育的恢复和发展呢？恐怕不是。不难理解，粉碎了"四人帮"，政治的、经济的各项政策得到落实，工人积极性有了很大提高，等等，恐怕是生产水平提高的重要原因。职工教育的恢复和发展当然也会起作用，但是在这么短的时间里，单是教育这一方面是起不了那么大的作用的。因为教育不是立竿见影，春种秋收的事情，教育见成效是缓慢的。怎样分析生产水平提高的原因，怎样分析职工教育恢复和发展在生产水平提高中所起的作用，都需要实事求是，恰如其分。一说思想工作，就把一切成绩都归之于思想觉悟的提高；一说职工文化技术教育，就把一切成绩都归之于业余教育的作用；一说落实政策，就把一切成绩都归之于政策的威力。如此等等，都失于片面化、简单化、绝对化。过去，我们吃这种亏是很多的，应当引以为戒。从写作的角度来看，写文章一定要通观全篇，弄清文章各个有关部分之间的关系，做到前后一贯，合情合理，不可顾此失彼，失于照应。事情的分析和文章的写法是密切相关的。

　　第二，无论写任何文章都要注意语言的准确性和模糊性。前面提到，前几天语言学会请陈原同志做学术报告。他在报告中就讲了语言的准确性与模糊性的问题，讲得很好，对于我们练习写作很有启发。他举了一些生动的例子说明，人们运用语言要求准确，但在日常生活中却只能模糊一点。比如，天气预报说的大雨、中雨、小雨原是有严格界限的。降雨量在若干毫米以下的叫小雨；若干毫米以上，若干毫米以下的叫中雨；若干毫米以上的叫大雨。我们在日常生活中所说的大雨、中雨、小雨，就比较模糊，没有那么准确。准确与模糊是相对而言的。表达的时候，应当准确的地方必须准确；可以或者需要模糊一点的时候就模糊一点。不能说得很绝对，但是也不能随随便便，要看表达的需要。我们选印的这篇总结里引用的那些数据和事实的叙述，大都是准确的。如果没有这些数据和事实的叙述，所谓生产水平的提高就只是一个模糊的说法了。在这里，还有一份总结在谈到职工业余学校怎样解决师资来源问题时，介绍了聘请兼职教师的经验，说兼课教师应"给予适当报酬"。"适当"二字，就显得模糊一点。这是一份经验总结，需要用准确的语言，经验才能介绍得比较具体，供人参考。但是，有的时候就需要用这一类模糊的语言，像"一定""适当""基本""大概""可能"之类就都是一些模糊的字眼。在有的场合需要用这类字眼，比如，"对违反操作规程因而造成事故的，要给予适当的处分"，这里就只能用"适当"。我们在学习运用语言时，必须从实际出发，认真选用最恰当的说法。

　　在职学习的同志最好作两种练习——

　　第一，写片断。这种练习最好每天做。如果实在不行，每周总得写两三次。

　　写片断就是只写一小部分，只写一二百字、至多三五百字，甚至几十字都行。写一件事，不从头至尾全写，只写事件过程中的某一个时段，这就是一个片段。比如春游，不一定写一天游赏的全部经过，只抓住其中的一件事，或一景一物来写。写一样东西，不写全貌，只写一个侧面。读一本书或看一场电影，不全面分

中国现代著名语文教育人物 张志公

析评价它的内容或人物,只写自己感受最深的某一点体会或感想。结合自己的工作,写一个什么建议,分析工作中的一个问题,批评生活中一种不良倾向,等等,都可以。

这种练习写片断的方法有两个好处。一是短,不费很多的时间,容易坚持。二是因为写得短,可以有时间去逐字逐句地推敲。这样做很有利于提高语言表达能力。短文也同样有组织材料、明确观点、谋篇布局的问题。写讨论性的东西,也有论点、论据和推理的问题。如果我们在这些方面不断地推敲,就可以开拓我们的思路,增强我们的思维能力,运用语言也会越来越缜密,越来越熟练。天长日久,写作能力一定会提高。不要小看这些片段,长文章还不是由一个个观点生发开来,组织而成的?我劝大家多做这种练习,多多益善。

第二,写一整篇文章要反复改。这种完整的、比较长的文章不必多写,一两个月、两三个月写一篇就行。但是,不能写完拉倒,一定要反复修改。改文章是没有止境的。有人说大作家的文章一字不能改,没有那么回事。有些作家,出版了一本书,再版、三版的时候每次都有所修改嘛。改什么呢?改的头一步就是删,按照写"短"、写"实"的要求,把该删的和可删的地方统统删掉。文章里的水分少了,就显得更短更实了,个性特点也突出了。删改的过程,往往是进一步整理思路的过程,也是充实文章内容和突出其特点的过程。第二步是补。文章经过删改,可能会出现删过头的现象,在删掉没有用的东西时,把一些有用的也删去了,或者文章本来就缺点什么东西,这就要补。补就是充实。补什么呢?这就看缺什么了。如果论述不全面,就要补观点;如果文章说服力不强,就要补例证,包括数据。补多了再删,删多了再补。人们对事物的认识总是不断加深、不断提高的,有时是要经过多次反复的。写出文章来反复修改正是反映了认识的不断提高。没有增一个字则太多,减一个字则太少的神话。第三步就是推敲全篇的逻辑结构,看看自己表述的东西是不是合情合理,恰如其分。

文章就是这样修改出来的。写了一篇文章,放起来,过一个星期拿出来看看,往往自己就会发现问题。改一回,放起来,过些时候又拿出来改一遍。这样反复修改几次,直到满意为止。写出来先请别人提提意见,指点指点,自己拿回来改,是一个好办法。自己写的文章,自己往往不能发现问题,经人一指点,有所启发,拿回来改,就有下手的地方了。从练习写作的角度看,写一篇文章多修改几次,远比匆匆忙忙多写几篇、写完拉倒,或者等着别人给改、改完大致看看拉倒为好。

多改就多动脑筋，无论是推敲内容，或是斟酌字句，这样锻炼下去，效果是会很显著的。

把写片断和写整篇结合起来，每一两天、两三天就写上一段，每一两个月、两三个月写一整篇，然后反复修改，这样交错进行，半年一定有半年的进步，一年有一年的提高。我建议大家试一试。诸位现在都参加学习班，有老师对我们的写作进行帮助、指点，我想只要自己坚持努力，又能按时完成作业，认真研究老师的意见和建议，研究老师的批改，自己反复实践，你们的写作能力一定会提高的。

本文是著者在北京市工农教育研究室举办的在职干部《语文学习讲座》上的一次报告摘录。由张盛如、惠兰整理，发表在1980年11月《语文学习讲座》函授讲义第6期。

写作教学要重视实用性

我们历来对写作教学很重视，在中小学语文教学中，写作教学也是一个突出的被重视的问题。社会上，对于青少年一代写作能力不能适应需要的现象也表现了很大的关心。所以，在语文教学中用在写作教学中的时间和精力是很不少的。有小作文、大作文，有各种写作练习，学生们练得辛辛苦苦，教师们也指导得辛辛苦苦，可是写作能力不够用的现象仍然存在。且不说小学毕业、初中毕业，高中毕业了，进一步到高等学校学习了，不会记笔记，不会看参考书，不会做摘要，学理工科的不会写实验报告也是很普遍的事；甚至高等学校毕业了，当医生的写不好病历，当技术员的写不好研究论文，做商业工作的写不好产品说明，这些事情也是很不少的。

在学校里，花在写作教学上的时间和精力那么多，离开学校后写作能力不能满足学习、工作和生活的需要，这是什么原因呢？很重要的原因就是对写作教学的实用性重视不够。其实，这个问题并不是今天才有的，而是数百年来写作教学旧传统的延续。封建社会后期的科举考试，专门考八股文。就是随意从四书五经里拿出一个句子或词语，叫应考的人以它为题写文章。考生们就围绕所出的题目大发空论，至于文章要解决什么问题，则完全可以不管。无非是拿它当块敲门砖，希图给考官看中，达到考取做官的目的。这种文章在实际生活中，在工作中，完全是没有的，因此也就没有什么生命力。但是由于这种作文方式延续了几百年，源远流长，影响很深，所以今天我们的写作教学也难免没有它的影子。这表现在：我们有些同志在写作教学中总喜欢出一些大而空泛的题目，或出一些风花雪月之类的题目，对于日常生活和工作中常用的表达方式则练习得很不够。其结果，必然使写作教学走上脱离实际的道路。

为什么不能练习一些应用文呢？这里，恐怕有这样两种片面的认识。一是认为应用文只是一个格式问题，没什么可练的；一是认为应用文的格式和用语太复杂，练起来太难。其实这些认识，同样是受了写作教学旧传统的影响。在封建社会后期，与八股文并存的就是那些烦琐的应用文，凡是日常生活和工作中实际应用的文体都有非常复杂的格式和一套虚伪的用语，从而使人们对这种东西视为畏途。有些人专门以写这种文章为职业，这就是衙门里的那些书吏。这种应用文同八股文一样，同样是封建社会后期一种没落的东西，然而也是由于它实行了几百年，影响十分深远，以至我们今天一提到应用文，首先想到的就是那些麻烦的格式和套语。在教学中也往往只注重形式上的指导，而忽视语言表达艺术的训练。

写文章要注重实用。凡是有价值的作品，无论是文学作品还是科学著作，都是为了解决一定的问题，写给一定的对象的，也就是说写作从来是有实用目的。所谓实用，有的直接些，直接处理学习、工作、生活里的实际问题；有的间接一些，比如文学作品，作家总是要表达一种他认为对人、对社会有益处的思想，或者塑造一些美好的形象去影响别人；或者塑造一些反面形象去教育别人，没有任何写作目的的文学作品是没有的。在长期的封建社会里，真正的有识之士，他们不论写什么东西，也都是注重实用性的。或是为了说明思想，表达感情，或是为了把他们的所知、所见、所得传播给别人。即使是写应用文，也并不只是在格式、体例上下功夫，而是注重语言的表达艺术。所以我们历史上保留下来许多既是应用文而同时又是文学作品的优秀文章。例如给皇帝上书的表章，这是应用文，李密的《陈情表》就写得非常感人，语言运用艺术达到了登峰造极的地步，所以它感动了皇帝，允许他辞去授给他的职务。祭文也是一种应用文，韩愈的《祭十二郎文》就充满了真情实感，亲切动人。他们的文章都没有翻弄那些陈词滥调，没有丝毫的八股腔。如果说，我们要吸取前人写作教学的经验，就应该从这两方面去吸取。所谓两方面，就是说，一方面要非常重视写作的实用性，不要为写而写，不做游戏笔墨；另一方面就是在写一些应用文章时，也要注重语言的表达艺术。

顾炎武在《日知录》中批评科举考试和八股文，说："今之经义策论，其名虽正,而最便于空疏不学之人。"我们今天已废弃了八股文,但是,如果我们的写作教学老是在那里引导学生说空话,抒发一些矫揉造作的感情,同样培养不出有真才实学的人。因此,我认为,写作教学的当务之急是应该多练一些实际有用的文章。在学校不指导,将来用着了再去摸索,就是一个很大的浪费。

对象和目的

谈了两次了。听见两种反映。有些同志很赞成这样像拉家常似的谈写作,希望继续这样谈下去,有些同志希望少"兜圈子",直截了当说说该怎样写,怎样就能提高写的能力。两种意见我都接受。

不过得说明一点。无论采取怎样的谈法,提高写的能力的关键在于同志们自己多动脑筋想问题。所以我还是要不断地提出问题来请你想。你先想想然后我再谈;我谈了之后你再想一想。这样来来回回地想了谈,谈了想,可能不大习惯于板着脸的"教"人家"怎样"写,仿佛人家本来根本不会,我一"教",人家就会了。哪里有这种事。再有,讲写作的书有很多,讲"主题""叙事""写景""状物""立论""驳论"等,那些书大都写得很好,很有帮助,你选一两种好好读读就行,无须我再来重复那些讲法了。因此,我还是以谈为主,咱们这一栏不是叫着"写作一月'谈'"吗?尽量谈得简要些,爽快些,少说点闲话。我继续谈下去,一边谈着一边随时听取大家的意见,不断地改进谈法。好不好?

今天先谈一点——文章的对象和目的。

一切应用性的文章都是写给特定的对象,为了处理特定问题,达到特定的目的的。对象可以是个别的,可以是一些人,可以是许多人,可以是某个单位,可以是一些单位,总之,写的人心目中是有明确的对象的。写这文章不是无目的的,而是要处理特定的问题。要处理的可以只是某一个问题,可以是两个、三个或更多的问题,换言之,目的可以很单纯,也可以比较复杂,总之,写的人心目中是有明确的目的的。写任何应用性的文章,都要把对象和目的明确起来。事实上,在提起笔来之前,对象和目的本来就有了的,否则就不会提起笔来,只不过在落笔之际要在头脑里把对象和目的进一步明确一下,并且就要根据这对象和目的来考虑你的写法。

用最简单的应用性文章为例。比如写信。信是写给谁的,这就是对象;写这封信干什么,这就是目的。假如你是托对方替你买一本书。看来这是极单纯、极小的一件事。然而在写法上要考虑妥当的地方并不少。你写信的这位对象，也就是你要托的人，和你是什么关系？是你的家属、亲属？是你相处很熟、交往很多的一位同志？是一般认识并不很熟的人？还是并不直接认识、没有交往的人？这些决定着你的信用什么样的口气，也决定着某些部分应详应略等写法上的一些问题。你托他买的是某一本特定的书，还是请他就某一种书代你选购一本？书请他寄到什么地方？书款你准备怎样还他？你是急需，还是并非急需而是要他在方便的时候留意代你买到？这些都要想清楚，写清楚。你为什么要托他替你办这件事，无论托的是谁，总要大体说一说，让人家明白，愿意替你办。这虽是很小的一件事，却也要花费人家不少时间的，到书店去买书，有时候跑一处跑一趟还买不到，需要再跑，买回来要找合适的（邮局肯接受的、不易损毁的）纸来包封。然后再跑邮局去寄发，也相当麻烦的。把这些都想好了，你这封信才会写得清晰、得体，易于解决问题，达到你写信的目的。请不要认为说这些话是多余的。这是来自我的切身经验。我有时候收到熟识的同志来信托我买书，也有时候收到不认识的读者来信托我买书，因为知道我是跟书打交道的嘛。这样的来信，有的写得很不客气，也没说明他必须托我代办这件事的道理，表现出他不以麻烦别人为意；有的又过分客气，说了过多不必要的感谢话，显得不简明，更糟糕的是往往由于写得不明白，有些该说清楚的项目没说清楚，使我不好办，比如书名很一般，同名的书不止一种，信上却没有写明作者和出版者，有的地址没写清楚，甚至有的连签名都让我认不出来（这当然是写字的问题，我曾在不得已的情形之下采取过这样的办法：把他的签名剪下来，贴在包封上）。

倘若一封信里说了好几样事，托别人办好几件事，那就需要考虑一下先后的次序，先说什么，再说什么，以至明白地说出轻重缓急，让对方好办。倘若是向对方询问什么问题或是商讨什么问题的信，问什么要十分简洁而明晰，商讨什么既要明晰，也要得体，意见要明确，态度要恰当。即使是亲属、朋友，长时间没见面，没通信，写封信联系一下，没有特定的事情要办，那么，联系联系，互通音讯，这就是目的，就应当想好，自己有些什么情况宜于告诉对方，自己想知道对方的什么情况，这样，这封信才能产生互通音讯的作用。可见，就是写封信这么一件小事，要写得好，也很有好些地方是需要思考的。至于信的格式，那是很容易的，任何一本讲"应用文"的书都会讲到，要不了几分钟就学得会。所要重视的是根据信的对象和写信的目的，考虑怎样把信写得明晰而得体。这里边其实也包含了"为对方着想"这个重要因素。口头语言和书面语言都是交际工具。交际，是两方的事，不是一方的事。那么在运用语言进行交际的每一方心目中应当放着对方：说话、写文章处处都要想到对方。首先是要给对方方便。根据自己对于对方的了解，话怎样说法最便于他理解，不多也不少，不深也不浅；根据写信的目的，话怎样说法最便于他处理问题，不模糊也不烦琐。其次，根据信的对象和目的也要考虑到对于对方应有的（而不是虚伪的或多余的）尊重和礼貌。

  再举个例子。我有时候自己买点药品用。药品的说明书，有的写得好，有的差些。前者让我看得清楚明白，并且对它产生信任感，后者反之。这往往也是由于对写说明书的对象和目的是否明确而产生的差异。药品说明书，我想至少可以有三种对象：一是写给医务人员看的，目的在便于他临床应用；一是写给医药商店管进货的人看的，目的在便于他了解这种药的价值，判断对它的需求量，等等；一是写给社会上一般买药的人看的，目的在于让他了解这种药是否适于他的，应当怎样用法，等等。显然，为上述第一种对象和目的而写，大概药理方面，包括构成、作用、副作用等，需要说详细些，不妨多用"行话"（专业用语），甚至使用外行人不懂的各种符号、公式、图式之类，不必多用大白话；为第三种对象和目的而写，就不能这么"专"了，得通俗易懂，简明扼要，但是成分一般也应当简要地告诉人家，有什么功效、最适用于什么病，以及用法、用量、可能有的副作用、服用注意事项等更应当说得清清楚楚，实事求是，不能模模糊糊，不能夸大其词。写这类东西，对象和目的不同就必须采取不同的写法，这是显而易见的。我不懂药物学，仅有一点一般常识。凡是我感到模糊或者显然在夸大其词的说明书，这种药我是不大放心去买的，比如，用了不少"贵重"药材、采用"最科学"的制作方法这类的话，功效列了一大串，主治什么病也列了一大串，注意事项往往只有"孕妇忌服"一条，都是些"模糊语言"；偶尔也看见过相反的情况，不仅说明了成分，连化学分子式都列出来了，我看不懂。说得太模糊的，显然广告性多于说明性的，让我看不懂的，附有这些情况的说明书的药，我都不敢买，或者不愿意买，除非是医生给我开的处方。

  写任何东西都要明确对象和目的，都要为读者考虑。这是最根本的一条。就连文学性的作品，作者心目中其实也是有对象、有目的的，只是往往不如应用性文章那么突出而已。我并不一般地反对"命题作文"，不过，"命题作文"大都不管对象和目的，这一点我是不同意的。出个"春雨"作题目，咱们每个人都能对付出一篇

或长或短的文章来。但是，这篇文章是写给什么人看的，为什么目的而写的，要解决什么问题的，统统不知道。用这种方法练习写作，也不能说一点用处都没有；可是用处不大，害处却不小。一个人在生活中、工作中、科学研究中，什么时候需要写这种无对象无目的的文章呢？可是这种习作方法行之有年，大家都很熟悉它，视为提高写作能力的必由之径。我劝大家改变一下这种写作态度。写任何东西首先要明确对象和目的，要想到你的读者。当你把这些明确起来的时候，写这篇东西的内容、方法、技巧大概已经解决了一大半了。

又要留下个问题请你思考一下了。如果给你出个题目，比如"万里长城"，要你写篇文章。你先设想一下，这篇文章可以有哪几种对象和目的？当你把对象和目的明确起来的时候，你是否感到文章好写一点了，不再对着那四个字发愣了？写出来的文章是不是会更有用一些了？这次谈的过程中，好几处提到"得体"，什么是"得体"？

第六章　张志公传述

第一节　文理兼修、全面发展

——张志公的求学生涯

1918年11月13日，张志公出生在北京一个知识分子家庭，父亲是一位测量技术人员，后期也做过数学老师。因为他父亲从事工程测绘工作，工作地方经常发生变动，童年时候的张志公因父亲工作调动屡屡迁徙，五六岁时，随父母到了沈阳，7岁入沈阳第四小学，后转入第一小学。高小第二年，父亲到南方工作，张志公随母亲回到故乡南皮县，在那里读完了小学。

1931年，张志公考入天津"铃铛阁中学"。铃铛阁中学始建于1901年。1902年，学校改为公立，名"官立中学堂"（后改名铃铛阁中学），是天津开办最早的公立学校，距今有一百多年的历史。铃铛阁中学在当时就有一支高素质的教师队伍，且学校英语特色鲜明，这为张志公先生以后英语能力的发展提供了有利条件。

1934年，张志公考入河南开封高中，这所学校是河南的名牌中学。张志公对这所学校非常满意，用他的话说，"开高"名师荟萃，"有一窝子北大优秀毕业生，地地道道的蔡元培派"，他们在治校、教学中奉行蔡元培的主张，提倡学术民主，兼收并蓄、全面发展，这种校风一直让他津津乐道。此外，开封高中还教学生大量阅读课外读物，张志公因此对中国现当代文学、外国文学、中国古典文学产生了浓厚兴趣。铃铛阁中学和开封高中在当时都是正规的新式学校，张志公从小没有受过传统的蒙学教育，但是，大量的课外阅读，开阔了他的眼界，使其文理艺术等各科全面发展。在高中二年级文理分科的时候，张志公选择了理科。明明喜欢文科，为什么选择理科呢？张志公认为自己大学将学文科（很可能学外语，也喜欢文史哲），在中学时代先把理科基础打好些，否则，到了大学再不接触理科，只凭初中那点儿常识，太少了，就会成为只知文不知理的瘸腿子人，那可不好。铃铛阁中学的英语特色，开封高中的广泛阅读和文理全面发展，这些对张志公后来的学术生涯偏好英文和文史、语言产生了很重要的影响。

  1937年，张志公高中毕业，先后参加了多个大学的自主招生，后考入了中央大学化工系，一年以后，因为爱好英语，遂转入了外文系。嗣后，又转入金陵大学外文系，主修英语、法语、外国文学。1945年，27岁时，张志公大学毕业。张志公的大学时代，正值抗日战争时期，国势衰弱，张志公入大学不久，迫于形势，被中央大学强制休学，之后从军三年，赴云南抗日前线，亲临战场，此后退役。对于这一段经历，张志公曾在自述中写道："那可是不折不扣地在枪林弹雨之下，混战之中，东冲西撞，拎着脑袋闯过来的！"退役后，张志公再度考入金陵大学外语系，两年之后获准毕业。在大学学习期间，张志公就对古代汉语和现代汉语产生了浓厚的研究兴趣，他的大学本科毕业论文就是《从〈文心雕龙〉所见的中国文学传统》，论文的研究对象是《文心雕龙》，且是用英文写就，当时金陵大学外语系找不到一个中西兼通的导师来指导他的毕业论文，刚好吕叔湘是金陵大学文化研究所的研究教授，于是外文系聘请吕叔湘先生任张志公的指导教师，就这样，张志公和吕叔湘结下了深厚的师生情谊，此后这对师生保持了将近半个世纪的学术交往。在张志公毕业前夕，吕叔湘还仗义执言，帮助张志公顺利毕业。原来，在毕业前，由于疏忽，张志公还有3个学分的"基础国文"课未修满，按规定需要推迟毕业，张志公就向校务会写了一封申诉信，并传给了所有与会人员，校务会人员一致认为这封信写得理直气壮而出言得体，不越分，仅此一项即可抵得3个"基础国文"的学分。另外，当时的著名语言学家吕叔湘也认为，张志公用英语写成了优秀毕业论文《从〈文心雕龙〉所见的中国文学传统》，而一般非中文系学生即使修满9个学分，也未必能读懂《文心雕龙》，所以应予免修。就这样，张志公顺利从金陵大学外语系毕业。

  回顾张志公的求学生涯，他极其注意文理科全面发展，在高中初选理科，在大学再修外语（主修英语、法语，自学俄语和日语，毕业后又多年从事外语教学），工作后，踏入自己喜欢的学术阵地——汉语语言学。这样的成长生涯，让张志公先生的学术研究受益匪浅，早年扎实的理工科基本训练，使他具备了超乎常人的逻辑思维能力，这对于注重客观分析、缜密论证的语言语法研究是不可或缺的。熟练掌握多门外语，开阔了他的学术视野，在多种语言的比较研究中可以获得源源不断的学术灵感。因此，进入20世纪80年代，年过花甲的张志公多次踏出国门，依然可以用标准流利的外语与各国学者展开深入交流，这是同辈乃至许多后辈学人不可企及的。

第二节 教师、编辑、学者

——张志公的治学生涯

1945 年张志公大学毕业后,因成绩优异,留校担任助教,张志公的教师生涯自此开启。金陵大学(University of Nanking),简称金大,是美国基督教会美以美会(卫斯理会,Methodist Church)1888 年(清光绪十四年)在南京创办的教会大学,同美国康奈尔大学为姊妹大学,当时社会评价为"中国最好的教会大学",享有"江东之雄""钟山之英"之美誉,知名校友有南怀瑾、陶行知等。在这样的著名学府中工作,让张志公储备了专业知识,也开阔了学术视野。在金陵大学工作三年后,1948 年 7 月,张志公应聘到海南大学担任副教授,讲授二年级英语、欧美名著选读和语言学概论等课程。1949 年 12 月,又赴香港,在华侨大学任教,主讲翻译学课程。直到 1950 年冬离开华侨大学到北京开明书店任编辑,张志公做了五年的专职教师,五年的教学生涯为张志公从事语文教育研究奠定了坚实的实践基础。在这五年期间,张志公还没有真正开始学术研究,但是对于语言学的研究兴趣已经开始萌芽。1948 年,在海南大学教授语言学概论课,为了深入地探究语言的生发机制,张志公广泛地涉猎了有关人文科学、自然科学、应用科学以及人类学、考古学、社会学、心理学、生理学、比较解剖学等,写就了学术论文《语言的发生和初期语言的发展》,这篇文章首刊于《张志公文集》第五卷(广东教育出版社 1991 年 1 月版)。1950 年 10 月,新中国刚刚成立不久,百业待兴,在老师吕叔湘先生的推荐下,张志公毅然从香港回到北京,进入开明书店任编辑,分管外语、汉语和翻译书稿的编辑工作。开明书店是 20 世纪上半叶在中国开设的一个著名出版机构,1926 年由章锡琛创办成立,夏丏尊、叶圣陶、顾均正、丰子恺、贾祖璋、周予同、郭绍虞、王统照、陈乃乾、周振甫等学者、作家均曾在开明书店担任过编辑工作,到张志公加入时,开明书店已经实行了公私合营,并与青年出版社合并成为中国青年出版社,张志公先生任第四编报室(语文编辑室)主任,主持语文、外文书籍的编辑工作。

经过近百年的战乱,刚刚成立的新中国百废待兴,语言文字就是其中重要的一个环节。1951 年 6 月,《人民日报》发表了经毛泽东亲自定稿的社论《正确使用祖国语言，为语言的纯洁和健康而斗争》，号召全国人民共同学习、掌握汉语的规律，并将其上升到政治觉悟的高度。在当时的社会政治氛围下，这个号召很快就掀起了全国性的语法、修辞、逻辑学习热潮。为了普及语文知识，开明书店也立即决定创办《语文学习》杂志，并由33岁的张志公任主编。在当时，没有编委会，也没有召开座谈会，一个多月，《语文学习》的创刊号就出笼了，初印10万册很快售罄，又重印了两次。由此，张志公的编辑才能得到了充分的体现。在当时，《语文学习》是唯一国家级的汉语言知识普及性刊物，从它创刊之日起就受到广大语文学习者，特别是中学语文教师的喜爱。1953年，在张志公的主持下，编辑部确定了《语文学习》"应以中学语文教师为主要对象，以协助中学语文教师做好教学工作为主要任务"，同时兼顾社会上一般读者的需要。在这一方针的指引下，《语文学习》的发行量由创刊时的10万册增加到20万册，最多曾达30余万册，成为当时发行量最大的刊物。至1960年《语文学习》因纸张供应紧张而停刊，张志公主编此刊共9年，共出刊105期。由于刊物内容实在，生动活泼，满足了普通读者的需求，一些投稿者也由此被张志公发掘、扶持从而成长为专业语言学者，如李行健、徐枢等人。同时也以此为平台，张志公培养和团结了一大批中青年学者，张志公本人也因为深厚的学术功底，加上为人谦虚稳重，逐渐成长为一代著名的语言学家。

1954年，教育部经中央批准，确定中学语文科实行汉语和文学分科教学，委托吕叔湘先生和张志公主持编写汉语教材，为此，人民教育出版社设立了汉语编辑室，把张志公从中国青年出版社调来担任主任，《语文学习》杂志也改由人民教育出版社编辑出版，张志公继续任主编。从1954年起，张志公先生兼任《中国语文》编委，至1960年。1955年，张志公正式调任人民教育出版社工作，先后担任汉语编辑室主任、外语编辑室主任、副总编辑、学术委员会主任等职，直至离世。在担任编辑工作期间，张志公并没有离开讲台，在此期间，他先后在北京教师进修学院按汉语教材的语法体系（即"汉语教学语法系统"）向选调的400余位中学教师试教语法课，在中国作家协会所属的文学讲习所向100多位青年作家讲授语法修辞课，向出版总署组织的编辑人员学习班讲授词汇、语法课。

"文革"期间，张志公先生也和其他知识分子一样，中止研究、教学、编辑工作整整十年。这十年，对张志公这样一个正处于巅峰年龄的学者来说，浪费得叫人心疼，由此我们也就更好理解为什么他的最后20年总是处于一种"拼命三郎"的状态。

1977年"文革"结束后，拨乱反正，张志公恢复正常工作，参加了全国统编教材工作会议，又开始编写教材。也是在这一年，张志公作为语法专家主持全国统编语文教科书（"文革"后首次统编人教版教材）的工作。在起草教学大纲的时候，他对中学语法教学的内容、方法和目的概括为"精要、好懂、有用"六个字，高度凝练，言简意丰。他的人教社同事刘国正先生说，这是张志公颇为自得的"神来之笔"，是对"文革"前17年语法教学最简要而中肯的总结，也是张志公语法教育思想的精髓所在。后来张志公生病住进医院，当他审定即将付印的大纲校样时，发现那六个字居然给删了，原因是教育部主管教材的副部长浦通修说"没有依据"。他认为作为学术问题，可以保留意见，并在学术场合还要继续谈、继续写。副部长知道他是认真地在坚持，就又改回了原样。于是这个事情就广泛传开了，有赞叹副部长作风民主的，也有说张志公敢于在"文革"余寒之下维护学术尊严的。一来二去，张志公的那"六字箴言"就在学术界尽人皆知了，尽管作为政府文件颁布的《教学大纲》始终没有署上他的大名。

1981年起，张志公任人民教育出版社副总编辑，后任人民教育出版社课程教材研究所学术委员会主任，为"文革"之后的基础教育教材建设做出了很大贡献。同时，作为当时国内有数的几位语法界权威之一和语文教育专家，他还将相当多的精力投入大量的学术活动和社会活动中。他曾任中国文字改革委员会委员，中国社会科学院语言研究所学术委员会委员，《中国大百科全书·语言文字卷》编委，国家语言文字工作委员会委员及其所属正音委员会、正词法委员会委员，国家教委全国中小学教材审定委员会顾问，中国社会科学院语言文字应用研究所学术委员会委员等职。他是很多学术团体的发起人、组织者，先后担任中国语言学会常务理事，中国修辞学会会长，北京语言学会会长，小学语文、中学语文、大学语文教学研究会顾问，中国外语教学研究会名誉理事，世界汉语教学学会筹委会委员、顾问，香港《中英语文教学》杂志顾问，《中学语文教学》月刊顾问，《语文教学与研究》月刊顾问，大学语文研究会顾问，香港《普通话》杂志及普通话研习社顾问，香港中文大学研究生院校外考试委员，香港中文教育学会顾问，英国《大语言学》杂志顾问，等等。

在政治方面，张志公还是中国民主促进会会员，1951年入会以来，先后担任过中央候补委员、中央委员、中央文教委员会副主任、宣传部副部长。后来还担任过民进中央常务委员和中国人民政治协商会议全国委员会第五届委员，第六届、第七届、第八届常务委员。

　　在担任各种学术职务和政治职务期间，张志公并没有放弃教学工作，自1985年起，任北京外国语学院教授，直至逝世。并曾受聘为北京师范大学兼任教授、无锡教育学院名誉教授，还曾在北京大学、北京师范学院等校兼课。此时，作为一代学术领袖，他的思想和言行，都影响着整个学界尤其是年轻学者们的信心和方向。

　　1997年5月，张志公逝世，留下了著作等身的丰硕成就，也留下了未及出版的《张氏简明语法》等诸多遗憾。

后　记

张志公是我国著名的语言学家、语文教育家,与叶圣陶、吕叔湘并称为中国语文教育界的"三老",其思想深深地影响了中国现代语文教育的发展进程。张志公致力于语文教育理论与实践工作长达五十余年,融通古今,兼涉中外,为我国语文教育事业的进步和发展做出了重大的历史性贡献。尽管张志公在语文教育界地位非凡,成绩卓著,但他的语文教育思想理论并没有被后人很好地继承和发扬。1997年张志公先生去世后,学界对他的理论研究在掀起一个高潮后逐渐冷却,只在2007年前后反思语文新课程改革弊端时才有所回温。因而,对张志公语文教育观进行爬梳剔抉,准确地把握张志公语文教育观的实质和内涵,充分挖掘张志公语文教育观的当代价值,对正处于转型关键期的语文教育改革事业会产生巨大的借鉴、反思、启迪和指引的作用。

中国近代学校教育制度建立已逾百年,语文教学一直因为效率不高备受社会各界人士的攻击和非议。如何有效提高语文教学的效率,使语文教学跟上现代社会发展的步伐,是教育工作者普遍关心的问题。张志公是学外语出身的,他的外语和语言学研究的背景,尤其是对中国传统语文教育的研究,使他具备了一般语文教育学者不具备的素养和眼光,使他对传统语文教育有较为深刻的理解,而这种理解为他对现代语文教育进行思考提供了参照系。他对传统语文教育的认识,甚至直接渗透到了他对现代语文教育发展思路的设计和勾画中。在这些因素的综合作用下,张志公反对从概念出发,不尊重客观规律,搞华而不实的形式主义。他研究语文教育科学化现代化,认真研究现代社会实际、当前社会对语文教学的要求、师生的实际、语文本身的实际以及语文教育现状,从而从实践中总结、探求理论。张志公研究语文教育,善于把对象置于广阔的背景之下,进行历史和现实的纵横联系与比较,进行多视角全方位的考察与探究。他坚持历史的、发展的观点,总是把问题放在社会历史发展的过程中加以研究。他脚踏在历史与现实的土地上,而眼望着未来需要攀

缘而上的峰巅，引导人们去考察现代社会的发展将向语文学科的教学提出什么新的要求，从而实现了语文教育传统与现代的理想对接。

语文教育科学化现代化思想是张志公教育思想非常重要的组成部分，语文教育科学化的实现不是一蹴而就的，在实施的过程中可能会遇到各种阻力，但不能因此就否定科学化现代化，终止科学化现代化的进程。语文教育科学化的全面实现需要依靠全体教育工作者和社会各界人士几年几十年甚至上百年的奋斗。优秀的思想不会因时间的流逝而失去光彩，反而会历久弥新，张志公语文教育科学化现代化的思想距今已有很长一段时间，却依旧对学生的语文学习有着重要的指导作用。张志公语文教育思想宛如璀璨的星光，闪烁在语文教育的天空中，其深刻的内涵值得我们每一个语文教育工作者不断研习、继承与发展。

二〇二〇年七月